내 인생을 바꾼

하루
한 장

• **일러두기**

이 책은 KBS 1Radio '성공예감 이대호입니다'의 오프닝 멘트를 바탕으로 편집하여
엮었습니다.

저자 고유의 문체를 살리기 위해 표기와 어법 등은 저자의 원칙을 따랐습니다.

# 내 인생을 바꾼 하루 한 장

**초판 1쇄 발행** 2025년 1월 20일
**초판 2쇄 발행** 2025년 2월 10일

**지은이** 이대호
**발행인** 홍경숙
**발행처** 위너스북

**경영총괄** 안경찬
**기획편집** 김서희, 이다현
**마케팅** 박미애

**출판등록** 2008년 5월 2일 제2008-000221호
**주소** 서울 마포구 토정로 222, 201호(한국출판콘텐츠센터)
**주문전화** 02-325-8901
**팩스** 02-325-8902

**디자인** [★] 규
**지업사** 페이퍼프라이스
**인쇄** 영신문화사

ISBN 979-11-89352-87-5 (03190)

# 내 인생을 바꾼

# 하루
# 한 장

365일 성공을 부르는 작은 변화의 힘 ——————

이대호
지음

위너스북
WINNER'S BOOK

지금 와서 생각해 보면 절대 포기하지 않아 좋았던 것이 두 가지 있습니다. 첫 번째는 KBS 1라디오 성공예감 프로그램에 10년 넘게 패널로 출연해 온 것입니다. 10년이라는 시간 동안 출입처도 많이 바뀌었고, 취재 스케줄이 꼬인 적도 많았습니다. 당시 출연하던 '원탁의 기자들'은 워낙 준비하고 공부할 것도 많아 시간적으로 부담이 적지 않은 코너였습니다. 몇 차례 그만둘까 생각했었지만, 꾸준히 자리를 지킨 덕에 성공예감 MC 자리를 꿰찰 수 있었습니다.

두 번째는 라디오 오프닝을 직접 꾸준히 써 온 것입니다. 매일 오프닝 주제를 정하는 것도, 글을 써내려 가는 것도, 그 안에 메시지를 담는 것도 쉽지 않았습니다. 작가님들과 출연자분들이 준비해 주시는 2시간짜리 프로그램 원고를 소화하는 시간보다 약 1~2분짜리 오프닝을 준비하는 시간이 사실 더 오래 걸립니다. 솔직히 말하면 프로그램을 오프닝 없이 시작하면 안 되겠느냐고 제작진에게 하소연한 적도 몇 번 있습니다. 그럼에도 오프닝 멘트를 꾸준히 써 온 것은 청취자 여러분 덕분입니다. 오프 닝을 감명 깊게 들으셨다는 청취자 메시지가 올라올 때면 '내가 이걸 왜 힘들어할까' 반성하기도 했습니다. 짧은 몇 마디 멘트 에 그칠 수도 있겠지만, 그 오프닝은 누군가에게는 동기부여 기 제가, 누군가에게는 번뜩이는 아이디어가, 누군가에게는 삶의 방향타가 될 수도 있는 것이었습니다. 저 스스로도 때로는 일 기처럼, 때로는 좌우명처럼, 때로는 삶의 잠언처럼 되새겨 보는 글이기도 합니다.

가끔은 청취자분들이 오프닝 멘트를 어떻게 하면 다시 들을 수 있는지 물어오십니다. 때로는 블로그, 카페 등 SNS에 적어 올 려주시기도 합니다. 매일 직접 필사를 하면서 마음에 새겨두신 다는 분도 계십니다. 이 책은 2년 조금 안 되는 시간 라디오 '성 공예감 이대호입니다'를 진행하며 작성했던 오프닝 멘트를 모 아 재구성한 책입니다. 부족한 글이지만 그래도 누군가에게는 분명 도움이 될 거라는 생각에 책으로 엮어봅니다. 앞으로도 계속해서 좋은 기록이 되길 염원합니다.

최고의 팀! KBS 이혁휘·박선영 PD님, 지희원·정주원 작가님 감사합니다. 보이지 않는 곳에서 아니, 들리지 않는 곳에서 최선을 다하시는 이분들이 있기에 '성공예감 이대호입니다'가 만들어집니다. 부족한 대표이사를 믿고 따라주시는 와이스트릿 임직원분들께도 감사드립니다. 좋은 책으로 만들어주신 출판사 위너스북과 편집자 김서희 님께도 감사드립니다. 누구보다 성공예감 청취자분들이, 와이스트릿 구독자분들이 있기에 모든 일이 가능하다고 생각합니다. 무한히 감사드립니다. 마지막으로 따뜻한 우리 가족에게도 감사합니다. 항상 늦은 퇴근에 주말에나 얼굴 보는 아빠인데 휴일에도 절반가량을 일하며 보내니 너무나 미안한 마음입니다. 아이들과 놀아주지 못하고 뭔가를 하던 일 중의 하나가 이 책입니다. 아이들에게도 가르침을 줄 수 있는 책이 될 것 같아 뿌듯합니다.

이 책은 마음먹고 읽으면 하루 만에 독파할 수도 있을 겁니다. 하지만 이 책은 속독이 필요한 내용이 아닙니다. 한 장 한 장 곱씹어보고 그 의미를 되새기면서, 나의 생각과 행동을 업그레이드하는 데 긍정적인 재료가 되도록 활용하셨으면 좋겠습니다. 그런 의미에서 오랜 시간 두고두고 보실 수 있도록 365라는 제목을 달기도 했습니다. 이 책을 집어 들어주신 독자분들께 깊이 감사드립니다. 모두 행복하세요.

당신의 어제가

오늘의 당신을

오늘의 당신이

내일의 당신을

# 작은 것 하나

작은 것 하나. 아주 작은 것 하나부터가 나의 인생을 바꿔 나갈 수 있습니다. 업무상 쌓여 있는 서류나 이메일, 스마트폰에 누적된 수많은 알림. 그 목록을 한꺼번에 보면 '이걸 다 언제 처리하나' 스트레스가 되지만 가장 쉽게 읽고, 가장 간단하게 넘길 수 있는 것부터 처리해 나가면 어느새 그 목록은 크게 줄어들어 있을 겁니다. 두껍고 어려운 책도 그냥 딱 한 장만 읽어보자는 마음으로 집어 들면 부담감을 크게 낮출 수 있습니다. 어차피 300페이지, 500페이지짜리 다 외우지도 못하는 거, 거기서 좋은 문장 몇 개만 건져보자고 가볍게 생각하는 거죠.

삶에 변화가 필요하거나 큰 도전을 하려 할 때도 막연한 두려움 앞에서 주저하기보다 당장 내가 할 수 있는 아주 작은 것부터 시도해보는 게 좋습니다. 천 리 길도 한 걸음부터라는 말이 있듯이요.

미국의 목사이자 연설가였던 피터 마셜(Peter Marshall)은 이렇게 말했습니다. "작은 실천이 원대한 계획보다 더 낫다."

# 다른 사람이 해냈다면

어떤 일을 시작할 때 막막한 경우가 있습니다. 어려움이 닥쳐서 제자리에 멈춰버릴 때도 있죠. 해결 방안을 찾을 수 있는데도 자신감이 사라져서 포기하고 싶을 때가 있습니다. 그럴 땐 이렇게 생각해보는 것도 방법입니다. 다른 사람들도 해낸 일인데 나라고 못할 이유는 없다는 생각입니다.

앙투안 드 생텍쥐페리(Antoine Marie Roger De Saint Exupery) 『인간의 대지』에는 이런 문구가 나옵니다. "간혹 폭우나 안개, 눈 같은 게 자네의 앞길을 막을 때도 있겠지. 그러면 자네에 앞서 모든 조종사들이 그와 같은 상황을 겪었다는 사실을 생각하게 그리고 스스로에게 그냥 이렇게 말해 '다른 사람이 해냈다면 내가 해낼 가능성도 언제나 열려있는 것이다'라고 말일세."

# 보석은 마찰 없이 광채를 낼 수 없다

영롱한 빛깔을 뿜내고 눈부신 광채를 자랑하는 보석. 하지만 가공되기 전 원석의 상태에서는 사람을 매혹시키는 광채도 빛깔도 낼 수 없습니다. 냉정하게 원석을 선별하고 정밀하게 절단해 내고 무자비한 마찰을 통해 연마해야만 진정한 보석으로 다시 태어날 수 있습니다. 원석은 이미 수백만 년에 걸쳐 높은 압력과 온도 속에서 만들어져 왔는데, 땅 위로 올라온 뒤에도 가혹한 가공 과정을 거칩니다. 보석은 마찰 없이 광채를 낼 수 없고, 사람의 성공도 고난 없이 완성될 수 없습니다. 강한 압박을 견뎌야 하는 환경이라면, 주변 사람들과 마찰을 피할 수 없는 상황이라면, 그걸 단순한 고통이 아니라 나를 더 빛나게 만드는 중요한 과정으로 여기고 나 자신을 더 가공해 보시죠. 전에는 알지 못했던 놀랍도록 아름다운 빛깔과 광채를 나에게 얻을 수 있을 겁니다.

# 파레토 법칙

경제학에서 '파레토의 법칙'이 있습니다. 흔히 '80:20 법칙'이라고도 불리는데요. 20%의 원인에 의해 80%의 결과가 발생한다는 겁니다. 경제학자 빌프레도 파레토(Vilfredo Pareto)가 이탈리아에서 20%의 사람들이 80%의 부를 소유하고 있는 현상을 관찰하면서 유래되었다고 하는데요. 상위 20% 고객에 의해 매출 80%가 일어난다거나, 잘 나가는 제품 20%가 매출의 80%를 차지한다거나, 20%의 문제가 전체 불량의 80%를 초래한다는 것이 그 예가 될 수 있을 겁니다. 중요도 높은 곳에 자원을 먼저 비중 있게 투입하고, 중요도에 따라 우선순위를 설정해서 실행하고, 불필요한 노력을 배제해 자원 낭비를 줄이는 것이 중요하다는 걸 단적으로 보여주기도 합니다. 작은 것이 큰 것을 움직입니다. 우리에게 '중요한 작은 것'이 무엇인지 파악하고 집중하는 것이 효율성을 극대화해 줄 겁니다.

# 배움은 절대 중단되어서는 안 된다

"배움은 절대 중단되어서는 안 된다. 인간은 지혜를 추구하는 동안만 현명한 사람이다. 자신이 지혜를 얻었다고 상상하는 순간 바보가 된다." 11세기 스페인의 철학자 솔로몬 이븐 가비롤 (Solomon ibn Gabirol)의 말입니다.

우리는 살면서 길을 잃을 때가 많습니다. 방향을 잃었을 때 문득 누군가의 말 한마디가 새로운 빛이 되고, 한 권의 책이 삶의 나침반이 되기도 하죠. 지식과 배움의 기회는 늘어나고 있지만, 그 지식을 다 채웠다고 여기는 순간부터 배움의 문은 닫히고, 성장의 가능성은 멈춥니다. 가비롤이 말했듯이, 현명함은 지혜를 '추구하는 과정'에 있습니다. 끊임없이 배움을 이어가려는 우리의 여정 속에서 우리는 순간순간 자신이 얼마나 부족한지 깨닫고, 그 빈자리를 새로운 깨달음으로 채우며 나아갑니다. 어쩌면 우리가 살아간다는 것은 곧 배움이 지속된다는 것인지도 모릅니다. 진정한 지혜는 언제나 그 끝을 알 수 없는 배움의 길목에 있습니다.

# 과거에서 교훈을 얻을 수는 있어도

과거의 일들 때문에 현재의 삶이 괴롭기도 합니다. 지나간 일들 때문에 지금 이 순간 힘들게 살아가기도 합니다. 때로는 과거의 영광을 잊지 못하고 그것을 재현하려다 전성기가 돌아오지 않아 낙담하기도 합니다. 가장 찬란했던 순간 속에서 화양연화만을 떠올리며 오히려 우울감을 느끼기도 합니다. 하지만 우리가 살아가는 것은 오늘, 이 순간입니다. 지나간 시간 속에 머물려 할수록 현재 삶의 만족도가 떨어질 수밖에 없습니다.

　미국의 36대 대통령인 린든 B. 존슨(Lyndon Baines Johnson)은 이런 말을 남겼습니다. "과거에서 교훈을 얻을 수는 있어도 과거 속에 살 수는 없다."

# 의식의 흐름대로

생각이 나는 대로, 몸이 이끄는 대로 무언가를 진행할 때 흔히 '의식의 흐름대로'라는 표현을 씁니다. 인간의 의식은 무언가 정적인 부분이 순차적으로 배열되는 게 아니라, 동적인 이미지 와 관념이 흘러흘러 늘어 서 있는 거라는데요. 미국의 실용주의 철학자이자 심리학자인 윌리엄 제임스(William James)가 만든 표현입니다.

의식의 흐름이 어떻게 흘러갈지는 우리가 어떤 생각을, 어떤 마음을 갖느냐에 따라서 달라질 수 있겠죠.

윌리엄 제임스는 이렇게 조언합니다.

"우리 세대의 가장 위대한 발견은 인류가 자신의 태도를 바꿈으로써 삶을 새롭게 바꿀 수 있다는 것이다. 당신이 생각하는 대로, 당신도 그렇게 될 것이다."

예를 들자면 이런 겁니다. 그의 대표적인 명언입니다.

"행복해서 웃는 것이 아니라, 웃기 때문에 행복한 것이다."

# 자기실현적 예언과 뱅크런

어느 날, 시장의 한 구석에서 작은 소문이 피어오릅니다. "저 기업, 곧 문제가 생길지도 몰라. 유동성 위기를 겪고 있대" 불안에 휩싸인 투자자들은 자금을 회수하고 거래처는 계약을 재검토하며, 직원들은 동요합니다. 확증은 없어도, 소문이 불안감을 키우고 불안감은 점점 더 전염되어 갑니다. 마치 은행이 곧 망할지 모른다는 소문에 너도나도 은행으로 뛰어가 돈을 찾아가다가 실제로 은행이 망하게 된다는 이야기처럼요.

우리는 이걸 '뱅크런'이라고 하죠. 실제로 일어나는 현상이 아니더라도 대중의 심리가 반응함에 따라 실제 현상이 되어버리는 상황. 경제학에서 말하는 '자기실현적 예언'입니다. 경제도, 금융도, 기업 경영도 대중의 심리 속에서 돌아가기 때문에 이를 완전히 무시할 수도 없습니다. 위기설이 나도는 기업은 스스로를 그러한 상황에 내몬 측면도 있습니다. 장기간 신뢰를 잃어왔기에 그렇습니다. 경제 상황을 탓하기에는 경쟁자들이 너무 잘하고 있습니다. 과도한 불안감을 조장할 필요는 없지만, 바람 앞의 촛불처럼 보이게 된 이유도 돌아봐야 할 때입니다.

# 노력을 이기는 재능은 없고, 노력을 외면하는 결과도 없다

하루를 시작하는 것도 쉽지 않고 주어진 일을 해내는 것도 만만치 않습니다. 같은 일을 반복한다고 해서 이게 나에게 얼마나 도움이 될지 스스로 의문스럽기까지 합니다. 같은 자리를 유지하는 것도 힘든데 나를 더 발전시키는 일은 더더욱 어려울 수밖에 없죠. 발전기를 돌리는데도 어마어마한 에너지가 필요한 것처럼요. 하지만 그만큼 에너지를 쏟아 넣은 대가와 결과는 나에게 분명히 돌아올 것입니다.

이창호 9단은 이렇게 말했습니다. "노력을 이기는 재능은 없고, 노력을 외면하는 결과도 없다."

노력은 배신하지 않는다고 하죠. 오늘도 우직하게 한 걸음 더 나아가는 겁니다.

# 비교 대상은 어제의 나 자신

많은 것을 가졌어도 만족하기 어려운 시대입니다. 첨단 기기를 새로 샀어도 몇 달도 안 돼 성능이 더욱 뛰어난 최신 제품이 나옵니다. SNS를 보면 항상 좋은 음식을 먹고 멋진 장소에 놀러 다니는 사람들 멋진 옷과 명품을 걸친 모습이 참 흔합니다. 나만 없는 것 같습니다. 예전에는 엄마 친구 자녀와 비교됐는데 이제는 셀럽이 된 사람들, 심지어 지구 반대편에 사는 사람들과도 비교가 되는 시대입니다. TV에 나오는 사람들은 연예인이니까 그렇겠거니 했는데, 내 핸드폰에 나오는 사람들은 나와 더 많이 비교하게 됩니다.

레프 톨스토이(Lev Nikolayevich Tolstoy)가 말했듯이 불행은 가질 수 없는 것을 원하는 데서 찾아옵니다. 행복한 사람은 가진 것에 만족한다고 하죠. 우리가 비교할 대상은 TV와 SNS에 등장하는 화려한 삶이 아니라 어제의 나 자신입니다.

어제의 나보다, 오늘 아침에 눈을 떴을 때의 나보다 오늘 하루 더 성장하고 나아진 나 자신이 되어야 합니다.

# 단점을 보완할 시간에 강점을 키워라

많은 사람들이 자신의 약점을 보완하는 데 많은 시간과 노력을 들입니다. 하지만 경제적, 심리적으로 보면 약점을 강점으로 개발하려는 노력은 너무나 비효율적입니다. 축구에서 수비수가 골 결정력을 높이려 한다거나 야구에서 변화구의 달인이 강속구에 도전하는 것처럼 말이죠. 외려, 약점을 강점으로 만들려다 에너지를 낭비하고 좌절해버리거나 있던 강점마저 약화될 수 있습니다. 나의 장점을 최대한 발휘하려면 당연히 나의 강점으로 승부하는 것이 효율적인 겁니다. 그럼에도 주변과 비교하느라, 획일적인 기준에 맞추느라, 자신의 약점을 부끄러워하고 이를 보완하는 데 불필요한 에너지를 소모합니다. 약점은 그게 무엇인지 내가 알아차리고, 약점을 보완하더라도 관리 가능한 수준까지면 충분합니다. 그 시간에 자신의 강점을 극대화하는 데 투자해 보시죠. 남보다 우세하거나 더 뛰어난 점. 어떤 일을 할 때 꾸준하게 좋은 성과를 낼 수 있는 능력.

여러분에게도 분명 강점이 있습니다.

# 준비를 하지 않는 것은 실패를 준비하는 것과 같다

스포츠 선수들의 인터뷰를 들어보면 자주 등장하는 말이 있습니다. "다음 경기는 더 잘 준비하겠습니다."라는 멘트죠. 승리를 가져오려면 상대팀을 철저히 분석하고, 최적의 전술을 준비해야 합니다. 오늘 경기가 끝나면 내일의 경기를 또 준비해야죠. 모든 면에서 그렇습니다. 당장 내일 출근해서 해야 할 일, 다음 주 혹은 이달까지 끝내야 하는 업무부터 내 집 마련을 위한 저축과 결혼 준비, 은퇴 준비에 이르기까지 우리 삶은 준비의 연속입니다. 준비라는 것은 언젠가는 해야 할, 언젠가는 벌어질 일에 대한 것이기도 하지만, 준비가 제대로 되어 있으면 예고 없이 찾아오는 불확실한 상황에서도 대처를 할 수 있게 됩니다. 그래서 더더욱 평소의 준비가 중요한 것이죠. 인생에서 가장 멀리 가는 사람은 준비된 사람이라고 합니다. 반대로 준비를 하지 않는 것은 실패를 준비하는 것과 같다는 말도 있습니다.

여러분은 무엇을 어떻게 준비하시겠습니까?

# 생각하는 대로 살지 않으면
# 사는 대로 생각하게 된다

나의 하루가 다른 사람이 잡아 놓은 일정에 따라 흘러가기도
합니다. 그러다 일주일이 흐르고, 한 달이, 일 년이 지나버리죠.
매년 뭔가를 계획하는 것 같기는 한데 일이 많아서, 시간이 없
어서 이리 치이고 저리 치이다 보면 어느덧 계획했던 계획과
생각했던 생각은 온데간데없습니다. 환경과 상황에 적응하며
살아가는 것도 나쁘지 않지만, 진짜 내가 내 삶의 주인이 되려
면 나의 생각과 가치를 바탕으로 주도적으로 살아가는 노력을
게을리해서는 안 될 겁니다. "생각하는 대로 살지 않으면 사는
대로 생각하게 된다." 프랑스 소설가 폴 부르제(Paul bourget)의
말입니다. 인간의 사고와 행동은 밀접하게 연관되어 있죠. 생각
하는 대로 행동하면 그 생각이 더 강화되어 성장으로 되돌아오
고요. 반대로, 생각하지 않고 행동하면 그 행동이 나도 모르는
사이에 내가 의도하지 않았던 생각을 형성하게 되고, 내가 원하
지 않던 그림으로 내 삶을 그려 넣게 됩니다. 하나뿐인 새하얀
캔버스에 단 하나의 그림만 그릴 수 있는 것. 그게 인생이라면
우리는 붓을 어떻게 잡아야 할까요?

# 1%의 인간

"99%의 인간은 현재를 보면서 미래가 어떻게 될지 예측하고, 1%의 인간은 미래를 내다보면서 지금 현재 어떻게 행동해야 할지 생각한다."

일본의 경영 컨설턴트 간다 마사노리(Masanori Kanda)가 말했습니다. 여기서 중요한 것은 두 가지입니다. 미래를 내다보는 것과 현재 행동하는 것. 사실 미래를 예측한다는 것은 매우 어려운 일이죠. 어쩌면 애초에 불가능한 일이고요. 하지만 세상의 변화를 읽다 보면 이러한 흐름이 어떻게 이어지겠구나 추정할 수는 있을 겁니다. 더 중요한 것은 현재 어떻게 행동하느냐일 겁니다. 자동화, 무인화를 넘어 인공지능, 로봇의 시대로 가고 있고 점점 더 복잡계가 되어가는 세상. 미래를 예측하기는 어려워도 지금 어떻게 행동해야 할 것인지 그건 우리 모두가 진지하게 생각해볼 수 있을 겁니다.

## 일교차와 적응

일교차가 제법 커졌습니다. 이럴 때 비염으로, 감기로 고생하는 사람이 늘어나는데요. 그래도 한낮에는 차가운 공기가 가시고 따스한 햇살이 다시 우리를 감싸주기도 합니다. 일교차를 겪고 계절의 변화를 겪으면서 우리의 몸은 부단히 그 변화에 적응하려 애를 씁니다. 터져 나오는 재채기와 흘러내리는 콧물도 그중 하나죠. 매번 찾아오는 환절기인데 그때마다 고생을 합니다. 그런데 조금만 지나면 그 모든 변화에 우리는 적응을 해내고, 조금은 더 단단해져 갑니다.

물가 급등 시기와 금리 인상기를 힘들게 견뎌내고 이제 좀 적응하나 싶었는데 경기가 둔화되는 금리 인하기에 새로운 전략을 짜야 합니다. 이번에도 우리는 그 모든 변화에 적응을 해내고, 조금 더 단단해질 수 있을까요?

# 016

## 저항

새로운 일을 추진할 때 내 의도와 다르게 어떤 저항을 만나게 되면 추진력이 떨어지기 마련입니다. 물체의 운동 방향과 반대 방향으로 작용하는 힘, 저항. 하지만 저항이 꼭 나쁜 것은 아닙니다. 독수리가 큰 힘을 들이지 않고 하늘을 자유롭게 나는 것, 거대한 비행기가 양력을 만들어 떠오르는 것, 이 또한 공기 속에서 적절한 저항이 있기 때문이죠. 만약 공기 저항이 전혀 없는 상태라면 독수리도, 항공기도 비행을 모두 포기해야 할 겁니다.

진공상태에서는 깃털과 볼링공이 같은 속도로 떨어진다는 걸 아시나요? 내 의도와는 반대 방향으로 흐르는 힘, 저항이 우리에게 기회를 주고, 차이를 만들어주기도 합니다. 우리 삶에 어떤 저항이 있다는 것. 결국 그것을 어떻게 받아들이느냐, 얼마나 적극적으로 이용하느냐가 더 중요한 사실일 겁니다.

# 말의 세 가지 문

이번 설 연휴에 오랜만에 만나는 친지들과 어떤 대화를 나누실 건가요? 정치 얘기? 집값 이야기? 좀 불편할 수 있겠죠? 동생, 조카들에게는 어떤 말을 해주실 건가요? 취업은 했느냐? 결혼은 왜 안 하니? 연봉은 괜찮니? 걱정돼서 물어보는 건데, 상대방 마음은 어떨까요?

이슬람 수피 속담에는 이런 말이 있다고 합니다.

말을 하기 전에 세 개의 문을 통과하게 하라.
첫 번째 문은 "그 말이 사실인가?"
두 번째 문은 "그 말이 필요한가?"
세 번째 문은 "그 말이 따뜻한가?"

어떤 이야기도, 어떤 토론도 좋습니다. 다만 우리가 하는 말이 상대에게 닿기 전에 이 세 가지 문을 통과한다면 훨씬 더 필요하고, 따뜻한 대화가 될 수 있을 겁니다.

# 노력은 수단이 아니라 그 자체가 목적이다

어떤 목표를 이루기 위해서는 열심히 '노력'해야 한다는 것을 모두가 알고 있습니다. 남보다 더 뛰어난 결과를 얻기 위해서는 더 많이 노력해야 한다는 것도 잘 알고 있습니다. 열심히 하는 것은 기본이고, 결과적으로 잘해야 한다는 말은 비수처럼 꽂히기도 합니다. 하지만 노력한다는 것을 때로는 뒤집어 생각해볼 필요도 있습니다.

톨스토이의 말처럼요. "노력은 수단이 아니라 그 자체가 목적이다. 노력하는 것 자체에 보람을 느낀다면 누구든지 인생의 마지막 시점에서 미소를 지을 수 있을 것이다."

# 타이밍이 아니라 타임

투자할 때 많은 사람들이 고민하는 것이 바로 타이밍입니다. '무엇을 살 것인가'보다 '언제 살 것인가, 언제 팔 것인가'를 고민하죠. 사는 시기, 파는 시기에 따라서 수익률이 크게 달라질 것이라는 생각에서입니다. 사실 타이밍보다 중요한 건 어떤 자산에 투자하느냐, 얼마나 싸게 사느냐, 투자하는 동안 현금흐름을 얼마나 일으키느냐인데요. 사자마자 팔 것을 생각하고, 당장 시세차익부터 생각하다 보니 타이밍에 집착하게 되는 것이죠.

하워드 막스(Howard Marks)는 말합니다. "싸게 잘 사기만 한다면 절반은 판 것이나 다름없다. 우리는 좋은 회사를 찾고, 가능한 한 오래 보유한다. Timing이 아니라 Time이다."라고요.

# 삶을 즐기고 있음을

행복은 멀리 있지 않고, 이미 우리 삶 속에 있다고 하죠. 행복을 멀리서 찾으려 하지 말고, 내 안에서 찾아야 한다는 조언도 있습니다. 하지만 생각처럼 그리 쉽지는 않은데요. 달성해야 할 목표처럼 행복도 어딘가에선가 이루어야 할 것처럼 여기기도 하죠.

미국의 작가이자 학자로 예일대 총장을 지낸 윌리엄 라이언 펠프스(William Lyon Phelps)는 "행복이란 손 닿는 곳에 있는 꽃들로 꽃다발을 만드는 솜씨"라고 했습니다. 행복의 요소들을 우리가 이미 가지고 있다는 겁니다. 행복을 느끼지 못하고 쾌락을 추구하는 것은 마음이 공허하기 때문이라며, "이 세상에서 가장 행복한 사람은 가장 흥미로운 생각을 가진 사람"이라고 말하기도 했답니다. 그리고 또 하나 꼬집기도 했습니다. "이상하게도 사람들은 자신이 삶을 즐기고 있음을 인정하지 않는다."라고 말이죠.

어떤 삶을 살든지 우리는 흥미로운 생각을 하고, 손 닿는 곳에 있는 꽃들로 꽃다발을 만들 수 있고, 우리 삶을 즐길 수 있습니다.

# 최대 적재량 1000kg

화물차 뒷부분을 보면 이런 글이 쓰여 있습니다. '최대 적재량'

어떤 화물차는 1,000kg 즉 1톤까지 실을 수 있고, 더 큰 화물차는 2.5톤, 6톤, 10톤, 나아가 20톤, 40톤까지 실을 수 있는 차도 있습니다. 최대 적재량을 10% 이상 초과해서 짐을 싣게 되면 과적으로 단속되고 과태료를 물게 됩니다. 과적을 하게 되면 차량도, 도로도 훼손되고 주변도 위험해집니다.

인생에서도 삶의 무게가 어쩔 수 없이 과적 되는 일이 많습니다. 일이 많아서 야근을 하고, 공부하느라 잠을 줄이고, 소득보다 더 많은 빚을 지기도 합니다. 사람도 화물차처럼 저마다 최대 적재량이 달라서 체력적으로도 경제적으로도 그걸 감당해 낼 능력이 다릅니다. 그래서 같은 무게를 짊어져도 누군가는 더 빨리 지치고, 먼저 쓰러져버릴 수 있죠. 자신의 한계를 알고, 균형을 잃지 않으려 노력하는 것이 중요합니다. 우리 삶에는 과적 단속이 없습니다.

# 매일이 마지막 날 최초의 날

유대인 격언 가운데 이런 말이 있습니다. "매일이 당신의 마지막 날이라고 생각하라. 매일이 당신의 최초의 날이라고 생각하라." 소중한 사람과 감정 싸움을 했거나, 나도 모르게 게을러졌을 때, 오늘이 삶의 마지막 날이라고 생각하면 마음가짐이 달라질 수밖에 없습니다. '내가 오늘 헛되이 보낸 하루는 어제 죽은 이가 간절히 바라던 내일'이라는 말이 있듯이 말이죠.

새로운 일을 시작해야 하는 데 엄두가 나지 않을 때, 미숙한 것을 들킬까 걱정이거나 아직 이것도 몰랐느냐는 핀잔이 걱정될 때 오늘이 내 인생의 첫 번째 날이라고 생각하면 첫걸음을 떼기 한결 수월해질 겁니다. '오늘은 내가 살아 있는 날 중에 가장 젊은 날'이라는 말이 있듯이 말이죠.

# 돈이 빠른 이유

심하게 갈증이 납니다. 목이 말라 죽을 것 같을 때 물 한잔이 눈앞에 나타나면 '살았다'는 안도감이 듭니다. 타는 갈증에 물을 한 모금만 마셔도 즉각적으로 시원함을 느낍니다. 신체에 수분이 퍼지지도 않았는데 입안에 물만 닿아도 시원함을, 그리고 살았다는 안도감을 느낍니다. 그것은 우리 뇌가 신체의 변화보다 더 빠르게 반응하고 예측하기 때문입니다.

경제에서도 마찬가지입니다. 어떠한 정책이 발표되면 시행되기도 전에, 실제 효과를 보기도 전에 금융시장이 즉각적으로 반응합니다. 기업 관련 공시나 뉴스 역시 호재 혹은 악재성 여부에 따라 주가에 즉시 영향을 미칩니다. 인간의 뇌가 신체의 변화보다 더 빠르게 반응하고 훨씬 더 앞서 예측하듯이 돈의 흐름도 실물 경제의 변화보다 더 빠르게 반응하고 훨씬 더 앞서 예측하고 흘러갑니다. 그래서 어렵고 때로는 당황스럽기까지 하지만 어쩔 수 없이 우리는 돈 흐르는 소리에 귀를 열고 살아야 합니다.

# 확실한 것은 확실한 것이 없다는 것

투자를 하다 보면 수많은 불확실성을 경험합니다. 물가와 고용 등 경제지표 하나하나, 선거에서 누가 당선될지 알 수 없는 정치 지형, 하루가 다르게 변하는 기술 동향, 경쟁사의 신제품 발표와 시장 반응, 그리고 기후변화에 이르기까지 온통 불확실성 투성입니다.

골드만삭스 회장과 미국 재무 장관을 지낸 로버트 루빈 (Robert Rubin)은 이렇게 말했습니다. "확실한 것은 확실한 것이 없다는 것이다."

온통 불확실한 것투성인 세상에서 그럼에도 우리는 결정을 내려야 합니다. 그러기에 우리는 확률적으로 사고하는 습관을 가져야 하고, 판단이 틀렸을 경우에 대비해 리스크 관리를 해야 합니다. 감에 의존해 극단적인 베팅을 해서는 안 된다는 말입니다. 그리고 판단과 결정, 그 결과뿐 아니라 그것에 이르렀던 과정까지 중시해야 합니다. 그래야만 다음 기회에 성공 확률을 높이고 실패 확률을 낮출 수 있을 겁니다. 세상에 확실한 것이 존재하지 않는다는 사실이야말로 가장 확실한 사실이기 때문입니다.

# 인생은 한 번뿐인 드라이브

단 한 번만 지나가 본 길이 있습니다. 여행을 갔다가, 출장을 갔다가, 어떻게 한 번 지나쳐 봤는데 다시 갈 일은 없었던 그 길. 인생을 드라이브에 빗대자면 어디로 가든 단 한 번뿐인 드라이브일 겁니다. 어떤 방향으로 어떤 길을 가더라도 다시는 되돌아올 수 없는 길인 거죠. 때로는 꽉 막힌 답답한 도로를 만나기도 하고 때로는 한없이 쭉 뻗은 고속도로를 달리기도 합니다. 아무리 급해도 속도를 낮춰야만 하는 굽이진 길이 나타나기도 하고, 힘든 오르막과 위험한 내리막이 나타나기도 합니다.

분명한 것은 한 가지. 내가 운전대를 잡고 있고, 어디로 향할 것인지, 어떻게 몰고 갈 것인지 나에게 달려 있다는 겁니다. 차창 밖으로 펼쳐지는 아름다운 풍경도 의미 없이 빠르게 지나칠 수 있고, 반대로, 매일 반복되는 지겨운 길이라 해도 인생의 소중한 한 페이지로 장식할 수도 있습니다. 오늘 처음 온 이 길이 다시는 오지 못할 곳일 수도 있고, 어제 지나간 이 길이 어제와 같은 풍경이 아닐 수도 있습니다.

# 면역력

요즘처럼 일교차가 큰 날씨에는 면역력이 중요하다는 이야기를 많이 듣습니다. 우리 몸이 다양한 외부 자극에 맞서 싸우는 힘, 면역력. 우리 삶과 경제에도 면역 체계가 중요합니다. 시장 상황이 좋을 때는 잘 느끼지 못하지만, 예기치 못한 위기나 변화가 찾아왔을 때 면역력의 중요성을 실감하게 되죠. 기업이라면 제품 경쟁력과 브랜드 충성도, 우량한 재무구조, 주식이라면 자산가치와 배당수익률 같은 안전마진, 가계에서는 안정적인 현금흐름과 부채관리 등이 면역력이라고 할 수 있을 텐데요. 건강을 지키기 위해 좋은 음식을 먹고 꾸준히 운동하듯이 재무적으로도 강한 면역력을 갖추기 위해서는 꾸준한 관심과 노력이 필요합니다.

여러분의 경제적 면역력은 어떻게 관리되고 있나요?

# 가을 하늘

가끔 하늘을 올려다보시나요? 특히 가을 하늘은 더더욱 시원하게 느껴지죠. 가을에는 습도와 기온이 낮아지고 주로 고기압이 형성되면서 시야가 더 깨끗해지고 하늘도 더 맑아 보인다고 하는데요. 깨끗하게 잘 닦아 놓은 창문 같기도 합니다. 마치 마음속까지 투명하게 들여다볼 수 있을 것만 같고, 그동안 잊고 지내던 것들을 창을 열고 보여주는 것 같기도 합니다.

하늘이 이렇게 맑았었나.
하늘이 이렇게 높았었나.
하늘이 이렇게 파랬었나.
구름이 이렇게 예뻤었나.

새로운 감정을, 소중한 기억을 떠올려 보는 시간 잠시 하늘을 올려다보는 것만으로도 가능한 고마운 가을 하늘입니다.

# 폭염 살인

이상기후, 기후위기라는 표현은 이미 인류가 적응하고 살고 있던 지구에서 인류가 적응하지 못하고, 살기 어려울 정도의 이상한 현상 나아가 위기까지 치달은 기후를 말합니다. 그렇다면 인류는 치솟는 기온과 높아지는 해수면, 잦아지는 산불과 난기류, 위력을 예측하기 힘들 정도의 태풍과 허리케인, 폭우와 강풍, 혹은 폭염과 가뭄 속에서 대대손손 적응하며 살아갈 수 있을까요?

『폭염 살인』의 저자 제프 구델(Jeff Goodell)은 말합니다.

"내일이 어떤 모습일지는 오늘 우리가 어떻게 행동하느냐에 달렸다."

"대기 중으로 1톤의 이산화탄소라도 어떻게든 쏟아내지 않으려는 한순간 한순간의 노력이 중요하다."

# 판다의 대나무와 코알라의 대변

판다는 대나무를 주로 먹고 살죠. 조상은 육식성 포유류였다는데, 진화적으로 경쟁에서 멀어지기 위해 다른 초식 동물조차 잘 먹지 않는 대나무를 선택하게 됐다네요. 새끼 코알라는 어미의 배설물을 먹는다고 합니다. 코알라의 주식인 유칼립투스 잎에는 독성이 있어서 이를 소화하려면 특별한 장내 미생물이 필요한데요. 새끼 코알라는 장내 미생물과 소화 능력을 이어받기 위해 어미의 배설물을 먹는 것이죠. 속담에 '개 풀 뜯어 먹는 소리'라는 표현이 있는데요. 실제로 개들은 소화가 안 되거나 섬유질이 필요할 때 풀을 뜯기도 한답니다. 초식 동물도 거들떠보지 않는 대나무, 독성이 있는 유칼립투스와 어미 코알라의 배설물, 개가 풀을 뜯는 것까지. 무슨 맛으로 먹는지 이해되지 않는 먹이가 누군가에게는 하루 종일 먹고 싶은 음식, 생존을 위해 꼭 필요한 영양소입니다. '맛'은 그 음식을 얼마나 필요로 하는지에 따라 좌우됩니다. 진화적으로 맛은 유용성의 지표일 뿐이라는 거죠. 생명체의 행동도 생각도 필요에 따라 달라집니다.

# 오타니 쓰레기 줍기

미국 프로야구에서 새로운 역사를 써가고 있는 오타니 쇼헤이 선수. 야구 실력과 자기관리부터 인성까지 뭐 하나 빠지는 점이 없는데요. 오타니 선수는 땅에 떨어진 쓰레기를 보면 바로 주워서 자기 주머니에 넣는 것으로도 유명합니다. 경기장에서도 마찬가지입니다. 쓰레기를 줍는 이유를 묻자 "다른 사람이 버린 행운을 줍는 것"이라고 답합니다. 쓰레기를 줍는다고 해서 정말로 복이 들어오는 것은 아니겠지만 그렇게 생각한다는 것 자체가 중요한 것이죠.

스스로 좋은 일을 하게끔 동기부여를 하는 것은 물론, 남들이 하기 싫어하는 일을 하면서도 좋은 기분을 얻고 쓰레기 줍는 일조차 긍정적인 경험으로 만들어서 뇌에서 도파민 같은 보상 시스템이 작동하도록 하는 거죠. 이미 그것만으로도 매일 행운이 생기는 셈일 겁니다.

# 암묵기억

인터뷰를 하다 보면 의외의 이야기를 들을 때가 있습니다. 열심히 질문과 답변을 주고받으면서 오랜 시간 대담을 하고 난 뒤에 출연자가 이런 말을 하는 거죠.

"대화를 나누면서 나의 생각이 새롭게 정립됐다."

"미처 준비하지 못했던 내용인데 생각지도 못했던 이야기를 꺼내게 되었다."

인간은 우리가 겪어본 일, 알고 있는 분야라고 해도 자신의 생각을 모두 알고 있는 것은 아니라고 합니다. 전문가들도 마찬가지인 거죠.

소설가 에드워드 포스터(Edward Forster)는 이런 말을 했다고 합니다. "내가 하는 말을 듣기 전까지 내가 무슨 생각을 하는지 어떻게 알겠는가?" 여러분도 어떤 상황에서 혹은 누군가와 대화를 하다가 과거의 기억이 갑자기 떠오르거나 자신의 생각이 새롭게 정리되는 경험을 해보신 적 있으실 겁니다.

뇌 과학에서는 이를 '암묵적 기억'이라고 하는데요. 언어로 서술해본 적 없는, 무의식 속에 있는 기억을 말합니다. 암묵적 기억은 어떠한 계기가 생기거나 특정 주제와 관련된 이야기를 나누면서 밖으로 튀어나와 명시적 기억이 되기도 합니다.

그러려면 다른 사람의 도움을 받는 등 열린 자세와 노력이 필요합니다. 무의식적인 나의 행동에 대해 피드백을 받고, 다양한 토론을 하고, 스스로 자신의 결정을 되돌아보면 암묵적 기억을 끄집어내는 데 도움이 된다고 합니다. 나도 알지 못했던 내 생각을 마침내 알게 되는 거죠.

# 물살보다 빠른 돈의 흐름

바람이 부는 속도만큼이나 물살이 흘러가는 속도만큼이나 빠른 것이 있습니다. 돈의 흐름입니다.

중앙은행이 기준금리를 언제 얼마나 바꿀지 불명확하지만 시중금리는 기준금리 변동을 선반영하며 움직입니다. 대출금리가 내려가고 서울 집값이 꿈틀대면 시중은행의 가계대출은 단 며칠 만에 수조원 급증하기도 합니다. 주식투자 양도세(금융투자소득세) 강행 가능성이 내비쳐지면 주식시장은 급락해 버리기도 합니다.

돈을 흐르게 하는 그것이 지구의 중력도 자전도 기압도 아니지만, 이미 바람보다 물살보다 빠르게 흘러가고 있습니다. 일기예보만큼이나 경제 소식에 귀 기울여야 하는 이유입니다.

# 나에게 불행이 닥치면

'왜 하필 나에게 이런 일이 생길까?', '왜 하필 나일까?' 나쁜 일
이 생겼을 때 이런 생각을 하게 됩니다.

지그문트 프로이트(Sigmund Freud, 심리학자)에 따르면 정신 치
료는 비극을 행복으로 바꾸는 것이 아니라, 보편적인 불행으로
옮기는 것이라고 합니다. 나에게 일어난 불행이 사실은 누구에
게나 벌어질 수 있는, 그리고 많은 사람들이 겪고 있는 보편적
인 일일 수 있다는 겁니다. 정신건강의학과 전문의 하지현 교수
에 따르면 그 불행의 횟수도 평균적으로 비슷하다고 합니다. 그
러니 만약 안 좋은 일이 연달아 일어났다면 앞으로 꽤 오랫동
안 나에게는 그만큼 나쁜 일이 일어나지 않을 것이라 기대해도
좋다고 하네요. 나에게만 이런 일이 생긴 것도 아니고 꼭 나여
서 그런 일을 겪은 것도 아닙니다.

# 감각이 아니라 장비를 믿어라

운전을 하다 보면 가끔 헷갈릴 때가 있습니다. 내가 분명 멈춰 있는데, 옆에 있는 차가 천천히 앞으로 가면 마치 내 차가 뒤로 밀리고 있는 듯한 착각에 빠지는 것이죠. 그곳이 살짝 오르막이라면 더욱 그렇습니다. 얼마 전 도깨비 도로로 유명한 제주도 '신비의 도로'를 다녀왔는데 중학교 수학여행 때 봤을 때나 지금이나 역시나 헷갈리게 신기하더군요. 몸은 커졌어도, 착시 효과에 속는 머리는 그대로인가 봅니다.

인간의 뇌는 시간과 자원을 절약하기 위해 더 손쉬운 결정을 내리려 합니다. 결과적으로 틀린 판단이 되더라도, 그 순간 그것이 가장 효율적이라면 우리의 뇌는 틀린 신호라도 몸에 전달한다는 겁니다. 더 면밀하게 관찰하고 깊이 있게 사고하는 데는 에너지가 많이 들 수밖에 없죠. 그래서 인간은 자꾸 지름길을 찾으려 하고, 틀리더라도 어설픈 예측을 하려 합니다. 그러다 그 예측과 판단이 잘못되면 행동도 잘못될 수밖에 없고, 그에 따르는 결과도 치명적일 수 있죠.

전투기 조종사들은 자신의 감각과 전투기 장비가 보내는 신호가 엇갈릴 때 장비를 신뢰하도록 교육을 받는다고 합니다. 파란색으로 뒤덮인 그곳이 하늘인지 바다인지 헷갈리는 순간에 조종석에 세팅된 장비들을 보면 즉각적으로 구분할 수 있다는 겁니다. 물론 기계장비도 100% 완벽할 수는 없겠습니다만, 최후의 순간에 어떤 판단을 믿을 것인지, 영화 속이 아니라 현실이라면 여러분은 무엇을 택하시겠습니까?

# 독서는 할인쿠폰이다

30% 할인, 50% 할인, 이런 할인쿠폰을 받게 되면 왠지 기분이 좋죠? 뭔가 이득을 보는 것 같기도 하고요. 단순한 할인쿠폰보다 더 훌륭한 것이 있습니다.

미국의 칼럼니스트 메리 슈미치(Mary Schmich)는 이런 말을 했는데요. "독서는 어디에나 있는 할인쿠폰이다." 언제 어디서나 그리고 영원히 사용할 수 있는 인생의 '할인쿠폰', 바로 독서입니다. 책을 읽는다는 것은 다른 사람의 지식과 경험을 나의 것으로 가져오고, 자신을 성장시킬, 끝없는 기회를 제공받는 것과 같습니다.

돈으로 살 수 없는 지혜도 마찬가지입니다. 하나하나 직접 경험하고 찾아다닌다면 신체적으로도 경제적으로도 불가능할 것들. 독서를 통해서라면 말도 안 되게 저렴한 비용으로 이룰 수 있죠. 하지만 너무 흔한 쿠폰은 사용하지 않듯이 독서라는 인생의 쿠폰도 사용하지 않는 사람이 많습니다. 오늘도 우리 앞에는 독서라는 할인쿠폰이 놓여 있습니다. 오늘은 사용하시겠습니까?

# 난기류

비행기를 타고 가는 중에 난기류를 만나면 기내는 큰 불안감에 휩싸일 수밖에 없습니다. 맑은 날씨 속에서도 발생하고, 눈에 보이지도 않는 난기류. 기후변화 때문에 더 잦아졌다는 분석도 나옵니다. 기내에서 부상당하는 걸 예방하려면 화장실 갈 때 빼고는 항상 안전벨트를 매고 있는 것이 좋다고 하죠.

경제와 금융시장에도 난기류가 자주 나타납니다. 경제지표가 개선되는 듯하다가 악화되고, 금리가 안정되는 듯하다가 또 튀어 버립니다. 주식시장의 변동성은 말할 것도 없습니다. 세상이 더욱 복잡계가 되어 가면서 예측과 전망도 더 어려워집니다.

투자를 할 때도, 소비를 할 때도 언제든지 난기류를 만날 수 있다는 걸 잊지 말고, 항상 무엇이 안전벨트인지 그것이 어디에 있는지 잊지 말아야겠습니다.

# 입력이 쉬워지며 잃어가는 것들

어떤 결과물을 출력해내기 위해서는 여러 재료를 입력해야만 합니다. 하지만 입력하는 일 자체가 쉽지만은 않은데요. 1970~1980년대에는 문자를 입력하고 출력하기 위해 타자기 자판을 익혀야 했습니다.

1990년대에는 키보드와 마우스 사용법은 물론, 도스와 베이직을 알아야 컴퓨터를 사용할 수 있었죠. 하지만 지금은 입력이 참 쉬워진 시대입니다.

손가락으로 화면을 직접 터치하는 시대가 20년 전에 열렸고, 이제는 각종 스마트 기기를 향해 그냥 말하듯이 명령하는 음성인식이 보편화되었습니다.

노트 필기를 할 필요도 없어졌습니다. 선생님 말씀을 녹음만 하면 IT기기가 바로 텍스트로 변환해주기 때문입니다. 나아가 스마트 렌즈가 사용자의 눈동자를 추적해서 그냥 쳐다보고 눈만 깜빡여도 명령이 전달되는 시대입니다. 스마트폰 카메라만 비추면 AI가 사물과 상황을 알아서 인식하기도 합니다.

이제 우리는 더 이상 입력하는 방법을 어려워할 일이 없어졌습니다. 오래된 입력 방식과 작별하는 일만 남았을 뿐입니다. 무거운 타자기가 고철이 된 건 이미 먼 옛날 이야기이고, 볼펜을 잡고 종이에 글씨를 쓰는 일도 어색하게 느껴집니다.

언젠가는 키보드 타이핑을 하는 것도 어색해질 날이 올 겁니다. 그때 우리는 무엇을 얻고 무엇을 잃게 될까요?

# 국군 아저씨께

요즘에는 없어졌다고 하는데, 저 어릴 적에는 학교에서 국군 아저씨에게 위문편지를 쓰는 시간이 있었습니다. 고사리 같은 손으로 "국군 아저씨께"라고 시작한 편지는 꼭 "감사합니다"로 마무리되었죠. 그러다가 군대에 가서 알게 됐습니다. 국군 아저씨가 아저씨가 아니라는 것을요. 대부분 스물하나, 스물둘, 20대 초반의 나이인데 군대에 오니 좋든 싫든 아저씨 소리를 듣게 된 거죠. 이제는 인구 감소에 따라 국군 아저씨 소리를 듣는 사람도 줄고 있습니다. 우리 군 병력은 지난 2019년 56만 2,600명에서 2023년 47만 7,500명으로 감소했습니다. 남아 출생자 수가 2010년 약 24만 명에서 2020년 14만 명으로 줄어든 만큼 앞으로도 병력 급감은 피할 수 없을 것으로 보입니다. 2040년에는 병력 35만 명을 유지하는 것도 힘들 거라고 합니다. 인구 감소만큼이나 정해진 미래. 군병력 감소. 냄비 속 개구리처럼 아직 그 심각성을 인지하지 못하는 대한민국. 우리는 어떤 선택을 해야 할까요?

# 부담 없는 시작

퐁당퐁당 휴일이 끼어 있습니다. 국군의 날 임시공휴일과 개천절, 그리고 한글날도 있죠. 중간중간 개인 휴가를 넣는다면 정말 길게 연휴를 만들어 쓸 수도 있고요. 중간에 공휴일이 있는 한 주간은 왠지 여유로운, 부담 없는 시작일 수 있습니다. 무언가를 부담 없이 시작한다는 것은 그 생각만으로도 자유롭고 평온한 느낌을 갖게 합니다. 마음의 부담을 내려놓을 장치는 언제든지 스스로 만들 수 있습니다. 바쁜 일상속에 징검다리 휴일 같은 '마음의 휴식 장치'를 심어 놓는 겁니다. 바쁜 일과 중에도 맛있는 점심 식사, 좋은 사람과의 만남, 좋아하는 간식, 잠깐의 티타임과 독서 등 일상의 부담을 내려놓을 수 있는, 마음속 쉼터를 퐁당퐁당 만들어 보시죠.

# 천하지사 부진즉퇴

세상은 끊임없이 발전합니다. 적어도 지금까지는 경제도 물가도 과학 기술도 커지고, 오르고, 높아져 왔습니다. 내일은 더 나은 삶을 살기 위해 오늘 저마다 최선을 다하면서 우리 세상은 조금씩 더 전진하고 있죠. 그 속에서 그냥 현재에 머물러 있다면 나의 가치도 상대적으로 점점 낮아질 수밖에 없을 겁니다. 물가가 매년 오르는데 현금을 그대로 들고 있다면 인플레이션 때문에 현금의 가치가 녹아내리듯이 말이죠.

중국 고전 『근사록』에도 이런 말이 나온다고 합니다. '천하지사(天下之事) 부진즉퇴(不進則退)' 세상일이란 앞으로 나아가지 않으면 반드시 물러나게 된다는 거죠. 오늘 걷지 않으면 내일은 뛰어야 한다는 말이 그냥 나온 게 아닌 것 같습니다.

# 곰팡이에서 만들어진 페니실린

인류 최초의 항생제 '페니실린'. 인류를 세균에 의한 감염으로 부터 구해준 고마운 존재죠. 인류의 위대한 발명품 중 하나인 페니실린은 사실 '곰팡이'에서 만들어졌습니다.

1928년 어느날 영국의 생물학자 알렉산더 플레밍(Alexander Fleming)은 실험을 하기 위해 포도상구균을 배양하고 휴가를 갔다 왔는데 뚜껑이 제대로 닫히지 않았던 샬레 속에 곰팡이가 피어 있었고, 그 곰팡이가 포도상구균을 전부 먹어 치워버렸다는 것을 알게 됐습니다. 이후 플레밍 박사는 푸른곰팡이를 통해 페니실린을 생산하는데 성공했고 이후 노벨상을 받았습니다. 만약 플레밍이 유리 샬레의 모든 뚜껑을 제대로 닫았더라면, 그리고 곰팡이를 하찮게 보고 폐기처분 했더라면 항생제 발명은 한참 늦어졌을 겁니다. 때로는 실수가 위대한 발견으로 이어질 수 있습니다. 꼭 완벽하지 않아도 됩니다. 하찮아 보이던 것들이 위대한 발명으로 이어질 수 있습니다. 관심과 호기심을 놓지 말아야 하는 이유입니다.

# 꽃사진 프사

카톡을 비롯해 장년층 여성의 SNS 프로필 사진을 보면 '꽃 사진'이 많은 걸 볼 수 있습니다. 프로필 사진을 줄여서 '프사'라고 부르는데, 이른바 '꽃 사진 프사'만 봐도 이분의 나이를 짐작할 수 있다는 우스갯소리도 있죠. 젊은 사람들은 이해할 수 없다는 반응을 보이기도 합니다. 프로필 사진으로 왜 굳이 흔한 꽃 사진을 올리냐는 거죠.

돌아보면 공통점이 있습니다. 한창 본인이 예쁘고 아름다울 나이에는 본인 사진을 올리죠. 그러다 아이를 낳고 나면 어느 순간부턴가 프사에 아이 사진을 올리게 됩니다. 그리고 그 아이들이 다 커서 엄마 품을 떠나고 나면 그 자리를 꽃 사진이 대신하게 됩니다.

프로필 사진은 본인의 정체성을 나타내는 것이기도 하지만, 아마도 남들에게 보여주기에 가장 아름다운 모습을 올리는 공간 아닌가 싶습니다. 그래서 나이에 따라서, 시간의 흐름에 따라서 그것이 바뀌어 가는 것 아닌가 합니다.

누군가 그러더군요. 젊은 사람들은 프로필에 있는 꽃 사진을 보고 촌스럽다고 생각하지만, 그건 자기의 모습이 꽃보다 아름다운 시절이기 때문이라고요. 나이가 들어 비로소 자신의 꽃잎이 떨어지고 나면 꽃과 꽃 사진이 더 아름답게 보일 거라고요. 젊은 날의 꽃은 져버렸지만 분명 그분들은 꽃잎을 떨어뜨리고 수많은 열매를 맺은 꽃보다 아름다운 당신일 겁니다.

# 적절한 두려움

걱정과 불안, 두려움과 공포. 일반적으로 부정적인 의미가 큰 단어들이죠. 하지만 걱정과 불안, 두려움과 공포심이 없다면 우리의 수명은 크게 짧아질 겁니다. 전투를 벌이는 군인이 방탄모를 쓰는 것부터 운전자가 자동차 안전벨트를 매는 것, 오토바이 헬멧을 쓰는 것, 그리고 자외선 차단제를 바르고 모기장을 치는 것까지. 다양한 위험을 극복하기 위해 걱정과 불안, 두려움과 공포심이 필요합니다. 때로는 너무 과하거나 너무 부족해서 문제가 되기도 합니다. 평소와 다름없는 안전한 상황에서도 극도의 공포감을 느낀다면 공황장애를 겪기도 하고요. 반대로, 공포의 순간에 두려움이 사라지면 안전장치 없이 폭주를 하다가 큰 사고를 일으키게 됩니다. 걱정과 불안, 두려움과 공포. 태어나자마자 본능적으로 알고 혹은 유년기 시절부터 경험하고 학습하기도 하지만, 우리가 아직 다 배우지 못한, 혹은 관리하기 서툰 것이 많습니다. 그래서 우리는 걱정과 불안, 두려움과 공포감까지도 여전히 경험하고 배우고 연습할 필요가 있습니다.

# 바보와는 논쟁하지 마라

건강한 토론은 지성을 낳습니다. 잘못된 점을 바로잡고, 더 나은 대안을 찾아서 우리 사회가 발전되도록 디딤돌 역할을 하기도 합니다. 물론 그건 '건강한 토론'이라는 전제가 있을 때의 일입니다. 토론이 아니라 논쟁이 되고, 입씨름에 그친다면 안 하느니만 못한 결과가 나올 테죠. 시간 낭비에 불과할 테고요. 그래서 토론은 어떤 주제를 가지고 하느냐보다 때로는 누구와 하느냐가 참 중요한 법입니다.

작가 아서 블로크(Arthur Bloch)는 논쟁의 제1 법칙으로 이걸 꼽았습니다. "절대 바보와는 말다툼을 하지 마라. 결국 당신도 바보가 될 것이다." 혹여나 쓸데없는 논쟁이나 말싸움에 휘말릴 것 같을 때 조금 더 지혜를 발휘해보시죠.

조쉬 빌링스(Josh Billings)는 이런 말을 하기도 했습니다. "바보에게 그가 틀렸다고 납득시키는 최상의 방법은 제멋대로 하도록 내버려 두는 것이다."

# 공포에 사고 탐욕에 판다는 것

투자 격언 중에 '공포에 사고 탐욕에 팔아라.'라는 말이 있습니다. 남들이 공포에 질렸을 때가 자산을 싸게 살 수 있는 기회이고, 남들이 탐욕에 빠져 있을 때가 자산을 비싸게 팔 수 있는 기회라는 거죠. 투자 격언 가운데 아마도 가장 유명한 말이 아닐까 싶은데, 실제로 그렇게 행동하기란 매우 어렵습니다. 인간은 본능적으로 생존을 위해 공포 상황에서 도망치려 하기 때문이죠.

2024년 4월 19일 이스라엘이 이란을 보복 공격했다는 소식에 코스피는 장중 3% 넘게 급락하기도 했는데요. 중동 사태가 더 이상 확전되지 않을 거라는 전망에 증시는 낙폭을 절반 가까이 만회하며 마감됐습니다. 이란도, 이스라엘도 큰 피해는 없었지만 한국의 개미투자자만 큰 피해를 봤다는 웃을 수만은 없는 말도 나왔습니다. 소중한 자산을 누군가는 가격을 낮춰가며 빨리 처분해버리고 누군가는 기다렸다는 듯이 저렴한 가격에 취득합니다.

1930년생인 워런 버핏(Warren Buffett)은 1929년 미국의 대공황 당시 일이 없던 아버지가 집에 오래 있었기 때문에 본인이 태어날 수 있었다며 태생적으로 공포 국면을 즐긴다고 말합니다. 누구나 기질이 다르겠지만 전 세계 뉴스가 실시간으로 반영되고 수많은 사람의 감정이 뒤섞인 자본시장에서만큼은 공포를 담대하게 마주하는 연습이 필요해 보입니다.

# 자신의 문제를 해결할 마음이 없는 누군가를 위해 문제를 해결해줄 수 없다

매사에 부정적인 사람들이 있습니다. 똑같은 것을 보아도 나쁜 면을 받아들이고 똑같은 것을 들어도 안 되는 방향으로 이야기 하죠. 부정적인 사람들은 자신의 딱한 처지를 이해받고 연민을 바라기도 하지만, 한편에서는 다른 사람도 자신과 똑같은 입장에 놓이기를 바라는 마음이 있다고 합니다. 그래서 잘 나가는 사람을 시기하고, 긍정적이고 열정적인 사람까지 같이 끌어내리려 하죠. 부정적인 사람의 생각을 바꿀 수 있다면 좋겠지만, 인간의 성격을 바꾼다는 것, 특히 부정적인 사람들의 본성을 바꾸는 것은 불가능에 가깝다고 합니다. 그래서 주변에 부정적인 사람과 가까이하지 말라는 얘기가 많은가 봅니다. 마음속에 부정적인 생각이 더 많다면 스스로 깨닫고 스스로 변하기 위해 노력하는 수밖에 없습니다.

미국의 소설가 리처드 바크(Richard Bach)는 이런 글을 남겼습니다. "어떤 사람도 자신의 문제를 해결할 마음이 없는 누군가를 위해 문제를 해결해줄 수 없다."

# 다른 사람을 바꾸려 할 때

괴로움 중 하나는 우리가 바꿀 수 없는 것을 바꾸려는 데서 옵니다. 세상에는 이해되지 않는 일도 많고, 그 때문에 분노하기도 하지만 사실 내가 바꿀 수 있는 것은 많지 않습니다. 특히 인간 관계가 그러한데요. 직장 상사와 동료들은 물론이고 한참 어린 후배의 행동을 고치는 것도 쉽지 않죠. 그저 내가 꼰대가 됩니다. 가족 사이에서도 마찬가지입니다. 형제자매, 부모 자식 사이는 물론이고 부부 사이에서도 생각의 차이가 한강의 너비만큼이나 멀죠. 바뀌지 않는 타인의 생각과 행동을 바꾸려다 정작 스트레스를 받는 것은 나 자신입니다. 같은 배에서 나왔어도, 같은 이불을 덮고 살아도 다른 사람은 다른 사람이죠. 중요한 건 다른 사람을 내가 바꿔 놓을 수 있다는 가능성이 아니라 다른 사람이 변하지 않아도 내가 나 스스로 괴롭지 않아야 한다는 사실입니다. 고대 로마 철학자 에픽테토스(Epictetus)는 내가 통제할 수 있는 것과 통제할 수 없는 것을 구분하는 것이 마음을 자유롭게 하는 출발점이라고 했습니다. 마음의 평화를 얻는 방법은 그 사람을 내가 통제할 수 없다는 사실을 그냥 인정하는 겁니다.

## 하늘 끝까지 자라는 나무는 없다

어느 때건 어떤 자산이건, 가격이 치솟았다는 소리를 어렵지 않게 들을 수 있습니다. 저금리 시절에도, 심지어 고금리 시절에도요. 때로는 부동산, 때로는 주식, 때로는 코인까지 사상 최고치, 몇 배 급등했다는 소식이 어지러울 정도로 여기저기에서 들려옵니다.

Fear of missing out 이른바 FOMO 현상. 나만 뒤처질 것 같은 불안감에 휩싸이는 것도 너무 자주 다가오는 요즘입니다. 심지어 지구 반대편에서 급등 중인 자산 가격까지 실시간으로 전해지니까요. 내가 그 모든 자산에 대해 전문가가 될 수 없고, 그 모든 자산에 투자할 수 없는데도 말이죠. 뚜벅뚜벅 나의 길을 가고, 내가 더 잘 알 수 있는, 내가 더 잘 할 수 있는 그것을 찾고, 그 실력을 강화하는 것이 나에게는 더 중요할 겁니다.

어차피 하늘 끝까지 자라는 나무는 없습니다.

# 뜨거운 추석

추석이 한여름에 찾아온 건지 한여름이 추석까지 침범한 건지 2024년 추석은 무더위로 인해 더 강렬하게 기억될 것 같습니다. 9월 중순에 35도, 지역에 따라 38도까지 오르는 등 가을 추석이 아니라 여름 하석 아니냐는 말이 나올 정도인데요. 여름이 길어지니 당연히 가을이 짧아지겠죠. 이상기온으로 인해 가을과 겨울이 더 짧아질 것이라는 걱정도 큽니다. 이러다가 우리나라 계절이 봄 여름 가을 겨울이 아니라 봄 여어어름 갈 겨울이 될 거라는 웃지 못할 이야기도 나옵니다. 추석에 온 가족이 모여 앉은 풍경 속에서 우리 아이들에게 '옛날에는 이렇게 덥지 않았다'라고 말하면서도 앞으로 더 더운 추석을, 더 뜨거운 지구를 물려주게 되지 않을까 걱정스럽기도 했습니다. 우리는 지금 무얼 해야 할까요?

# 승률

축구 국가대표팀 감독과 관련된 기사를 보다가 우연히 거스 히
딩크 감독의 성적표가 눈에 들어왔습니다. 2002년 한일 월드컵
에서 대한민국 대표팀을 4강에 올려놓은 국민 영웅. 영원히 기
억될 영화 같았던 월드컵. 그런데 거스 히딩크 감독이 재임했던
2001년부터 2002년 6월까지 약 19개월 동안의 승률은 생각보
다 낮습니다. 승률이 '36%'밖에 되지 않았습니다. 슈틸리케 감
독 69%, 벤투 감독 61%에 비하면 히딩크 감독의 승률 36%는
초라해 보이기까지 합니다. 그럼에도 그는 역대 최고의 감독으
로 기억됩니다. 가장 큰 무대에서, 가장 중요한 경기에서 승리
했기 때문입니다. 프로야구에서도 마찬가지입니다. 프로야구
정규리그 우승팀의 승률은 6할, 60% 안팎입니다. 승률이 90%
에 이를 필요도 없고, 그렇게 할 수도 없습니다. 심지어 2021년
우승팀은 승률이 6할도 되지 않는, 5할 6푼 3리였습니다.

　투자에서도 마찬가지입니다. 모든 투자에서 돈을 벌 수는 없
습니다. 실수가 생길 수도 있습니다. 피터린치(Peter Lynch)는
"뛰어난 투자자라면 10중에 6번 옳을 수 있다. 하지만 절대 10

번 중 9번 옳을 수는 없다."라고 말했고요. 조지 소로스(George Soros)도 이렇게 강조했습니다. "맞았는가 틀렸는가 그것이 중요한 게 아니다. 중요한 것은 맞았을 때 얼마를 벌었고, 틀렸을 때 얼마를 잃었는가다."

승률을 높이는 것뿐만 아니라 '확실히 이길 수 있을 때'를 잡아야겠죠. 그 기회는 노력하는 사람, 준비된 사람에게 올 겁니다.

# 말의 힘을 믿는다

2024 파리올림픽 사격 10m 공기권총에서 은메달을 획득하며 일약 스타덤에 오른 김예지 선수. 하지만 25미터 경기에서 실격한 이후 상당한 악플을 받았다고 합니다. 김예지 선수는 악플에 모두 답장까지 했다고 하는데요. 결국 악플을 썼던 사람들이 사과를 해왔다고 합니다. 김예지 선수는 "말의 힘을 믿는다."라고 말합니다. "부정적인 말을 하면 자신의 기분도 부정적이게 되니 스스로에게 부정적인 말을 하지 않는다."라고 하죠. 다른 사람을 향해 부정적인 말을 건네는 사람들. 스스로에게는 어떨까요? 그게 타인이건 자신이건 부정적인 말은 부정적인 마음을, 부정적인 마음은 부정적인 행동을 낳을 겁니다. 말이 아니라 씨앗이라면 우리는 분명 긍정이 피어오르는 씨앗을 심고 싶을 겁니다. 말의 힘을 믿어보시죠.

# 호기심 후천적으로라도 개발하라

성공의 비결을 꼽으라 하면 노력, 실력, 운, 열정 등 다양하죠. 그중에서도 빠지지 않는 것이 있습니다. 바로 '호기심'인데요. 어떠한 주제에 관심을 두기 시작할 때부터 특별한 재능을 찾기까지 호기심은 우리의 행동을 이끄는 원동력이 되기도 하고, 무언가를 끊임없이 만들어내는 에너지가 되기도 합니다. 알베르트 아인슈타인(Albert Einstein)은 본인의 천재성을 부러워하는 사람들에게 이런 말을 했죠. "저는 특별한 재능이 없습니다. 호기심이 열정적으로 많을 뿐입니다."

토마스 에디슨(Thomas Alva Edison), 레오나르도 다빈치(Leonardo da Vinci) 등 세계적인 천재들도 재능의 밑바탕에 '호기심'이 있었다고 말합니다. 그런데 호기심이 없는 편이라면 어떻게 해야 할까요? IBM의 첫 여성 CEO를 지낸 지니 로메티(Virginia Marie Rometty)는 이렇게 말합니다. "타고난 호기심이 없다면 후천적으로라도 개발해야 한다." 호기심이야말로 발전의 원동력입니다. 언제든지 열린 마음으로 무엇이든 배우려 하고 누구에게든 들으려 한다면 이미 호기심의 새싹이 자라고 있는 겁니다.

## 결국 닮아간다

수수께끼 중에서 가장 유명한 것 중 하나인데요. "아침엔 네 발
로 걷다가 낮에는 두 발로 걷고, 저녁이 되면 세 발로 걷는 동물
은 무엇인가?" 스핑크스(sphinx)가 오이디푸스(Oedipus)에게 낸
수수께끼의 정답은 '인간'입니다.

　인간은 누구나 태어났을 때와 삶을 마무리하는 순간이 비슷
하죠. 스스로 몸을 일으킬 수 없는 상태로 태어나 스스로 몸을
일으킬 수 없을 때 자연으로 돌아갑니다. 청년기를 거치며 뭔가
많이 달라져 보이지만 결국 인간은 태어날 때와 비슷한 모습으
로 삶을 마무리 해 갑니다.

　남녀 사이도 마찬가지입니다. 나이가 들수록 남성과 여성이
서로 닮아가죠. 호르몬 차이가 서서히 사라지기 때문인데요. 약
60세가 넘어가면 여성에게는 에스트로겐이 급격히 줄고 남성
호르몬인 테스토스테론이 많아집니다. 반대로 노년 남성에게
는 여성 호르몬인 에스트로겐이 젊은 남성보다 최대 3배 더 많
아진다고 하네요. 이 때문에 외모부터 성격까지 남녀간 격차가
줄어든다는 겁니다. 목소리까지도 변하는데요. 남자들의 목소

리는 점점 더 얇아지고, 여자들의 목소리는 점점 더 굵고 낮아진다고 합니다. 나이에서 오는 차이도, 성별에서 오는 차이도 결국 우리는 닮아갑니다. 연령과 세대, 성별이 달라도 결국 우리는 닮아갑니다.

# 남에게 친절을 베푸는 것의 가장 좋은 점은

좋은 일을 한다는 것, 다른 사람에게 선행을 베푼다는 것, 물론 시간과 에너지 그리고 비용이 들 수 있습니다. 남 좋은 일을 한 다고 해서 그게 꼭 나에게 좋은 일로 돌아오리라는 법도 없죠. 그럼에도 선행을 실천한다는 건 꽤 가치 있는 일입니다.

여성으로서는 최초로 대서양을 건넌 미국의 비행사 아멜리 아 이어하트(Amelia Earhart)의 말입니다.

"세상의 어떤 선행도 그 자체로 끝나지 않는다. 하나의 선택 은 또 다른 선행으로 이어진다. 한 가지 선행은 뿌리를 사방으 로 뻗어나가고 그 뿌리가 싹을 틔워 새로운 나무로 자라난다. 남에게 친절을 베푸는 것의 가장 좋은 점은 자기 자신이 선해 진다는 것이다."

# 한 아이를 키우려면 온 마을이 필요하다

급감하는 출산율을 바라보는 우리 국민들의 시선에는 걱정이 가득합니다. 하지만 문제는 다들 걱정만 하고 있을 뿐, 이렇다 할 반전의 계기를 만들지 못하고 있다는 것인데요.

결혼과 출산은 개개인의 선택이지만, 그러한 선택이 모이고 모여서 기록적인 저출산 현상을 심화하고 있습니다. 아이를 낳고 키우는 것이 점점 어려워지는 현실 속에서 아이를 낳고 키우는 것을 더 이상 개개인의 부담에 맡겨서도 안 될 겁니다.

아프리카 속담 중에 이런 말이 있습니다. "한 아이를 키우려면 온 마을이 필요하다." 우리는 한정된 자원을 어떻게 써야 할까요? 미래는 우리가 오늘 무엇을 하는가에 달려 있습니다.

# 자연에 적응한 저출산 현상

우리나라의 기록적인 저출산율의 배경으로 진화론적 관점까지 등장합니다.

동물은 자신이 처한 환경에서 새끼를 안전하게 낳아 키우기 어려울 때 번식을 하지 않는다고 하는데요. 인간도, 현대인도, 한국 사람들도 그렇게 되어 가고 있다는 거죠. 원하는 일자리를 찾으려면 도심지로 몰려가야 하고, 성실하게 일하고 급여를 꼬박꼬박 모아도 그곳에서는 내 집 마련하기 더 어려워지고, 비교하고 경쟁하는 문화 속에서 자녀 교육비는 허리를 휘게 하고, 일자리와 경력을 지키려면 출산도 미뤄야 하는 환경.

우리나라 사람들은 그저 이러한 환경 속에서 생존하기 위해 적응하고 있는 것이라고요. 이런 환경 속에서는 출산율이 떨어지지 않는 것이 이상할 정도라는 거죠.

그렇다고 대한민국의 소멸을 지켜볼 수만은 없습니다. 가까이는 내 자식 세대가 부모 때보다 더 가난한 나라에 살게 해야 하는데 그걸 바라는 사람은 없겠죠.

저출생 현상을 극복하는 데는 오랜 시간이 걸릴 수 있습니다. 사회 환경을 바꾸는 데도 자연환경을 바꾸는 것만큼 엄청난 시간과 노력, 그리고 비용이 들기 때문입니다. 지금 우리는 마치 소멸하는 바다와 강산을 되돌려야 하는 것과 같은 중차대한 시기를 살아가고 있습니다.

# 산타클로스

산타 할아버지가 다녀가셨나요? 머리맡에 혹은 트리 아래에 선물이 없었나요? 혹시 착한 일을 안 하시거나 울었던 적이 있으셨나요? 선물이 없었다면 아마도 그래서 그랬을 수도 있을 겁니다. 산타는 그 이름만으로도 반가운 존재죠. 엽서에 그려진 모습만 봐도 푸근하고, 산타 캐럴만 들어도 즐겁고요.

증권시장에서도 연말에 주가가 오르면 '산타 랠리'라며 기분 좋아하죠. 기다리는 산타가 왔을지는 모르지만, 사실 우리는 거꾸로 누군가에게 산타가 될 수도 있습니다. 겨울철 어려운 이웃을 위해 작은 금액이라도 기부를 하거나, 크리스마스 씰이라도 몇 개 구입을 하는 것, 어렸을 때 산타를 기다리는 마음만큼이나 설레는 기분일 겁니다. 모두가 산타클로스가 될 수 있는 날 성탄절.

# 백지 스펀지 같은 아이들

아이들을 키우다보면 '백지, 스펀지'가 떠오릅니다. 아이들은 백지상태와도 같아서 부모가 어떤 글을 쓰고, 어떤 그림을 그리느냐에 따라 그 모양이 그대로 나타나게 됩니다. 또 어떤 지식과 경험이든 마치 스펀지처럼 빨아들이기도 하죠.

아빠 엄마의 말 한마디가 아이들의 지식이 되고, 정서가 되고, 행동이 된다는 걸 생각하면 신기하기도 하면서 긴장도 됩니다. 자칫 백지장을 더럽히지는 않을까, 스펀지에 오염된 생각이 스며들지는 않을까 하는 걱정이죠. 아이들은 부모의 거울이라고 하죠. 아이들은 부모가 말하는 대로 성장하는 것이 아니라 부모가 행동하는 대로 자란다고 합니다. 저 개인적으로는 '도덕의 기준'을 '아이들 앞에서 행동했을 때 부끄럽지 않은가'에 맞추기도 합니다. 아이들이 부모를 통해 세상을 배우듯이 부모들도 성장하는 아이를 통해 삶의 방향타를 쥐고 있습니다.

# 멍게의 뇌

자신의 뇌를 스스로 먹어 치우는 동물이 있습니다. 바로 '멍게'인데요. 멍게는 유생일 때는 뇌를 활용하고 열심히 움직이지만, 성체가 되고 나면 바위에 붙거나 해저 바닥에 파묻혀 한곳에 정착하게 됩니다. 그러고 나면 스스로 자신의 뇌를 먹어 치운다고 합니다. 더 이상 움직이지 않고, 뇌를 쓸 일도 없으니 뇌를 먹어서 에너지원으로 사용하는 거죠.

뇌는 생물이 환경에 적응하고 살아가기 쉬운 프로그램을 만들기 위해 존재한다고 합니다. 결과적으로 환경에 적응하면, 즉 목표를 달성하고 나면 뇌는 서서히 둔화된다는 거죠. 어떠한 환경에 적응했다고 해서, 목표를 이뤘다고 해서 그대로 안주하다 보면 나도 모르게 서서히 퇴보하게 되는 겁니다. 비단, 뇌를 지키기 위해서만은 아니겠지만, 우리에게 계속 새로운 목표가 필요한 이유는 많습니다.

## 호기심이 많아야 꼰대가 되지 않는다

나이가 들면 생각이 굳어버린다고 하죠. 기존의 생각을 바꾸거나, 다양한 입장에서 생각해보기를 더 어려워합니다.

철학자 최진석 교수에 따르면 호기심을 갖고 새로운 생각을 하는 데도 에너지가 들기 때문이라고 합니다. 그래서 나이가 들고 힘이 빠질수록 새롭게 생각하려는 수고를 하지 않고 기존에 있던 생각, 당연한 것들로 생활을 채우게 된다는 거죠. 최 교수는 말합니다. "호기심보다 당연한 것이 많으면 꼰대가 되는 것이고, 당연하다는 생각보다 호기심이 많으면 청춘"이라고요. 호기심을 갖고 새로운 생각을 하는 데도 힘이 들겠지만 일단 마음부터 열어놓고 작은 것부터 관심을 갖기 시작하면 생각도 마음도 언제든지 청춘이 될 수 있을 것 같습니다.

# 스트레스

'스트레스'는 일반적으로 부정적인 의미를 담고 있죠. 스트레스의 원인은 이전에 경험해보지 못한 것, 예측 불가능한 것, 위협이 되는 것, 통제 불가능하다는 것에 있는데요. 캐나다 신경과학자 소니아 루피엔 박사는 '좋은 스트레스'에도 주목합니다. 우리 몸은 스트레스를 받으면 즉각적으로 더 큰 힘을 내도록 만들어졌는데 그것이 외부 힘에 대항할 수 있는 근원이 된다는 거죠. 또한 인간은 스트레스 덕분에 집중력을 높이고 동기를 부여받고, 더 나은 성과를 만들어내고, 더 큰 성취감도 느낄 수 있다고 합니다. 또한 우리는 똑같은 상황을 나쁜 스트레스가 아니라 좋은 스트레스로 바꿀 수도 있습니다. 스트레스 상황을 재해석해보는 거죠. 일단 실행 가능한 해결책부터 찾아보고, 도전적인 상황을 성장의 기회로 바라보고, 또한, 비관적으로 생각하기보다 낙관적으로 해석하는 습관을 갖는 겁니다. 또 매일 요가와 명상을 하면 스트레스 호르몬 코르티솔 수치가 낮아지고 그 덕분에 혈당 수치도 안정적으로 관리할 수 있다고 합니다. 여러분은 스트레스를 어떻게 받아들이시겠습니까?

# 후회와 불안

정신적으로 힘든 순간의 대부분은 지금 하고 있는 일이 어려워서가 아니라고 합니다. 사람들이 진짜 힘들어하는 건 어제 일어난 일에 대한 후회와 내일 일어날 일에 대한 불안 때문이라고 하네요. 하지만 생각해보면 어제의 일은 이미 지나가 버렸고 내일의 일은 아직 오지 않았습니다. 걱정할 필요가 없다는 거죠. 그보다 지금 이 순간, 현재에 집중하면서 보다 긍정적인 일에 관심을 두는 것이 더 나은 시간, 더 나은 하루가 될 겁니다.

## 의견보다 사실

정보를 접하고 그것을 맹신하는 것은 매우 위험한 일입니다. 세상에는 올바르지 못한 정보가 많고, 누군가의 이해관계에 따라 왜곡된 것도 많기 때문이죠. 찰리 멍거(Charles Munger)는 인간의 뇌가 마치 난자와 같다고 꼬집었습니다. 난자가 정자를 하나 받아들이면 나머지를 모두 차단하는 것처럼 특정한 정보 역시 처음 접한 것을 진실이라고 믿는다는 거죠. 투자 역시 마찬가지입니다. 누군가 무엇을 사라, 어디에 투자하라, 무엇이 좋다고 알려주는 것에 의지하다 보면 돈만 잃는 것이 아니라 나를 잃게 됩니다. 내가 주체적으로 판단하지 않으면 결국 남 탓을 할 수밖에 없고, 반성과 성찰 또한 하지 못하게 되죠. 그럼 그 다음에도 똑같은 잘못을 반복합니다. 내가 주체적으로 판단해야 그 성공과 실패 역시 나의 것이 되고, 그래야 더욱 성장해 나갈 수 있죠. 남의 '견해'보다 '사실' 그 자체에 더 주목하고 그 위에 나의 '의견'을 만드는 습관이 중요합니다. 1978년 노벨 문학상 수상자 아이작 싱어(Isaac Bashevis Singer)가 이렇게 말했죠. "견해는 언젠가 진부해지지만, 사실은 영원히 진부해지지 않는다."

## 결심의 부족으로 실패한다

정보가 없어서 혹은 지식이 부족해서 첫걸음을 떼지 못하는 걸까요? 실력이 모자라서 아직 준비가 덜 되어서 새로운 일을 아직 시작하지 못하는 걸까요? 아직 여건이 만들어지지 않아서 충분한 기회가 오지 않아서 변함없이 제자리에 있는 걸까요?

1880년대 야구 선수였다가 복음 전도자가 된 빌리 선데이(William Ashley Sunday)는 이렇게 말합니다. "많은 사람들은 재능의 부족보다 결심의 부족으로 실패한다."

결심은 새해 첫날에만 하는 것이 아닙니다.

## 앞서려거든 뒤에 있으라

더 뛰어나야 하고, 더 올라서야 하고, 더 쟁취해야 하는 경쟁 사회. 어쩌면 우리는 더 앞서고 더 올라서려는 생각과 행동이 본능처럼 체득되었는지 모릅니다. 하지만 앞서가려 한다고 다 리더가 되는 것은 아닙니다. 높은 지위에 올랐다고 모두 존경받는 자리인 것도 아니죠. 성과와 권력, 그리고 돈은 바닷물 같아서 마실수록 목마름이 더 하다고 하죠.

노자의 말입니다. "바다와 강이 수백 개의 산골짜기 물줄기에 복종하는 이유는 그것들이 항상 낮은 곳에 있기 때문이다. 다른 사람들보다 높은 곳에 있기를 바란다면 그들보다 아래에 있고, 그들보다 앞서길 바란다면 그들 뒤에 위치하라."

# 당신의 존재는 우연이 아니다

한 TV프로그램에 상담을 받으러 나온 부부의 이야기입니다. 폭언과 폭력으로 얼룩진 부부 관계였는데, 더 큰 문제는 그 모습을 오랜 시간 아이들이 지켜보고 있었다는 겁니다. 어느날 밤 다섯 살짜리 아이가 엄마에게 이런 말을 합니다. "그거 알아? 나는 나를 좋아한다. 엄마도 엄마를 좋아해야 해, 아빠도 아빠를 좋아해야 해. 자신을 제일 좋아하는 게 가장 중요해" 엄마 아빠의 싸움을 보면서 자라는 다섯 살짜리 아이가 오히려 부모를 위로하는 말을 건네자 부부는 눈물을 쏟을 수밖에 없었습니다. 나 자신을 사랑할 줄 아는 사람이 자신의 인생을 사랑하고 자신의 인생을 함께하는 사람들도 사랑할 줄 아는 것이겠죠.

미국의 작가 맥스 루케이도(Max Lucado)의 말입니다. "당신의 존재는 우연이 아니다. 당신은 대량 생산되지 않았고, 일괄 조립된 상품도 아니다. 당신은 창조주에 의해 신중하게 계획되었고 특별한 재능을 받았으며 사랑을 받으며 세상에 나왔다."

# 육아휴직

노르웨이 정부는 지난 1998년부터 집에서 아이를 돌보는 가정에 현금 지원을 확대했습니다. 시간이 흘러 그 혜택을 받고 자란 고등학생들을 대상으로 조사해보니 초등학생일 때 엄마가 집에 있었던 아이들의 평균 학점이 그렇지 않은 아이들에 비해 1.2점 높았다고 합니다. 그에 앞서 노르웨이는 1977년 7월 이후 태어난 아이의 엄마에게 4개월의 유급휴가를 실시했는데, 그 혜택을 받고 자란 아이들의 고등학교 중퇴율이 2% 감소하고, 30세 때의 소득은 5% 증가했다고 합니다.

스웨덴에서는 지난 2012년 엄마와 아빠가 동시에 육아 휴가를 사용할 수 있는 기간을 늘렸다고 합니다. 한 가정당 평균 10일 정도 휴가를 사용했는데, 그 결과 아이 엄마가 병원에 입원할 확률이 14% 줄고, 정신과 약을 처방받을 확률도 26% 감소했다고 합니다.

우리 정부는 2024년 1월부터 생후 18개월 이내인 자녀가 있을 경우 부모가 모두 육아휴직을 쓰면 첫 6개월 동안 휴직급여로 최대 3,900만 원까지 받을 수 있게 했습니다. 자녀의 기준

을 생후 12개월에서 18개월 이내로, 지원 기간은 3개월에서 6
개월로 늘리고, 육아휴직 급여 상한액도 월 최대 200만~300만
원에서 450만 원으로 높인 겁니다. 시행 직후에 그 효과를 당
장 확인할 수는 없을 겁니다. 출생률 자체가 당장은 오르지 않
을 수도 있습니다. 하지만 노르웨이와 스웨덴 사례처럼 학업 성
취도와 소득, 그리고 건강까지 나아질 수 있다는 당장은 숫자로
보이지 않는 효과까지 생각하면 우리가 가야 할 방향은 분명해
보입니다.

# 숫자를 세지 않는다

무엇을 시작하고, 반복하고, 이겨낸다는 것은 보통 힘든 일이 아닙니다. 천 리 길도 한걸음부터라는데 한 걸음 한 걸음 셀 수 없을 만큼 반복해야 하니 끝도 보이지 않는 시작이 더더욱 어려운 법이죠. 어떤 결심을 이행하기 시작한 뒤에도 때로는 의미 없어 보이는 일들을 반복하게 됩니다. 성과가 나지 않는 상황에서 하찮아 보이는 일을 반복하는 자신을 발견할 때 '내가 지금 뭘 하고 있는 거지?' 되묻게 됩니다. 하지만 중요한 건 그다음부터입니다. 의미 없어 보였던, 하찮아 보였던 일들이 성과를 내는 순간은 힘든 고비를 넘기며 반복했던 일들이 나의 몸과 마음에 새겨졌을 때부터입니다. 운동선수가 수천, 수만 번 반복적인 훈련을 통해 힘과 기술을 기르듯이 말이죠.

전설적인 복서 무함마드 알리(Muhammad Ali)는 이렇게 말했습니다. "나는 복근 운동을 할 때 횟수를 세지 않는다. 고통이 느껴질 때부터 숫자를 세기 시작한다. 그때부터가 진짜 중요하기 때문이다."

# 용서하나 잊지는 않는다

수많은 만남과 관계 속에서 크고 작은 스트레스와 오해, 잘못과 실수가 끊이지 않습니다. 때로는 내가 누군가에게, 때로는 누군가가 나에게 잘못을 저지르고, 실수할 때도 있죠. 그것의 중요성에 따라 용서와 처벌의 수위가 달라지겠지만, 이것 한 가지는 기억해야겠습니다.

　미국의 정신의학자 토머스 사즈(Thomas Szasz)의 말입니다. "어리석은 자는 용서하지도 잊지도 않는다. 순진한 자는 용서하고 잊는다. 현명한 자는 용서하나 잊지는 않는다."

# 링겔만 효과

최선을 다한다는 것은 사실 쉬운 일이 아닙니다. 특히 집단 속에 묻어갈 때는 더더욱 그렇습니다. 독일의 심리학자 링겔만 (Fritz Ringelmann) 박사가 여러 사람을 모아서 줄다리기를 시켜 봤습니다. 한 사람이 당길 수 있는 힘이 100이라고 가정했을 때 두 명은 200, 세 명은 300, 여덟 명은 800 정도의 힘을 발휘할 것 같았죠. 하지만 현실은 달랐습니다.

실험 결과 두 명은 93%만큼, 세 명인 그룹은 85%, 그리고 여덟 명으로 이루어진 그룹은 49%의 힘만 발휘했다고 합니다. 집단 속에 참여하는 사람의 수가 늘어날수록 1인당 공헌도가 떨어진다는 이른바 '링겔만 효과'입니다. 이런 일은 팀 내에서 구성원 스스로 존재 의미나 가치를 발견하지 못할 때 나타나게 된다고 합니다. '나 없어도…', '나 하나쯤이야'하는 생각인 거죠. 또한, 개인의 성과 보상이 제대로 이뤄지지 않을 때도 그러합니다. 팀의 규모가 커질수록 개개인에 대한 평가가 어려워지기 마련이죠. 이러한 '링겔만 효과'를 줄이려면 구성원 개개인에게 명확한 역할을 부여해서 책임감을 갖도록 하고, 스스로의 가치를 발견하도록 해야 합니다. 또한 팀 단위의 보상과 함께 개인의 기여도에 따라 차등적인 보상도 필요합니다.

기원전 480년경 페르시아 100만 대군에 맞섰던 스파르타 300명의 전사만큼은 아니지만, 개인과 팀의 역량과 성과가 극대화될 수 있도록 지혜를 발휘해야겠습니다.

# 지식에 투자하는 것이 최고의 수익을 낳는다

어릴 적에 이런 말 한 번쯤 들어보신 적 있을 겁니다. "공부해서 남 주느냐?"

사춘기 때는 이렇게 반항하기도 하죠. "선생님은 공부해서 남 주는 직업이잖아요."

그때는 그렇게 공부하기가 싫었는데 지나고 나서 보면 지식은 쌓이면 쌓일수록 이익이 되더군요. 쌓아 놓은 지식은 누군가에게 빼앗길 일도 없고요. 투자 자산과 마찬가지로 지식도 복리로 쌓인다고 믿습니다. 전혀 무지하던 상황에서는 어떤 말을 들어도 이해가 안 가지만 기초, 기본을 닦고 나면 어느 정도 말이 들리고 갈수록 지식의 깊이와 범위를 더 깊고 넓게 확장해나갈 수 있기 때문입니다.

벤자민 프랭클린(Benjamin Franklin)도 일찍이 이렇게 말했습니다. "지식에 투자하는 것이 여전히 최고의 수익을 낳는다."

## 072

# 알고도 하지 않는 것은 모르는 것

"아는 것이 힘"이라는 말이 있습니다. 철학자 프랜시스 베이컨(Francis Bacon)의 말인데요. 하지만 알기만 하고 실행하지 않는다면 그 힘은 머릿속에만 갇혀 있을 겁니다. 진짜로 "아는 것이 힘"이 되려면 그걸 밖으로 꺼내서 내 몸이 움직이도록 해야죠. "알고도 실천하지 않는 것은 모르는 것"이라는 소크라테스(Socrates)의 가르침이 따갑기만 합니다.

"아는 것이 어려운 것이 아니라 행동이 오직 어려운 것이다" 유교의 가르침이기도 합니다.[1]

공부든 장사든 투자든 사업이든 내가 배운 것을 어떻게 적용하고 내가 느낀 것을 어떻게 실천할 것인가. 오늘도 알아가는 정보 하나하나가 실행과 실천을 통해 진정한 힘이 되길 바랍니다.

# 혼돈 속의 혼돈

주가가 오르면서 입소문이 납니다. 너도나도 이 주식을 사기 위해 거래소로 몰려듭니다. 며칠 뒤의 가격을 맞추기 위해 혈안이 됩니다. 주식도 모자라 미래 가격을, 또 그 권리를 미리 주고받는 선물, 옵션 거래도 성행합니다. 심지어 실체가 없는 가장자산도 거래가 됩니다. 투기꾼이 넘쳐나는 것을 넘어 이들에게 거짓과 음모를 꾸미는 주가조작 일당도 나타납니다. 공매도를 하고 악의적으로 나쁜 소문을 퍼뜨리는 사람도 있습니다. 빈털터리가 되어서 스스로를 자책하고 주식시장을 떠났다가 주가가 오르면 다시 또 시장에 돌아옵니다.

현재 대한민국의 모습이 아닙니다. 1688년 네덜란드 암스테르담의 풍경입니다. 세계 최초의 주식회사인 동인도회사와 세계 최초의 증권거래소가 설립된 네덜란드 암스테르담. 335년 전 지구 반대편의 풍경과 지금 우리나라 자본시장의 모습이 너무나도 흡사하죠.

세계에서 처음으로 저술된 주식투자 서적. 1688년 발간된 『혼돈 속의 혼돈』 책을 보면 300여 년이 지나도 변하지 않는 인간의 본성과 그게 투영된 주식시장의 모습이 적나라하게 드러납니다. 저자는 이렇게 묘사합니다.

"이 사업은 유럽에서 가장 공정하면서도 가장 부당하고, 세상에서 가장 고결하면서도 가장 악명 높고, 지상에서 가장 순수하면서도 가장 저속한 사업이지요."

# 단 하나의 재능만 줄 수 있다면

이미 이룬 것과 이룰 수 있는 것 중에 하나를 택해야 한다면 어떤 것을 선택하시겠습니까? 만약 그것이 지금의 내가 아니라 미래의 나에게 주는 것이라면 어떤 것을 선택하시겠습니까?

미국의 작가이자 광고 사업가였던 브루스 바튼(Bruce F. Barton)은 이런 말을 했습니다. "만약 당신의 아들과 딸에게 단 하나의 재능만 줄 수 있다면 열정을 주어라."

열렬한 애정을 가지고 열중하는 마음. 열정. 열정이 있다면 스스로 목표를 세우고 시키지 않아도 알아서 잘하게 되며 혼자서도 성장하는 힘을 만들어내게 됩니다.

무엇이든 꽃 피울 수 있는 씨앗과 햇빛, 물. 그 모든 것을 담고 있는 열정.

미래의 나와 나의 아들과 딸에게 열정을 심어줄 수 있다면 당장 꽃과 열매가 없어도 아쉽지 않을 겁니다.

# 강력한 이유는 강력한 행동을 낳는다

해야지 해야지 하면서도 시작조차 못 하는 일이 있습니다. "해야 되는데 해야 되는데" 하면서도 시간만 보내는 경우가 많습니다. 나는 왜 이렇게 게으를까 나는 왜 이렇게 실행력이 떨어질까 자책하면서 또 시간을 흘려 보내기도 하죠. 나를 움직이려면 내가 움직여야 할 이유를 만들어야 합니다. 아무 이유도 없고 대가도 없다면 소중한 나의 에너지를 아끼려는 나의 행동은 너무나 자연스러운 일이지요. 그래서 더더욱 강력한 동기가 필요합니다. 윌리엄 셰익스피어(William Shakespeare)가 이런 말을 했다고 하죠. "강력한 이유는 강력한 행동을 낳는다."

하기 싫지만 어떤 일을 해야만 한다면, 일을 시작하기 전에 그 일을 해야만 하는 이유를 만들어 보십쇼. 여러분의 행동은 그 이유와 비례할 겁니다.

# 확증 편향

무엇이든 편향되어 있다는 건 결국 부작용을 불러옵니다. 아무리 맛있고 몸에 좋은 음식이라고 해도 편식을 하면 몸에 탈이 나는 것처럼 말이죠. 새와 나비의 날개도 좌우 양 날개가 고루 움직여야 하고, 자전거의 앞바퀴와 뒷바퀴도 같은 속도로 굴러가야 균형을 잡을 수 있죠. 그런데 우리는 생활 속에서 균형을 잃기가 쉽습니다. 내가 좋아하는 것을 하나둘씩 택하다 보면 어느새 한쪽 편에 치우치기 쉽죠.

인간은 누구나 기본적으로 듣고 싶은 것을 듣고, 보고 싶은 것을 보려 하는 확인 편향, 확증 편향(Confirmation Bias)에 빠지기 쉽습니다. 게다가 모바일, SNS 시대가 되면서 이른바 알고리즘이라는 컴퓨터 언어가 자꾸 그 사람이 좋아하는 것만 보여주면서 그 확증 편향이 더욱 강력해지고 있죠. 듣고 싶은 것만 듣는 것을 넘어 믿고 싶은 것만 믿게 되면서 사회적 갈등도, 사회적 비용도 더욱 커지고 있습니다. 토론이 통하지 않고 논리도 필요 없는 세상이 되어가고 있습니다.

정치, 사회적인 것뿐만 아니라 경제생활, 투자에서도 마찬가지입니다. 정보를 능동적으로 골고루 접하고 주체적으로 판단해야 하지만 자신이 좋아하는 전문가 한두 사람의 말을 맹신하는 상황도 자주 벌어집니다. 투자 대상 역시 자신이 투자한 곳을 최고라고 믿게 되죠. 정보 과잉의 시대, 편향이 편향을 강화하는 시대. 확증 편향의 시대에서 어쩌면 이제는 회의주의가 필요해 보이기도 합니다.

# 새로운 바보상자

텔레비전을 바보상자라고 부르던 시절이 있었습니다. TV를 과도하게 시청하면서 시간을 빼앗기고 스스로 생각하는 능력을 잃게 된다는 지적이었죠. 어릴 적에 TV를 많이 본 사람이 술과 도박에 쉽게 중독될 수 있다는 연구 결과가 발표되기도 했고요 (뉴질랜드 오타고대학 연구팀).

요즘에는 바보상자를 스마트폰이 대신하고 있습니다. 이름은 스마트한데, 잘못하면 바보상자보다 못한 존재가 되죠. 특히 30초, 1분짜리 짧은 영상을 보다 보면 어느 순간 페이지를 끝없이 넘기고 있는 자신을 발견하게 됩니다. 도파민의 순간이 쌓이고 쌓여 이미 30분, 1시간이 훌쩍 지나가 버린 뒤입니다. "딱 5개, 10개만 봐야지, 이것만 보고 꺼야지" 마음먹어도 앱을 생각처럼 쉽게 닫아버리지 못합니다.

SNS 기업들은 사람들의 시간을 더 잡아두기 위해 긴 영상보다 짧은 영상을 더 많이 노출하고 있습니다. 역설적이죠. 나의 소중한 시간을 잠깐의 도파민과 바꾸는 시대. 바보상자를 여닫는 것도 결국 나 자신입니다.

# 문제 해결의 정의

제임스 다이슨(James Dyson)은 먼지 필터 없는 청소기를 개발하는 데 몰두했습니다. 진공청소기의 흡입력이 떨어지는 원인이 바로 먼지 필터에 있었기 때문입니다. 윌리스 캐리어(Willis Carrier)는 습도와 온도를 조절할 수 있는 기계를 고안해야 했습니다. 뉴욕의 인쇄소에서 일하고 있었는데, 여름만 되면 덥고 습한 환경에서 종이와 잉크의 품질이 떨어졌기 때문입니다. 어떤 문제를 고민하다 보면 해결책을 찾아야 한다는 생각에 막연한 생각이 머리를 뒤덮습니다.

아인슈타인은 이런 말을 했습니다. "나에게 세상을 구할 수 있는 단 한 시간이 주어진다면 55분은 문제를 정의하는 데 사용할 것이다."라고요. 당장 해결 방안을 찾는 것보다 중요한 것은 그 문제를 정확히 이해하는 것입니다. 본질을 꿰뚫다 보면 해결책의 실마리가 거기서 나올 거라는 거죠.

# 쓸데없는 걱정이 96%

우리는 많은 근심과 걱정 속에 살아갑니다. 이미 추진하고 있는 일도 잘 될까 걱정이고, 아직 일어나지 않은 일들도 어떻게 될까 걱정입니다. 오죽하면 '걱정이 많아서 걱정'이라는 말까지 있죠.

작가이자 컨설턴트인 어니 젤린스키(Ernie J. Zelinski)에 따르면 걱정의 40%는 절대 일어나지 않을 일들에 대한 것이고, 30%는 이미 일어났거나 이제 와서 돌이키기에 너무 늦은 일들이고, 22%는 사소한 일들에 대한 것이고, 4%는 우리 힘으로 도저히 바꿀 수 없는 일들에 대한 것이라고 합니다. 즉 우리가 걱정하는 일들의 96%는 쓸데없는 걱정이라는 것이죠. 그리고 나머지 4% 우리가 대처하고 통제할 수 있는 일이라면 그것 역시 걱정할 필요가 없는 걱정이라는 겁니다. 어차피 지나갈 일이고 해봐야 쓸데없는 걱정이라면 과도한 근심 걱정으로 시간을 보내는 것은 너무 아깝죠. 걱정하고 앉아 있는 시간보다 당장 일어나서 뭐라도 실행하는 시간이 나에게 더 큰 보상을 가져다줄 겁니다.

# 거짓보다 더 위험한 진실의 적

도처에 위험이 도사리고 있습니다. 우리나라 전체 범죄 가운데 사기죄가 가장 많고, 인터넷에는 가짜 뉴스와 가짜 광고가 득실 댑니다. 잘못된 정보를 접하고 소중한 자산을 잃는 경우가 빈번하고 거짓된 정보에 의해 음모론이 확산되는 경우도 허다합니다. 정보의 질보다 속도와 양이 우선시 되는 시대. 정보를 걸러서 듣고 사실관계를 직접 확인하기보다 1차원적인 정보를 그대로 믿어버리기 십상인 시대입니다.

프레드리히 니체(Friedrich Nietzsche)는 "거짓말보다 더 위험한 진실의 적은 과도한 신념"이라 했고, "진실의 반대말은 거짓이 아니라 확신"이라고 경고했습니다. 내 스마트폰에 울리는 문자 메시지부터 카톡 메시지와 유튜브 영상, 그리고 위정자들이 내놓는 정책까지. 그대로 믿기보다 스스로 판단하고 검증하려는 노력이 절실히 필요합니다.

# KBO 우승팀 승률과 전문가 예측

혹시 여러분은 야구 우승팀의 승률이 얼마인지 아시나요? 열 개 팀 중에서 1등을 하려면 열 번 중에 몇 번을 이겨야 할까요? 열 번 중에 여덟 번? 일곱 번? 올해 KBO 정규리그 우승팀의 승률은 0.606(60%), 즉 열 번 중에 여섯 번만 이겼다면 1등이 되었다는 뜻입니다. 1등이 되기 위해 열 번 중에 열 번 모두 이길 필요는 없습니다. 그럴 수도 없고요. 그런데 사람들은 경제 전문가, 투자 전문가들이라면 매번 모든 예측을 맞혀야 한다고 생각합니다. 예측이 틀리기라도 하면 큰 비난을 가하죠. 물론, 그 조언을 듣는 사람들의 이익과 손실이 갈릴 수 있으니 대중의 반응이 민감한 것은 이해가 됩니다. 하지만 누구도 모든 것을 맞힐 수는 없습니다.

피터린치는 이렇게 말했습니다. '금리를 세 번만 맞힐 수 있다면 억만장자가 될 수 있다.'라고요. 주식 역시 마찬가지입니다. '전문가는 열 번 중에 여섯 번 맞히기 위해 노력하는 사람들'이라고 했죠. 열린 마음으로 경청하되, 회의적인 시각을 잃지 않고 비판적으로 수용하는 것. 전문가들의 시각을 내 삶에 유용하게 활용하는 출발점일 겁니다. 그리고 또 하나, 너무 욕심내지 마십시오. 승률 60%만 갖추면 열 개 팀 중에서 1등 할 수 있습니다.

# 투자 = 도박?

어떤 사람들은 주식투자를 도박이라고 말합니다. 따져보면 반은 맞고, 반은 틀린 말이죠. 주식투자와 도박에는 두 가지 공통점이 있는데요. 하나는 패가망신할 수 있다는 것, 다른 하나는 '확률'로 접근할 수 있다는 것입니다. 누군가에게는 주식 투자가 그냥 도박이듯이 누군가에게는 도박도 확률 게임이라는 건데요.

전문 도박사들은 큰돈을 걸기 전에 철저하게 확률을 계산한다고 합니다. 이른바 카드 카운팅이라는 건데요. 내 손에 있는 카드뿐 아니라 상대방이 들고 있을 수 있는 패, 아직 나오지 않은 카드까지 생각해서 확률적으로 접근하는 것이죠. 그렇게 해서 내가 이길 확률이 높을수록 더 큰 금액을 베팅하고, 이길 확률이 낮을 때는 그 판을 빨리 접는 겁니다. 굉장히 당연하게 들리는 말인데, 실제로 카지노에서 확률을 계산하는 사람은 매우 드물죠. 주식시장에서 그러하듯 말입니다. 그래서 주식투자와 도박의 차이점은 '무엇을 하느냐'이고, 공통점은 '어떻게 하느냐'라는 겁니다. 그냥 대박의 욕심에 눈이 멀어서 '묻고 더블로가'를 외친다면 그게 주식이든 부동산이든 채권이든 그냥 도박이 되는 겁니다.

워런 버핏과 찰리 멍거에게 큰 영향을 받아 세계적인 투자자가 된 모니시 파브라이(Mohnish Pabrai)는 이렇게 말합니다. "투자는 도박과 같다. 결국 확률의 문제다. 저평가된 투자 기회를 찾고 확률이 압도적으로 유리할 때 크게 투자하는 것이야말로 부를 창출하는 열쇠다."

# 랜섬웨어

'랜섬웨어'라는 이름을 한 번쯤은 들어보셨을 겁니다. 랜섬웨어는 인질의 몸값을 의미하는 '랜섬'과 소프트웨어를 합친 말인데요. 컴퓨터에 악성 프로그램을 심어서 모든 시스템을 마비시켜놓고 그걸 복구해주겠다며 돈을 요구하는 사이버 범죄를 말합니다. 예전에는 '컴퓨터 바이러스' 정도로 불렸었는데, 2020년대 들어서 비트코인 같은 가상자산을 통해 범죄 수익을 챙길 수 있게 되면서 랜섬웨어가 기승을 부리게 되었습니다.

2023년 10월에는 세계 40여 개 나라가 회의를 열고 한 가지 약속을 했습니다. 랜섬웨어로 공격하는 일당에게 정부 차원에서 금전적 대가를 지불하지 말자고 한 겁니다. 사이버 인질범들에게 몸값을 주지 말자는 거죠. 랜섬웨어를 풀어보겠다며 비트코인 같은 걸 보내주면 결국 사이버 범죄 조직을 키워주는 꼴이 되기 때문입니다. 심지어 돈을 보내줘도 컴퓨터를 복구해주지 않는다고 하네요. 랜섬웨어를 뿌리는 집단에는 북한도 포함된다고 합니다. 유엔은 북한이 랜섬웨어 공격을 통해서 국가적으로 돈벌이를 하고 있다고 지적하기도 했습니다.

랜섬웨어의 목표물은 누구나 될 수 있습니다. 무심코 열어본 이메일 첨부 파일, 정품 대신에 공짜로 쓰라면서 다운로드 받아 가도록 만든 파일들. 특히 이런 걸 조심해야 합니다. 컴퓨터뿐만 아니라 스마트폰, 태블릿 심지어 스마트워치까지도 랜섬웨어에 걸릴 수 있다고 하니, 어디서든 방심해서는 안 되겠습니다. 중요한 파일은 다른 저장 매체에 백업을 해두고, 백신 프로그램을 최신 버전으로 계속 업데이트를 하면서 최소한의 안전판을 스스로 만들어야겠습니다.

성공은 당하지 않는 것에서 시작됩니다.

# 성공의 반, 실패의 반

어려운 환경에 처했을 때, 좌절하거나 포기하지만 않는다면 어떻게 해서든 해결 방법을 찾을 수 있을 겁니다. 반대로 유리한 환경에 있을 때는 현실에 안주하고 방심을 하다가 곤경에 처할 수도 있고요.

역사학자 아놀드 토인비(Arnold Joseph Toynbee)는 이렇게 말했습니다. "성공의 반은 죽을지 모른다는 절박한 상황에서 비롯되고, 실패의 반은 잘 나가던 때의 향수에서 비롯된다."라고요. 지금 우리가 절박한 상황에 놓였다면 더 적극적으로 혁신하고, 더 과감하게 도전할 수 있는 기회입니다. 반대로, 과거의 성공에 안주하고 예전의 성공 방식에 머물며 변화를 거부하고 있다면 그것이 오히려 새로운 실패가 될 수 있다는 것도 잊지 말아야 할 겁니다.

# 거래의 민족

전자제품을 사면 박스를 버리지 않습니다. 나중에 되팔 때 정품 박스가 있는지 여부에 따라 가격이 달라지기 때문입니다. 신발도 신기 위해 사는 것이 아니라 높은 값에 되팔기 위해 사 모으는 사람들이 있죠. 자동차를 살 때도 중고차 가격을 생각해 거래가 잘 되고 가격이 덜 떨어진다는 무채색 차량을 선호하기도 합니다. 햇빛 가리개 비닐을 뜯지 않는 경우도 많죠. 아파트 단지 정문 앞에는 편의점보다 공인중개사 사무소가 더 많습니다. 분양과 동시에 프리미엄을 따지기 시작하죠. 비트코인 거래량을 봐도 우리나라가 세계 2~3위를 오갑니다.

이런 한국인의 모습을 두고 우리는 '거래의 민족' 아닌가 하는 생각도 합니다. 거래를 좋아한다는 것은 투자에 대한 관심이 높다는 방증일 겁니다. 어쩌면 투자를 통해 성장할 수 있는 잠재력이 높은 나라 아닌가 생각되기도 하고요. 어릴 때부터 금융교육을 강화하고 투자를 통해 해외기업의 부를 가져오는 등 '거래의 민족'이 가진 잠재력을 생산적이고, 발전적인 곳으로 유도해보면 어떨까요?

# 물고기를 주어라 한 끼를 먹을 것이다

"그래서 어떻게 하라는 건가요?"

"그래서 뭘 사라는 거죠?"

"사라는 거예요? 팔라는 거예요?"

투자의 방법론을 이야기하다 보면 종종 듣게 되는 질문입니다. 특정 투자와 관련된 여러 재료를 펼쳐 놓고 그걸 하나하나 분석하고 성공과 실패 가능성을 평가하고 그에 맞는 투자 금액과 기간을 감안하는 등의 절차는 안중에도 없습니다. 물론, 그 과정이 어렵고 고통스럽기 때문이긴 하지만 무엇을 살 것인지, 언제 사야 할지, 이걸 사야 할지 팔아야 할지 결론만 말해주길 바랍니다.

『탈무드』에 이런 말이 나옵니다. "물고기를 주어라. 한 끼를 먹을 것이다. 물고기 잡는 방법을 알려 주어라. 평생을 먹을 것이다." 스스로 거쳐 가는 과정 없이 남이 찍어주는 결론에만 도달한다면 그것을 소화한 뒤에 나에게 남는 것은 껍질과 가시뿐일 겁니다. 언제까지 나를 위해 물고기를 잡아다 줄 사람은 없습니다.

# 원래 쉬운 것이 아니다

누구나 돈을 벌고 싶어 합니다. 성공해서 편하게 살고자 하는 마음은 똑같죠. 하지만 그 과정이 쉽지는 않습니다. 돈을 벌고 성공에 이르는 과정이 쉽지 않다는 것은 또 누구나 당연히 알 수 있고요. 그런데 유독 투자를 할 때는 그걸 참 쉽게 생각합니다. 그리고 빨리 부자가 되려 하죠. 한방에 대박을 내서 성공할 수 있을 거라는 착각에 빠지기도 하고요. 투자 전략을 세우고 기업을 분석하고 리스크를 관리하면서 큰 변동성 속에서 긴 시간 인내해야 한다는 것. 성급한 판단으로 무리한 베팅을 했다가 큰 실패를 겪기 전에 깨달아야 합니다.

찰리 멍거의 이 말처럼요. "원래 쉬운 것이 아니다."

# 돈으로 살 수 없는 것들

"사랑? 웃기지마. 이젠 돈으로 사겠어! 얼마면 될까? 얼마면 되는데?"[2]

사랑을 돈으로 사겠다는 한 드라마 대사는 20년 넘게 지난 지금도 강렬한 기억으로 남아 있습니다.

우리 사회에는 돈으로 해결하면 안 될 것 같은데 돈으로 살 수 있는 것들이 참 많습니다. 놀이공원에서 돈을 더 내면 두 시간째 줄 서고 있는 사람들을 앞질러서 놀이기구를 더 빨리 탈 수 있습니다. 티켓을 예매하지 못해도 높은 가격으로 암표를 구할 수도 있습니다. 지하철역과 경기장 이름도 돈을 대는 기업과 상품 이름으로 하나둘씩 바뀌고 있습니다. 벌금을 더 내면 벌점을 깎을 수도 있고, 어떤 나라에서는 기부금을 내면 명예박사 학위를 받을 수도 있죠. 성적에 따라서 장학금을 타거나 탄소 배출권을 사고파는 건 그나마 양호해 보이기까지 합니다. 어떤 나라에서는 멸종위기 동물을 사냥할 수 있는 사냥권도 있다고 하고요. 돈을 주고 정치에 입문하는 등 명예도 살 수 있다고 합니다. 과연 어디까지 돈으로 살 수 있고, 어떤 것을 거래할 수 없게 해야 할까요?

　그 물음에 대한 대답은 우리가 '어떻게 함께' 살아가고 싶은가, 우리는 어떠한 사회에서 살고 싶으냐는 물음의 대답과 같을지도 모릅니다.

## 지혜는 안에 있는 것이 밖으로 나가는 것

지식은 책과 미디어를 통해 외부에서 얼마든지 얻을 수 있지만 지혜는 내 안에서 만들어 가야 합니다. 내 안에 지식을 쌓고, 거기에 경험을 얹고, 생각의 힘을 가했을 때 비로소 지혜라는 보석이 만들어집니다. 그리고 내 안에 만들어진 지혜는 밖으로 꺼내야만 확인할 수 있습니다. 마음을 다스리고 현명하게 행동하는 것부터 인간관계를 원만하게 가져가고 재물을 다루는 것까지 판단과 행동으로 지혜로운 결과물이 나올 수 있죠.

"지식은 밖에 것이 안으로 들어오는 것이고 지혜는 안에 것이 밖으로 나가는 것이다." 법정 스님의 말씀입니다.

밖에 있는 것을 내 안으로 들여 지식을 얻었다면 다시 그것이 나의 밖으로 나갈 때는 나와 다른 사람에게 더욱 도움이 될 수 있도록 지혜로운 말과 행동으로 꺼내야겠죠.

# 장애물이 없는 것은 하나도 없다

긍정심리학을 연구해 온 캔자스대학교 셰인 J. 로페즈(Shane J. Lopez) 교수에 따르면[3] 희망에 가득 찬 사람들은 네 가지 믿음을 갖는다고 합니다.

"미래는 현재보다 나을 것이다."

"내겐 그렇게 만들 저력이 있다."

"목표를 달성하는 방법에는 여러 가지가 있다."

"여러 가지 방법 중 장애물이 없는 것은 하나도 없다."

장애물이 없어야 한다는 게 아니라 장애물이 있어도 나는 목표를 달성할 수 있다고 믿는 겁니다. 긍정이라는 것이 단순히 긍정적인 상황을 말하는 것이 아니라는 거죠. 긍정은 삶의 태도나 전략에 가깝습니다. 긍정이라는 것을 상황으로 인식한다면 좋지 않은 상황이 펼쳐졌을 때 희망을 잃을 수 있지만, 긍정을 태도와 전략으로 삼는다면 나쁜 상황에서도 어디선가 공짜로 희망이라는 무기가 나타나는 셈입니다.

# 노벨 경제학상 클라우디아 골딘 하버드대 교수

남성과 여성이 똑같이 대학교를 졸업하고 같은 선상에서 출발을 해도 10년 정도가 지나면 임금 격차가 상당히 커지게 됩니다. 특히나 아이가 태어나면 여성의 경력에 발목이 잡히죠. 남녀 간 소득 격차는 이러한 커리어 격차의 결과이고, 부부 사이에 공평성이 깨지면서 그 격차가 심화된다는 겁니다.

2023년 노벨 경제학상은 이러한 '성별에 따른 소득 격차'를 연구해 온 '클라우디아 골딘(Claudia Goldin)' 하버드대 교수에게 안겼습니다. 골딘 교수는 200년 넘은 미국의 오래된 자료를 수집해서 성별에 따른 소득과 고용이 어떻게 변해 왔는지 처음으로 설명한 업적을 인정받았습니다. 여성의 노동 공급과 남녀 간 격차를 연구하는 데 있어 개척자 역할을 했다고 하네요. 골딘 교수는 남녀간 소득 격차를 해소하려면 '유연한 일자리'가 더 늘어나야 한다고 지적합니다.

코로나19 팬데믹 기간에 시행된 재택근무가 여성의 고소득 일자리 고용에 긍정적인 영향을 준 것처럼 말이죠. 특히, 부부가 함께 재택근무를 하면서 육아를 함께 했을 때 여성의 고용에 긍정적이었다고 합니다. 저출산 문제가 세계에서 가장 심각한 우리나라에서 특히 새겨들어야 할 부분 같습니다. 골딘 교수는 한국의 저출산 현상에도 관심이 있다는데, 지금 대한민국의 모습을 보면 뭐라고 총평할지 궁금해집니다.

# 할 수 없다고 믿는 사람도 옳다

매사에 부정적이고, 같은 일을 해도 '되는 만큼만' 하는 사람이 있습니다. 뉴스 기사나 유튜브 댓글을 봐도 그렇습니다. 부정적인 말을 하는 사람들은 어떤 이야기를 듣더라도, 어떤 콘텐츠를 보더라도 부정적인 면을 부각합니다. 그렇다고 그들 삶의 방식과 생각이 틀린 건 아닐 겁니다. 나름대로 자신을 보호하며 살아가는 방식일 겁니다. 주변에 부정적인 사람이 있다고 해서 그들 삶의 태도를 통째로 바꿀 수도 없고요.

헨리 포드(Henry Ford)는 이런 말을 했습니다. "할 수 있다고 믿는 사람도 옳고, 할 수 없다고 믿는 사람도 옳다."

샤를 드골(Charles de Gaulle)의 말까지 들어보면 더욱 좋습니다. "할 수 있다고 믿는 사람은 그렇게 되고, 할 수 없다고 믿는 사람 역시 그렇게 된다."

여러분은 어떻게 생각하시겠습니까?

# 고통이 멈추는 날

운이 나쁜 날이 있습니다. 시련을 겪는 날도 있습니다. 노력을 해도 좋은 결과가 나오지 않고, 열심히 준비한 일이 물거품 되는 경우도 있습니다. 어려움을 겪다 보면 빨리 그것을 벗어나고 싶기도 하고요.

미국의 극작가 테네시 윌리엄스(Tennessee Williams)의 말을 듣고 나면 생각이 좀 달라질 겁니다. "고통이 멈출 날을 기대하지 말아라. 정작 그런 날이 오면 자신의 숨이 멈춘 날일 것이다."

무엇이든 쉽게 얻는 날은 없을 겁니다. 인생은 배움의 과정이고, 실패를 하고 시련을 겪은 날도 고통스럽지만 무엇인가를 배운 하루입니다.

# 美 명문대 '테일러 스위프트' 강의

높은 인기를 구가하는 미국의 팝스타 '테일러 스위프트'. 2006년 데뷔 이후 매년 최고의 성과를 새로 쓰고 있는 테일러 스위프트는 누적 앨범 판매량이 1억 8천만 장을 넘은 것뿐만 아니라, 자산 1조 5천억 원을 넘는 것으로 추산됩니다. 2023년에 진행한 콘서트 투어는 8개월 동안 10억 달러, 1조 3천억 원을 벌어들였고, 미국 경제성장률에도 영향을 주었습니다. 그녀의 공연으로 미국 GDP는 43억 달러, 약 5조 8천억 원 늘어났다고 합니다. 공연 티켓뿐 아니라, 공연장 인근의 숙박시설과 식당 등의 매출까지 끌어올린 거죠. 그래서 미국에서는 테일러 스위프트 이름에 경제(economy)를 합한 '스위프트노믹스(swiftnomics)'라는 신조어도 생겼습니다. 시애틀 지역에서는 7만 명을 수용하는 루먼필드에서 공연이 열렸는데, 두 차례 공연 내내 인근 지진 관측소에서 규모 2.3의 진동이 감지됐다고도 합니다.

미국의 시사주간지 타임은 2023년 올해의 인물로 테일러 스위프트를 선정했고, 하버드대학교에서는 '테일러 스위프트와 그녀의 세계'라는 강의까지 개설한다고 합니다. 앞서 미국 플로

리다대와 뉴욕대도 스위프트에 대한 강의를 개설했다고 하고요. 노래 가사 등 음악 세계뿐 아니라 그녀의 인생, 팬 문화까지 문화적으로 살펴볼 가치가 있다는 거죠. 싱어송라이터로서 뛰어난 재능, 컨트리와 포크, 팝, 인디, 얼터니티브 록에 이르기까지 다양한 색채, 개인적이고 솔직한 가사, 그리고 팬들과 적극적으로 소통하는 방식, 이미지와 브랜드를 효과적으로 관리하는 상업적인 전략까지. 스위프트 효과와 스위프트 노믹스는 음악과 문화를 넘어 연구할 가치가 있는 경제 현상이 되고 있습니다.

# 암묵기억

피아노 연주를 망치는 가장 빠른 방법은 손가락에 집중하는 것이라고 합니다. 골프 샷을 망치는 가장 좋은 방법은 스윙 동작에 신경 쓰는 것이고요. 평소에는 컴퓨터 키보드를 빠르게 잘치는데 옆에서 누가 보고 있으면 유난히 오타가 많아지죠. 남자들은 작은 페트병을 구길 때 예쁜 여자 앞에서는 힘을 더 주게된다는 연구 결과도 있답니다.

우화에 나오는 '지네를 괴롭히는 방법'도 있는데요. 지네한테 "발을 내디딜 때 어느 발이 어느 발 다음에 나오는지 알려달라"라고 하는 겁니다. 그때부터 지네는 걸음걸이에 신경 쓰느라 다리가 꼬일 수 있고요.

암묵기억 중 하나인 '절차기억'이 있습니다. 절차기억은 반복과 연습을 통해 익힌 장기 기억의 한 유형이죠. 뇌에서 운동 제어와 조정을 담당하는 소뇌와 기저핵에 저장된다고 하는데요. 의식하지 않고도 몸이 움직일 수 있도록 자동실행을 담당하는겁니다.

만약 매번 키보드를 두드릴 때마다 손가락 순서를 따져야 하고, 자전거를 탈 때마다 핸들 방향과 페달을 의식해야 하고, 줄 넘기를 할 때마다 손목을 회전하는 반경과 점프해야 하는 높이를 계산해야 한다면 얼마나 불편할까요? 의식하지 않고 이런 놀라운 행동을 할 수 있다는 것에 새삼 감사하기도 합니다. 그리고 빠르게 타이핑을 하고, 아름답게 피아노를 연주하고, 넘어지지 않도록 자전거를 타고, 정확하게 공을 쳐서 날려 보내기까지 절차기억을 만들어낸 우리 스스로의 모습에도 새삼 대견함을 느낍니다.

# 진정 행복한 사람은

성공을 하면 행복해질 거라 생각하는 사람이 많습니다. 하지만 행복은 성공 여부와는 아무런 상관이 없습니다. 통장 잔고나 가방 브랜드, 자동차 배기량과 상관없이 얼마든지 행복감을 느낄 수 있다는 겁니다. 넉넉하지는 않아도 하루 세끼를 챙겨 먹을 수 있을 때도 장마 기간 중 파란 하늘을 보았을 때도 우리는 충분히 행복할 수 있죠.

벤자민 프랭클린은 이렇게 말했습니다. "진정으로 행복한 사람은 길을 우회해서 돌아가면서도 풍경을 즐길 줄 아는 사람"이라고요. 현재 상황에서 행복을 느끼는 사람은 분명히 다른 상황에 놓여도 그만큼 행복할 수 있다는 겁니다.

에이브러햄 링컨(Abraham Lincoln)은 "대부분의 사람들은 그들이 마음먹은 만큼 행복하다"라고 했습니다. 작은 일에도 매사에 행복을 느낄 수 있는 날들입니다.

# 슈퍼팩트

가짜 뉴스가 난무하고 편향된 정보가 넘쳐나고 속고 속이는 게임이 반복됩니다. 정보를 얻을 수 있는 채널이 많아질수록 정보를 생산하는 수단이 늘어날수록 우리는 편리해지면서도, 한편으로는 더 큰 혼란 속에 살게 됩니다. 돈을 벌어보겠다는 욕심에 코인 사기에 속아 넘어가고 주가조작 일당에게 이용당하고 누구의 잘못인지, 누구까지 공범인지 헷갈리기도 합니다.

공신력 있다는 통계마저도 자의적으로 해석되고, 심지어 조작되기도 하는 현실. 속임수가 고도화되다 못해 인공지능 기술까지 더해지는 세상. 무엇이 진실이고 무엇이 팩트인지 분간하기 힘든 개와 늑대의 시간이 24시간 이어지는 것 같기도 합니다. 누구도 무엇도 그대로 받아들여서는 안 되는 세상.

영국의 철학자 오노라 오닐(Onora O'neill)은 이런 말을 했습니다. "올바른 세상에 대한 신뢰는 맹목적인 수용이 아니라 적극적인 질문에서 나온다."

# 변하는 뇌

인간의 뇌 중앙에 위치한 해마(hippocampus)는 기억을 관장하는 영역인데요. 생김새가 바다에 사는 해마(海馬)와 비슷해서 그런 이름이 붙었다고 합니다. 2000년 영국의 인지신경과학자 엘리너 맥과이어(Eleanor McGuire)는 런던 택시 운전사들의 뇌 해마의 크기를 조사했습니다. 런던에서 복잡한 시내를 오래 운행한 택시 기사들은 해마 뒷부분의 크기가 일반인보다 더 컸고, 운전 경력이 길수록 부피도 더 컸답니다. 오랜 시간 복잡한 길을 학습하고 기억하면서 공간 기억력을 담당하는 해마가 발달한 거죠. 저글링 기술을 3개월 동안 열심히 훈련한 사람들의 경우 뇌 중간 측두에서 구조적인 변화가 나타났다는 연구 결과도 있습니다. 뇌는 그대로 머물지 않습니다. 지금 이 순간에도 지속적으로 변하고 있죠. 실험이 끝나고 더 이상 저글링 연습을 하지 않자 중간 측두가 원래대로 되돌아갔다고 합니다. 만약 런던의 택시 기사들이 지금쯤 네비게이션에 의존하고 있다면 그들의 해마가 어떻게 변하고 있을까요? 우리는 경험과 학습을 통해 그리고 선택을 통해 뇌마저 변화시킬 수 있습니다.

# AI의 시대

AI 인공지능 기술로 깜짝 놀라는 일이 거듭되고 있습니다. 2022년 11월 30일 세상에 처음 공개된 챗GPT3.0, 그후 3.5버전을 거쳐 4.0, 4o(옴니) 등 나날이 진화된 기술을 펼쳐내고 있습니다. 말과 글을 생성하는 AI 서비스가 경쟁적으로 우후죽순 쏟아지고 있고, 그림을 그려주는, 작곡을 해주는, 영상을 만들어주는, PPT 발표 자료와 엑셀 양식, 심지어 컴퓨터 코딩을 대신 만들어주는 AI도 이미 일상 깊숙이 들어왔습니다.

챗GPT가 공개되기 직전까지만 해도 아주 먼 미래의 일로 치부되던 것들입니다. AI를 얼마나 잘 활용하느냐가 업무 능력 중 하나가 되고 있고, AI로 인해 일자리가 대체되는 일도 벌어지고 있습니다.

기술의 발전은 퇴보한 적이 없습니다. 그래서 미래가 더더욱 기대되면서도 두렵기까지 합니다. 2025년에는 인공지능 기술 앞에 또 얼마나 놀라게 될까요? 과연 우리는 놀랄 준비가 되어 있을까요? 눈부신 기술 발전에 대응할 준비가 되어 있을까요? AI와 함께 살아갈 준비가 되어 있을까요?

# 생각이 필요할 때

바쁘게 살다 보면 '나의 생각'을 갖는 시간이 부족해집니다. 오롯이 나만의 생각을 할 수 있는 창의적인 공간과 시간이 필요한데 어디로 훌쩍 떠날 수도 없고, 그것도 쉽지 않죠. 좋은 생각을 많이 떠올릴 수 있는 방법으로 산책이 있습니다. 산책을 하면 적당한 긴장과 이완이 오가고, 팔과 다리가 알맞게 움직이는 등 단순한 동작을 반복하게 되면서 뇌가 자유롭게 연상하고, 새로운 아이디어를 떠올리기 좋은 환경이 됩니다. 요가와 명상을 하는 것도 집중력을 높여서 깊이 있는 사고를 하는 데 도움이 된다고 하고요. 샤워를 할 때도 아이디어가 많이 떠오르는데요. 물 소리와 샤워기 물줄기 감각이 백색소음 역할을 하면서 외부의 방해 요소를 차단하고 뇌가 창의적인 생각을 할 수 있도록 도와준다고 합니다. 맨몸으로 물줄기를 맞는 순간은 일상적인 상황을 벗어나 다른 관점에서 생각할 수 있는 시간이 되기도 하죠. 일상속에서 일상을 벗어날 수 있는, 잠시라도 나만의 사색을 즐길 수 있는, 그런 시간과 장소가 분명히 있을 겁니다.

# 서로 다르게 본다는 것

라디오는 무선 주파수를 잡아내고, 병원 엑스레이 장비는 X선을 찍어냅니다. 박쥐는 눈이 거의 퇴화되었지만 초음파로 주변을 탐지하고 먹이를 정밀하게 추적합니다. 방울뱀은 적외선을 볼 수 있고 꿀벌은 자외선 파장을 통해 꽃을 인식합니다. 바닷가재는 지구 자기장을 감지하며 이동합니다. 하지만 우리는 이러한 것들을 전혀 감지하지 못하죠. 우리가 경험하는 것은 시각과 촉각, 후각, 미각, 청각 정도고요. 우리가 느끼지 못한다고 해서 초음파와 적외선, 자외선, 자기장, 주파수, X선 등을 존재하지 않는 것이라고 부인할 수는 없을 겁니다. 박쥐와 두더지의 시력이 형편없는 것처럼 생각한다면 개는 인간의 후각을, 돌고래는 인간의 청각을 무시할지도 모릅니다. 그저 저마다가 가진 감각기관의 차이일 뿐이죠. 인지하는 방식에 따라 느껴지는 모양도 소리도 색깔도 다릅니다. 우리는 그렇게 다르게 살아갑니다. 비단 동물과 차이점뿐만 아니라 사람 사이에서도 마찬가지일 겁니다.

# 시간에 관한 두 가지 명언

여기 두 가지 명언이 있습니다. 매우 다른 의미지만 사실 일맥 상통하는 내용이기도 합니다.

Time never stops
시간은 멈추지 않는다

흘러가는 시간을 멈출 수도, 되돌릴 수도 없는 만큼 더욱 부지런하게 일하고 더 열심히 공부하며, 매 순간 최선을 다해야 한다는 의미일 겁니다.

Money never sleeps
돈은 잠들지 않는다

이 순간에도 전 세계 곳곳에서 금융시장이 돌아가고 금융상품 거래가 이뤄지며, 월세와 배당, 이자 같은 기회비용, 혹은 수익이 발생하고 있습니다. 내 몸이 쉬고 잠을 자는 순간에도 돈이 일하게 할 수 있는 것이죠.

멈추지 않는 시간과 잠들지 않는 돈. 이 두 가지를 더 효율적으로 현명하게 활용하기 위해 오늘도 배우고 실천하는 여러분을 응원합니다.

# 나를 파괴하지 못하는 것은 나를 강하게 만들 뿐

돈 때문에 큰 어려움을 마주했을 때 사람 때문에 큰 상처를 받았을 때 내가 어쩔 수 없는 상황 속에서 곤란에 처했을 때 자신도 모르게 위축되고 주눅 들고 움츠러들게 됩니다. 그 원인을 찾다가 심하게 자책하기도 하고요. 나의 잘못으로 시작된 일이라면 반성하고 성찰할 수 있지만, 정말 나의 잘못이 아닌 일 때문에 내가 상처받는 일이 어쩔 수 없이 생깁니다. 이미 일어난 일이라면 차라리 고맙게 받아들이는 것도 방법입니다. 덕분에 내가 더 강해질 수 있는 기회라는 거죠.

프리드리히 니체(Friedrich Nietzsche)는 "나를 파괴하지 못하는 것은 나를 강하게 만들 뿐이다."라고 말했습니다. 정신적으로, 감정적으로, 신체적으로 모든 면에서 내가 더 단련될 수 있는 기회로 보면 됩니다.

켈리 클락슨(Kelly Clarkson)의 〈stronger〉 노래에도 이런 가사가 나옵니다.

"나를 죽이지 못하는 것은 나를 더 강하게 만든다.

더 높이 일어서자

홀로 있다는 게 외롭다는 뜻은 아니다"


What doesn't kill you makes you stronger

stand a little taller

Doesn't mean I'm lonely when Im alone.

# 엔돌핀

엔돌핀은 행복 호르몬으로 알려져 있죠. 스트레스를 감소시켜 주고 통증을 줄이고 행복감을 높여주는 역할을 합니다. 엔돌핀은 '천연 진통제'라고 불리기도 하는데 실제로 강력한 진통제인 모르핀과 구조적으로도 유사하다고 합니다. 모르핀은 강력한 진통제여서 의사의 처방이 필요합니다. 하지만 천연 진통제라 불리는 엔돌핀은 우리가 스스로 만들어낼 수 있죠. 그래서 엔돌핀이라는 이름도 '내부에서 나오는 모르핀(endogen+Morphin)'이라는 의미를 담고 있습니다. 그런데 엔돌핀도 그냥 만들어지지 않습니다. 규칙적인 운동을 하고, 음악과 영화처럼 좋아하는 것을 찾아보고 사람들과 교류하고, 명상을 하는 등 어떠한 노력을 할 때 비로소 엔돌핀이 생성됩니다. 엔돌핀은 또 웃을 때 나온다는데 웃는 것도 적극적인 노력이 필요한 거죠. 생각해보면 행복하니까 웃는 게 아니라 웃으니까 행복해지는 거라는 말이 딱 맞는 것 같습니다.

삶이 무미건조한가요? 진통제가 필요한가요? 엔돌핀을 분비시킬 수 있는 버튼이 이미 우리 손에 있습니다.

# 의대 광풍

2025학년도 대학수학능력시험에는 52만 2천여 명이 응시했습니다. 이 가운데 재학생은 34만 7백여 명. 나머지는 모두 재수, 3수생 즉 N수생이라고 하네요. 그 비중은 31%에 달합니다. 의대 정원을 확대하면서 의대에 도전하려는 N수생이 크게 늘었다고 합니다. 명예도 높고, 소득도 높으니 의사라는 직업을 선호하지 않을 수 없죠. OECD 보건 통계에 따르면 우리나라 병의원에서 월급을 받는 의사의 연간 보수는 평균 19만 2,749달러, 약 2억 5,600만 원으로 관련 통계를 제출한 28개 회원국 중 가장 높은 것으로 나타났습니다. 명문대를 입학한 뒤에도 의대에 가기 위해 수능을 다시 보는 대학생들. 그리고 초등학생을 의대 입시반에 데려가는 부모들.

아인슈타인이 한국에서 태어났다면 의대에 진학했을 것이라는 어느 교육자의 일침이 무겁게 다가옵니다.

# 복기

학교 다닐 때 예습과 복습이 중요하다는 말 참 많이 들으셨을 겁니다. 미리 준비하고 한 번 더 새긴다면 같은 내용이 머릿속에 세 번이나 자리하겠죠. 그런데 어른이 되어서는 오히려 예습과 복습을 하지 않게 됩니다. 바빠서, 시간에 치여서, 또 새로운 것을 계속 마주해야 해서…. 하루를 시작할 때 오늘 할 일을 미리 떠올려 보고 회의할 내용을 미리 준비하고, 의사결정을 미리 내다보면 조금은 더 나은 결과물을 만들 수 있을 겁니다. 복습역시 마찬가지입니다. 하루를 마무리할 때 오늘 내가 했던 일들을 되돌아보면서 다시 기억하고 소소하게 평가를 해보면 더 나은 내일이 시작될 겁니다.

이창호 9단은 이런 말을 했죠.

"승리한 대국의 복기는 '이기는 습관'을 만들어주고, 패배한 대국의 복기는 '이기는 준비'를 만들어준다."라고요. 골프와 야구 선수들이 자신의 스윙을 반복해서 점검하고 바둑 기사가 대국을 복기하듯이 우리에게도 이기는 습관, 이기는 준비가 필요합니다.

# 존 버 윌리엄스

투자계에서 잘 알려지지 않았지만, 정말 유명한 사람이 있습니다. '이게 무슨 말이야?' 하시겠지만 사실입니다. 존 버 윌리엄스(John Burr Williams). 속된 말로 끈질기게 버틴다는 뜻으로 쓰는 표현인데, 실존했던 인물 이름이기도 합니다. 1900년에 태어난 존 버 윌리엄스는 미국 경제학자로, 기업의 내재가치를 분석해서 주식의 가격을 따지는, 즉 밸류에이션의 기틀을 닦은 사람입니다. 1938년 출간한 저서 『투자 가치 이론(The Theory of Investment Value)』을 통해 현금흐름 할인(DCF)과 배당에 기반한 가치 평가 이론을 명확히 했다는 평가를 받는 인물이죠. 워런 버핏도 그의 연구를 높이 평가했다고 하네요. 제가 존버 이야기를 꺼내 든 건 이유가 있습니다. 물려 있는 주식을 하염없이 기다리고 무작정 버티기만 하는 것이 방법은 아니라는 거죠. 그 투자 대상이 어떤 현금흐름을 창출하는지, 배당 등을 통해 나에게 얼마나 수익을 안겨줄 것인지 따져보는 것이 투자의 시작이자 끝일 수 있습니다. 그래서 우리가 기억해야 할 이름은 그냥 존버가 아니라 존 버 윌리엄스입니다.

# 계획

모든 일이 술술 잘 풀리라며 두루마리 휴지를 선물하기도 하지만 그건 바람일 뿐이죠. 계획대로 일이 술술 풀리는 경우는 거의 없습니다. 계획을 세우는 일조차 계획대로 되지 않고요. 오히려 어떤 일이 계획대로 되었다는 것은 그 일이 너무 간단했거나 목표치가 너무 낮았기 때문일 수도 있습니다. 반대로 생각해보면 일이 계획대로 되지 않을 때 그 일을 더 집중해서 이끌어 나갈 수 있고, 나의 능력치 역시 예상했던 것보다 더 높이 향상할 수 있겠죠.

여러분은 어떤 계획을 세웠는지 계획대로 된 것과 그렇지 않은 것은 무엇인지, 지금부터는 무엇을 어떻게 해야 하는지 돌아보기에 딱 좋은 날입니다.

# 출산율 나올 때마다 신기록

'저출산 고령화' 대한민국 사람이라면 귀에 딱지가 앉도록 자주 듣는 말이죠. 출산율은 발표될 때마다 역대 최저치를 경신합니다. 가슴 아픈 현실입니다. 0.9명, 0.8명, 0.7명…. 어쩌면 더 이상 의미도 없고, 놀랍지도 않은 숫자 아닌가 허탈해지기까지 합니다. 모두가 출산율을 걱정하는데 모두가 남 이야기처럼 말합니다.

"이대로 가면 대한민국은 인구가 없어서 소멸하는 지구상 최초의 나라가 될 것이다." 데이비드 콜먼(David Coleman) 영국 옥스퍼드대 인구학 명예교수가 이러한 경고를 던진 게 지난 2006년입니다. 이제는 아예 "2750년이면 대한민국이 사라질 것"이라고 합니다.

시골에서 아기가 태어난 것을 축하하는 플래카드를 내건 모습. 유치원 건물이 요양원으로 바뀌고 결혼식장이 장례식장으로 바뀐 모습. 인터넷에 돌아다니는 그 사진 한 장 한 장은 유머가 아니라 대한민국에서 가장 섬뜩한 사진입니다.

# 불나방

야외에서 모닥불을 피워 놓으면 그 불에 뛰어드는 곤충들을 볼 수 있습니다. 곤충의 종류를 떠나 우리는 흔히 '불나방'이라고 부르죠. 성공 확률이 희박하지만 일확천금을 노리는 사람을 '불나방'에 빗대기도 합니다. 손쉽게 큰돈을 벌 수 있다거나 도박성이 강한 무언가에 별생각 없이 뛰어드는 사람을 두고 그렇게 표현하죠. 하지만 곤충은 그 뜨거운 불에 죽으려고 달려드는 것이 아닙니다. 곤충들은 자연 상태에서 달빛이나 별빛을 기준으로 방향을 잡아 이동하는데, 사람이 만들어 놓은 인공적인 빛이 곤충을 착각하게 만드는 것이죠.

결국 불나방은 먹이를 찾아서, 천적을 피해서 날아다니다가, 즉 살기 위해서 빛을 찾다가 자기도 모르게 뜨거운 불길에 뛰어들게 되는 겁니다. 투기판에 뛰어들었다가 재산을 탕진한 사람, 손쉽게 큰돈을 벌 수 있다는 말에 속아 사기꾼에게 큰돈을 넘겨준 사람, 그들도 분명히 살 길을 찾으려고 했을 겁니다.

사람에게는 불나방과 다른 두 가지가 있습니다. 욕심과 판단력입니다. 곤충은 욕심 없이 그저 진화한 대로 본능에 따라 움직이지만, 인간은 더 갖기 위해서 욕심을 부리다 화를 자초합니다. 다만, 판단력이라는 것을 통해 그 위험성을 가늠할 수 있죠. 불나방이 된다는 건 결과론일 수도 있겠지만, 욕심과 판단력 그 둘 중에 무엇이 더 커졌는지에 따라 똑같은 빛이 때로는 달빛으로 때로는 화마로 보일 수 있을 겁니다.

# III

## 변화

'변화'하면 어떤 생각이 떠오르시나요? "사물의 성질, 모양, 상태 따위가 바뀌어 달라짐."

킹 위트니 주니어(King Whitney Jr.)가 한 말에 따르면 변화는 두려워하는 사람에게는 위협이 됩니다. 일이 잘못될지 모르기 때문이죠. 반대로, 희망을 품은 사람에게는 힘이 됩니다. 일이 잘될지 모르기 때문이죠. 변화. 분명히 같은 단어인데 누군가에게는 두려움, 누군가에게는 희망이 됩니다. 어떻게 받아들이느냐의 차이인 거죠.

윈스턴 처칠(Winston Churchill)은 "비관론자는 모든 기회에서 어려움을 찾아내고 낙관론자는 모든 어려움에서 기회를 찾아낸다"라고 했습니다. 지금 여러분에게는 무엇이 보이나요?

## 알림의 시대

우리는 수많은 알림 속에 살고 있습니다. 문자메시지와 카카오
톡은 기본이고, 메신저만 여러 개. 이메일과 뉴스 어플은 물론,
각종 SNS와 동영상 플랫폼까지 수많은 알림이 쏟아집니다. 계
속 울려대는 알림 소리 때문에 어떤 일에 집중하기도 어렵습니
다. 몇 시간 다른 일을 하느라 스마트폰을 쳐다보지 않으면 그
사이에 쌓여버린 알림이 배경화면 가득합니다. 하나하나 쓸어
내는 것도 일이고, 보지 못한 알림 속에 혹시 중요한 것이 있을
까 놓치면 어떡하나 불안감까지 달고 삽니다. 그럴 땐 알림을
확인하는 시간을 따로 계획하고, 중요치 않은 가벼운 알림부터
지워나가는 게 좋다고 합니다. 불필요한 알림 설정을 해제하는
것도 방법입니다. 과도한 스트레스와 불안감을 갖고 정상적인
생활을 방해할 정도로 우리가 그 모든 알림을 알고 살아야 하
는 건 아닐 겁니다.

# 러시안 룰렛

러시안 룰렛이라는 목숨을 건 도박이 있습니다. 여섯 발이 들어가는 총에 한 발의 총알을 넣어 놓고 머리에 갖다 댄 뒤 한 발씩 격발하는 거죠. 사망할 확률은 1/6 생존할 확률은 5/6. 일생을 바꿀 만큼 큰돈이 걸렸다면 이 확률에 목숨을 걸 수 있을까요? 이성적으로는 말이 안 되는 도박인데, 만약 살아남아서 수백억 원을 챙긴 사람이 나왔다고 소문이 나면 또 다른 오징어게임이 시작될 수도 있을 겁니다. 사실 이건 영화 속에서나 가능한 얘기겠죠. 그런데 현실 속 러시안 룰렛은 어쩌면 더 어렵고 더 위험할 수 있습니다. 현실에서는 여섯 발 중에 한 발이 아니라 실탄이 수백, 수천 발 중에 숨어 있을 수 있습니다. 그래서 방아쇠를 수십번 당겨도 아무 일이 없을 수 있고, 사람들은 언제부턴가 안전하다는 착각에 빠져 그 총알의 존재를 잊게 되죠. 그래서 사람들은 도박이나 파생상품, 다단계 등 현실 속 러시안 룰렛을 하면서도 '저위험, 고수익'이라는 착각에 빠집니다. 그게 진짜 총이라면 총구와 탄창이라도 엿볼 수 있을 텐데 현실 세계에서는 그것조차 보이지 않습니다.

## 목표와 장벽

"꿈이나 목표를 가지면 눈앞에는 반드시 벽이 나타난다. 그 꿈을 가지지 않았더라면 벽이라고 느끼는 일 없이 살아갔을 것들이 눈앞에 나타나게 된다. 당연히 큰 꿈을 가진 사람에게는 큰 벽이 나타난다." 기타가와 야스시(Yasushi Kitagawa)가 쓴 『편지가게』 책에 나오는 글귀입니다.

꿈의 크기가 큰 만큼 장벽도 높을 수밖에 없겠죠. 올림픽이나 월드컵, 메이저리그를 목표로 한다면 세계의 벽을 넘어야 하는 것처럼요. 하지만 장벽이 있다고 해서 꿈과 목표를 갖는 것에 두려울 필요는 없습니다. 꿈과 목표를 갖는다는 것 자체가 이미 내가 넘어설 장벽을 인정한다는 것이기에 그렇습니다. 작은 목표를 세우고 그 앞에 놓인 낮은 벽을 넘어서고 조금 더 높은 목표를 세우고 그 다음 벽을 넘어서고 그렇게 몇 번을 거듭하다 보면 어느새 나의 목표도, 내가 넘어선 장벽도 높아져 있는 모습을 볼 수 있을 겁니다. 일단 내 앞에 놓인 그 하나부터 넘어서면 됩니다.

# 이불킥

'이불킥'이라는 말이 있습니다. 이불을 발로 찬다는 뜻의 합성 어인데요. 잠자리에 누워 과거의 경험을 떠올렸을 때 너무 창피 한 나머지 몸부림을 치게 된다고 해서 붙여진 말입니다. 따지고 보면 누구나 한 번쯤은 이불킥을 해야 했던 순간이 있지 않을 까요? 좋아하는 이성에게 말을 붙이려다 얼굴이 빨개지고 말을 더듬었던 순간, 누가 문제를 내서 자신 있게 대답했는데 완전히 틀려서 웃음을 샀던 순간, 중요한 발표를 하던 날 준비했던 멘 트가 생각나지 않아 머리가 새하얘졌던 순간, 확신을 갖고 "내 기할래?"라고 자신했는데 결국 틀려버렸던 일. 돌아보면 손발 이 오그라들고 잠자리에 누웠을 때 절로 몸부림이 쳐지는 순간 일 겁니다.

저는 19년 전 대구에서 처음 방송을 하던 영상은 물론이고, 1년 전에 썼던 라디오 오프닝을 다시 봐도 손발이 오그라들고 이불킥 각이 나옵니다. 하지만 지나고 보면 그 순간순간이 모여 지금의 나라는 사람이 만들어진 것이죠. 얼굴이 빨개지는 순간 이 있었기에 내가 이렇게 성숙해졌고, 다양한 실수를 바탕으로 회복탄력성도 강해진 것일지 모릅니다. 오늘도 여러분에게 손발이 오그라들고 이불킥 해야 하는 일이 생길지 모릅니다. 하지만 그게 결코 두려운 일은 아닐 겁니다.

# 물적분할 소액주주 보호?

대한민국 주식시장에는 '물적분할 트라우마'라는 것이 있습니다. LG화학이 알짜였던 배터리 사업부, 즉 LG에너지솔루션을 물적분할 하면서 크게 대두됐는데요. 기업이 알짜 사업을 자회사로 떼어내고 그 자회사를 증시에 따로 상장시켜서 큰 투자금을 유치하는 방법입니다. 그 과정에서 소액주주는 알짜 사업부를 빼앗기고 대주주는 큰 이익을 얻는 효과가 생기죠. 정부가 그 부작용을 막겠다고 법을 바꿨는데, 들여다보니 '눈 가리고 아웅'입니다. 물적분할에 반대하는 주주에게 그들이 가진 주식을 회사에 되팔 수 있는 권리, 즉 주식매수청구권을 준다고 합니다. 그런데 문제는 주주가 회사에 넘기는 '주가'입니다. 새로 바뀌는 법에 그냥 "회사와 협의하라"라고만 해놨네요. 협의가 잘 안 되면 그냥 기존처럼 최근 주가로 적용해야 합니다. 즉 회사와 대주주는 주가를 떨어뜨려서 혹은 주가가 낮아졌을 때 물적분할을 결정하면 매우 싼값에 기존 주주들의 주식까지 사 모을 수 있다는 겁니다. 소액주주를 보호하겠다고 법을 고쳤다는데 실은 달라진 게 없습니다. 결국 억울한 소액주주들은 앞으로도 법원 문을 두드려야 합니다. 달라지는 게 없습니다. 그 시끄러웠던 물적분할 문제에 대해서 정부는 또 이렇게 얼버무리고 넘어가려 합니다.

# 나는 무엇을 아는가

프랑스 수필가 미셸 몽테뉴(Michel Eyquem de Montaigne)는 서른 일곱 나이에 은퇴를 선언하고 약 1,000권의 책을 들여놓으며 한 가지를 연구하려 노력했습니다. 바로 '나'라는 존재. '나 자신을 알기 위해' 연구를 시작한 거죠. 하지만 그는 머지않아 나 자신을 알려 한다는 것은 헛수고라는 것을 깨달았습니다. 나 자신은 계속해서 변하게 되고 그 변화 역시 그 어떤 설명보다 늘 앞서가기 때문이었습니다. 그리고 그는 질문을 바꿨습니다.

"나는 무엇을 아는가?" 내가 아는 것이 나를 만들기에 나를 알기 위해서는 내가 아는 것을 아는 것이 중요하다는 것을 깨달은 것이죠.

성격을 16가지 유형으로 분류하는 MBTI 테스트 결과도 시간에 따라 변한다고 합니다. 결국 MBTI는 그 사람이 최근 몇 년간 어떻게 살아왔느냐 결과인 거죠. 내가 주로 먹는 것이 나의 몸 상태를 만들 듯, 내가 아는 것이 나의 정신과 마음, 즉 나라는 존재가 됩니다. 오늘 내가 보는 것, 듣는 것, 경험하는 것. 하나하나가 중요한 이유입니다.

# 두려움을 이기는 것이 용기

겁이 없는 사람들이 있습니다. 엄청 높은 곳에서 뛰어내리고, 무지 빠른 속도로 내달리고, 커다란 일을 벌이고, 위험성 높은 곳에 투자하고…. 소심하거나 신중한 사람의 눈에는 때로는 대단하게, 때로는 무모하게 보이기도 합니다. '어디서 저런 용기가 나올까' 하고 말이죠. 많은 사람 앞에 나서서 발표한다거나, 큰 프로젝트를 맡는다거나, 부담감 높은 일을 하는 것에도 용기가 필요합니다. 그 자체로도 두려워지기도 하고요.

'왜 이렇게 용기가 나지 않을까.'

'어떻게 용기를 낼 수 있을까.'

요한 볼프강 폰 괴테(Johann Wolfgang von Goethe)는 "두려움이 없는 것이 용기가 아니라, 두려움을 이기는 것이 용기"라고 했습니다. 용기가 나는 것은 두렵지 않거나 두려움이 없어서가 아니라 겁이 나는 것은 겁이 나는 대로, 두려운 것은 두려운 대로 있는 그대로 받아들이기에 가능한 것 아닐까요?

# 존 메이너드 케인스

여기 한 천재 경제학자가 있습니다. 수학을 매우 잘하고 남들이 얻지 못하는 고급 데이터를 가지고 있고, 심지어 정부의 경제정책에도 관여하는. 말 그대로 '우월한 위치'에 있는 천재였습니다. 그런데 정작 '우월한 지식'을 이용한 투자는 두 번이나 깡통을 찰 정도로 비참했습니다. 환율과 원자재 가격 등 무엇인가를 '맞히려는' 베팅은 어긋날 수밖에 없다는 것을 몸소 보여줬죠. 훗날 그는 사업을 하듯이 투자하는, 즉 기업에 집중하는 가치투자를 통해 그제야 투자자로 성공을 하게 됩니다. 그 주인공은 바로 수정 자본주의 아버지라 불리는 존 메이너드 케인스(John Maynard Keynes)입니다. 글로벌 금융위기, 코로나 펜데믹 등 전례 없는 위기에서 강력한 재정, 통화정책을 통해 위기를 극복한 데는 90년 전 케인즈의 조언이 자리하고 있습니다. 케인스는 투자자들에게 이렇게 말합니다. "시장 심리와 가격 변동을 예측하려는 것은 투기이고, 수명이 끝날 때까지 자산에서 나오는 수익을 예측하는 활동은 사업이다."

# 불안이

〈인사이드 아웃〉 영화를 보면 주인공 마음속에 사는 여러 감정이 나옵니다. 기쁨이, 슬픔이, 버럭이, 소심이, 까칠이. 2024년 6월에 개봉한 2편에서는 '불안이'가 추가됐습니다. 주인공이 사춘기가 되면서 '불안한 감정'을 갖게 된 거죠. 불안한 마음에 휩싸인 나머지 옳지 못한 선택과 과한 행동을 하거나 큰 혼란에 빠지는 모습도 그려집니다. 흔히 '불안함'이라고 하면 부정적인 느낌이 들죠. 하지만 불안의 순기능도 있습니다. 사람이 게을러지지 않고 계획적으로 살 수 있는 것은 불안한 감정이 있기 때문입니다. 아침에 일찍 일어나지 않으면 지각할 수 있다는 생각, 업무를 제대로 완수해야 승진하고 연봉도 높아질 거라는 생각. 생활 안전도 마찬가지입니다. 신호를 위반하면 사고가 날 수 있다는 생각, 가스불을 제대로 껐는지 확인하는 습관도 어쩌면 불안감에서 시작되죠. 물론 과도해서는 안 되겠지만, 오히려 불안함이 전혀 없다면 우리 생활이 게을러지거나 위험해질 수 있습니다. 과해서 좋은 것이 없듯이, 필요하지 않은 감정도 없습니다.

# 위험이 닥치면

위험이 감지되었을 때 더 빨리 성장하는 동물이 있습니다. 빨간 눈청개구리 배아는 약 7일에 걸쳐 자란 다음 부화하지만, 포식자가 다가오거나 홍수 같은 외부 위험이 감지되면 발달 속도를 높여 평소보다 빨리 부화한다고 합니다. 구피의 배아는 수정된 지 4일 만에 냄새를 맡을 수 있고, 포식자 존재를 감지하면 더 빠르게 성장한다고 합니다. 생존 확률을 높이기 위한 진화의 결과입니다.

금융, 자산 관리 측면에서도 얻을 교훈이 있습니다. 위험을 감지하면 유동성 확보에 주력하고, 포트폴리오를 재조정해 리스크를 관리하며, 위험을 최소화하는 헤지 전략을 펼칠 수도 있습니다. 바다거북의 수많은 알이 동시에 부화해서 개체 생존 확률을 높이는 것처럼 분산투자를 통해 한 가지 자산의 손실이 전체 포트폴리오에 미치는 영향을 완화할 수도 있습니다. 위기를 감지하고 손실을 제한하며 기회를 활용하는 것. 선천적으로 습득하지 못했더라도 배워서 터득할 수 있습니다.

# 재능

재능이 있다는 건 큰 복을 받은 것과 같습니다. 똑같은 시간 공부를 해도 머리에 외워지는 것이 다르고, 똑같은 시간 운동을 해도 몸이 반응하는 것이 다릅니다. 하나를 가르쳤을 때 둘을 알 수 있는 건 그 분야에 재능이 있다는 방증일 수 있습니다. 하지만 재능이 없다고 모든 것이 불가능한 것은 아닙니다. 모든 성공이 재능만으로 이뤄지는 것은 아니기 때문입니다.

일본 작가 기타가와 야스시는 『편지가게』 책에서 이렇게 표현합니다.

"꿈을 이루지 못한 사람들은 '나는 재능이 없었어'라고 말한다. 꿈을 이루지 못한 이유가 재능이 없기 때문이라면 꿈을 이룬 사람들은 모두 '재능이 있다'라고 대답하는 것이 맞겠지만, 성공한 사람 중에 그런 대답을 한 사람은 한 명도 없다. 꿈을 이룬 사람들은 '정말로 하고 싶었던 일을 열정을 가지고 계속 했을 뿐'이라고 말한다."

재능은 있으면 좋은 것이지, 없다고 좌절할 것은 아닙니다.

# 천재는 기록에서 태어난다

아무리 머리가 좋은 사람이라도 한번 들은 말을 토씨 하나 틀리지 않고 기억할 수는 없습니다. 아이디어가 떠올랐을 때 메모를 해두지 않으면 잊어버리기 십상입니다. 말은 소리로 스쳐 지나가고 생각은 어느새 수증기처럼 증발해버립니다.

다만, 그것을 글로 적어 놓는다면 얘기가 달라집니다. 그것을 다시 한번 생각하고 손가락으로 눌러 적는 사이 우리의 기억 속에도 한 번 더 각인되어 남습니다. 쌓이는 기록은 나의 발자취가 되고 인생의 방향이 됩니다. 아이디어 창고가 되고 성장의 밑거름이 되기도 합니다.

기록학자 김익한 교수는 이렇게 말합니다. "천재는 기록에서 태어난다."[4]

# 만년 저성장 국가

대한민국의 경제성장은 이제 평균 이하가 되고 있습니다. OECD 회원국 평균 경제성장률은 지난 2021년 5.8%였는데, 우리나라는 4.3%에 그쳤습니다. 2022년에도 OECD 국가들이 평균 2.9% 성장하는 사이 우리는 2.6%에 그쳤죠. 2023년에도 OECD 평균 성장률은 1.7%였는데 우리는 1.4%에 머물렀습니다. 3년 연속 평균 이하.

앞으로도 전망은 그다지 밝지 않습니다. 성장률이 잠깐 반등하더라도 장기적으로는 '만년 저성장'을 염려하지 않을 수 없는 현실입니다. 공장들은 해외로 빠져나가고, 저출산 고령화는 나날이 심각해지고 있고….

평균 이하라는 것은 '그저 그런 것'이라는 의미이기도 합니다. 저성장 국가 대한민국의 성적표를 그냥 받아들여야 하는 걸까요?

# 손님의 클레임

똑같이 장사를 하는 사람이라도 손님이 남기고 가는 한 마디를 저마다 다르게 받아들입니다. 즉각 개선점을 찾는 사람이 있는 반면, 그냥 듣기 싫은 소리 정도로 흘리고 말거나 항의를 받고도 개선하지 않는 사람도 적지 않습니다. 리뷰와 별점 평가가 만연한 시대에 오히려 손님의 평가와 항의가 없어야 편하다고 말하는 사장님도 있습니다.

'장사의 신'으로 유명한 일본 사업가 우노 다카시(Uno Takashi)는 이렇게 말합니다. "클레임, 즉 항의를 받는다는 건 고마운 일이다. 손님이 가게의 개선점을 직접 지적해주는 거니까 순순히 듣고 고치면 된다. 정말 무서운 건 손님이 마음속에 묻어 놓은 클레임이다." 정말 무서운 손님은 이것저것 지적하는 사람이 아니라 아무 말 안 하고 다시는 오지 않는 손님일 겁니다.

# 포드의 빨간 신호등

2006년 앨런 멀러리(Alan Mulally)가 포드 CEO로 선임될 당시에 이 회사는 쇠락하고 있었습니다. 5년 내 파산할 확률이 46%에 달한다는 전망이 나올 정도였죠. 멀러리가 CEO로서 처음 문제점을 파악할 때였습니다. 분명 경영난을 겪고 있는데, 관리자들은 자기 사업부에는 문제가 없다고 보고하는 겁니다. 이후 멀러리는 컬러 코드라는 신호등 제도를 도입했습니다. 각 사업부 상황을 녹색, 황색, 적색으로 표시하게 한 거죠. 처음에는 제대로 작동하지 않았지만, 문제를 감추려는 임직원은 해고하겠다고 경고하고, 문제를 드러내는 임직원을 칭찬하자 회사는 달라지기 시작했습니다. 특정 부서에 적색등이 들어왔다고 화를 내거나 불이익을 주지 않았습니다. 문제를 해결할 수 있게 적극 지원했죠. 이후 포드는 경영난을 극복했고, 멀러리는 2013년 포춘지가 선정한 '세계 최고 리더' 3위에 올랐습니다.

　문제는 덮을수록 위험해지고 드러내야 고칠 수 있습니다. 실패의 위험 앞에서 누구든 적색 신호를 보낼 수 있어야 도움을 받고 협력할 수 있습니다.

# 버핏이 찬사를 보낸 존보글

지난 2017년 버크셔 해서웨이 주주총회. 마이크를 잡은 워런 버핏이 한 사람을 찾습니다. 그의 이름은 '존 보글(John Bogle)'. 이 사람 덕분에 전 세계 수많은 투자자가 수수료를 크게 아끼면서 많은 수익을 얻을 수 있었다는 찬사를 보내며 그를 일으켜 세워 큰 박수를 받도록 합니다.

그에 앞서 워런 버핏은 2007년부터 10년에 걸쳐 한 헤지펀드 운용사와 100만 달러짜리 내기를 벌였습니다. 대부분의 헤지펀드가 S&P500 같은 시장 평균을 앞서기 어렵다면서 말이죠. 결국 테드 세이즈라는 헤지펀드 매니저가 버핏의 제안을 받아들이면서 내기가 성사됐는데, 그 결과는 엄청났습니다. 10년 동안의 수익률을 보면 테드 세이즈가 고른 5개 헤지펀드 (재간접펀드)의 수익률은 평균 36.3%였습니다. 같은 기간 버핏이 고른 뱅가드 S&P500 인덱스펀드의 수익률은 125.8%에 달했습니다. 이렇게 엄청난 차이를 만든 건 바로 수수료였습니다. 헤지펀드는 매년 2% 수준의 운용 보수를 가져가고 수익금의 20%를 성과 보수로 가져갑니다. 반면 ETF와 같은 인덱스펀드의 연간 수수료는 0.03%에 불과하죠. 그것이 10년 동안 누적되면 제아무리 운용을 잘하는 펀드매니저라도 인덱스펀드를 이기기 힘들다는 겁니다. 인덱스펀드를 두고, 금융회사의 수익을 투자자에게 돌려준 위대한 발명품이라고 찬사를 보낼 만하죠.

# 돈을 모으는 것과 불행을 바꾸는 것

많은 사람이 모으는 돈은 적고 쓰는 돈은 많아서 고민입니다.
돈을 쓰는 것은 쉽고, 모으는 것은 왜 그렇게 어려운지…. 머니
트레이너 김경필 멘토가 하는 말이 있죠. "돈을 많이 쓰는 것은
돈을 사랑하지 않아서다. 돈을 진짜 사랑하는 것은 쓰지 않고
가까이 모아두는 것이다."

우리의 생활 습관과 관련해서도 마찬가지입니다.

미국의 소설가 커트 보니것(Kurt Vonnegut)은 이런 표현을 쓴
적이 있습니다. "불행을 바꿀 수 있는 일을 아무것도 하지 않는
걸 보니 불행한 게 그렇게 좋은가 보죠."[5]

의지만으로 되는 것은 없지만, 의지를 갖고 하나씩 실행하다
보면 돈을 모으는 것도, 불행을 바꾸는 것도 분명히 할 수 있는
일일 겁니다. 만약 의지만으로 할 수 없다면 깨기 힘든 저금통
을 이용하거나, 무언가에 자물쇠를 채우듯이 생활 속에서 내 의
지를 보완해줄 장치를 마련하는 것도 좋은 방법이고요. 골프 모
자에 "헤드업 하지 말자"라고 써놓듯이 신용카드 위에 매직으
로 "아끼자"라고 써놓는 것도 그런 방법 중 하나일 겁니다.

# 다른 사람 중심으로 생각하고 있다면

인간관계에서 자신을 중심에 두지 못하고 다른 사람을 중심으로 생각하는 경우가 많습니다. 가족, 직장 상사, 고객 등 다른 사람의 어떤 행동이나 말 때문에 내가 힘들어지고, 고민하게 되고, 상처받고, 속앓이를 하게 되죠. '저 사람은 왜 저럴까', '나한테 왜 그럴까', '누구 때문에 힘들어요' 생각의 중심을 바꿔보면 고민이 조금은 가벼워집니다.

내가 어떻게 행동하고 어떻게 대응하면 될지 나를 중심으로 생각해보는 거죠. '나에게 예의를 지키지 않는 사람과는 상대를 하지 말아야겠다', '내 험담을 하는 사람과는 가까이 지낼 필요가 없어'라고요. 지나치게 자기중심적이라면 주변에 피해를 줄 수도 있어 조심해야겠지만, 자존감을 잃을 정도로 다른 사람 중심으로 생각하고 행동할 필요는 없습니다. 혹시 타인 때문에 인간관계 때문에 힘들다면, 내가 나를 잃고 다른 사람 중심으로 생각을 해오지는 않았는지 되짚어보는 것도 좋을 것 같습니다.

# 법정최고금리 인하의 역설

"대출에 적용되는 최고 금리를 강제로 낮추자 그럼 서민들에게 도움이 될 것이다."

지난 2017년 27.9%였던 법정 최고금리가 2018년 24%로 낮아졌습니다. 그리고 2021년에는 20%까지 낮춰졌습니다. 법정 최고금리를 낮추면 대부업체들이 사업을 접고 음지로 숨어들 것이라는 우려가 높았고, 대부업을 이용하지 못하는 저신용자들이 오히려 불법 사금융으로 내몰릴 것이라는 걱정이 컸습니다만, '서민들이 힘들어하니 최고금리를 낮춰야 한다'는 주장 앞에 부작용을 걱정하는 목소리는 힘을 잃었습니다.

대부업체들의 평균 대출금리는 2018년 19.6%에서 2023년 13.6%로 낮아졌는데, 대부업자들이 착해져서가 아니었습니다. 이들이 20%라는 금리로는 손해를 볼 것 같자 신용대출을 줄이고 담보대출을 늘린 영향이었습니다. 담보가 없고 신용이 낮아 대부업체에서도 거절당한 저신용자들은 불법 사금융 시장으로 내몰렸고, 그런 사람이 최소 5만 3천 명, 최대 9만 1천 명에 달할 것이라는 추산이 나왔습니다. 법정 최고 금리가 내린 이후 대부업 이용자들이 아낄 수 있었던 이자는 4조 4천억 원. 하지만, 불법 사금융으로 이동한 사람들이 추가로 부담한 이자는 24조 4천억 원에 달한다는 추정도 이어졌습니다.

'법정 최고금리 인하의 역설'입니다. 정책에서 1 더하기 1은 2가 아닐 수 있다는 것. 정책의 효과는 수학이 아니라 사회 과학이라는 것. 그것을 깨닫기까지 우리는 너무 큰 대가를 지불했습니다.

# 어두운 밤을 순순히 받아들이지 마세요

영화 〈인터스텔라〉는 지구가 황폐화되어가는 와중에 인류의 새로운 터전을 찾기 위해 우주로 떠나는 내용이죠. 그 영화에서 세 번이나 낭송되어 더욱 유명해진 딜런 토마스(Dylan Thomas) 의 시입니다.

**어두운 밤을 순순히 받아들이지 마세요.**

**Do not go gentle into that good night**

"어두운 밤을 순순히 받아들이지 마세요.

노인들이여, 저무는 하루에 소리치고 저항하세요.

사라져 가는 빛에 대해 분노하고, 또 분노하세요."

인터스텔라에서는 '노인들이여'라고 번역했지만, 원문에서 말한 'Old age'는 사실 시간이 갈수록 소중한 것을 잃어가고 있는 모든 이를 뜻하는 것 같습니다. '어두운 밤을 순순히 받아들이지 말라'는 이 시를 보면 우리나라 저출산 현상이 생각납니다. 이대로 인구가 감소하고 국가가 소멸해 가는 과정을 지켜보고만 있을 것인가. 과연 우리는 저물어가는 하루에, 사라져가는 빛을 향해 저항하고 분노하고 있는가. 인구 국가비상사태까지 선언해놓고도 여전히 미시적인 대책들만 쏟아내는 현실. 영화에서처럼 문제를 해결하기 위해 은하계를 건너지는 못하더라도 국가비상사태에 걸맞은 파격적인 대책을 내놓고 있는가. 늙어가는 나라 대한민국의 빛이 또 하루 사라지고 있습니다.

# 장애인의 날

우리나라에 공식적으로 등록된 장애인은 2023년 기준 약 264만 명에 이릅니다. 전체 인구의 5%, 100명 중 다섯 명은 장애를 가졌다는 의미인데요. 특히 신규로 등록되는 장애인이 매년 8만 명에 이른다고 합니다. 남의 일이 아닐 수 있다는 겁니다. 뭘 잘못해서 장애인이 되는 것도 아닐 테고요.

작은 관심과 배려, 그리고 차별 없이 존중하는 것. 매년 4월 20일이 아니어도 365일 필요한 생각 같습니다.

# AI 규제해야

"인공지능 개발사들을 정부가 통제해야 한다." 세계 최고의 AI 서비스 챗GPT를 만든 오픈AI 출신들이 목소리를 높였습니다. 오픈AI에서 샘 알트먼 CEO를 축출하려다 실패한, 그래서 본인들이 회사를 떠나게 된 전직 이사회 멤버 2명이 영국 이코노미스트지에 이런 내용을 기고했는데요. AI에 대한 통제를 개발사에 맡겨놔서는 안 된다는 겁니다. 오픈AI는 비영리단체로 출발했지만, 이사회 내부에서 지켜봤을 때 결코 윤리적인 길로 가지 않았다는 지적입니다.

챗GPT가 세상에 공개된 것은 2022년 11월. 그 이후 AI가 글을 쓰고, 그림을 그리고, 음악을 작곡하고, 영상을 만들고 감정까지 표현하는 단계에 이르렀습니다. 이제는 AI 서비스 없이는 업무가 안 된다는 사람들도 나오기 시작했고, 유명인 얼굴을 합성한 음란물과 일반인 목소리를 합성한 보이스피싱도 나날이 증가하고 있습니다. AI가 로켓보다 빠른 속도로 발전하는 사이 AI를 활용하는 사람들의 윤리 의식과 AI를 둘러싼 법과 제도는 얼마나 느리게 따라오고 있는지 되짚어봐야 할 때입니다.

# 방향

자동차 계기판에 있는 주유기 불빛을 보면 한쪽으로 화살표가 그려져 있습니다. 주유구가 있는 방향이죠. 그 작은 화살표 덕분에 우리는 주유소에 진입할 때 헷갈리지 않을 수 있습니다. 차선을 변경할 때 쓰는 방향지시등, 즉 깜빡이가 있죠. 하지만 최첨단 자동차에서 가장 쓰지 않는 기능이 깜빡이라는 우스갯소리가 있을 정도로 깜빡이를 켜지 않고 차선을 바꾸는 운전자가 많습니다. 나는 이미 내가 어떤 방향으로 갈지 마음을 정했지만, 다른 사람을 위해 신호를 주는 것. 그건 왜들 그렇게 불편하게 생각하는지요. 자동차를 운전하는 사람은 멀미를 하지 않습니다. 언제 출발할지, 어떻게 멈출지, 어떤 방향으로 핸들을 틀 것인지, 본인은 모두 알고 있기 때문입니다. 차에 함께 탄 사람은 보는 것과 움직이는 것이 크게 달라질수록 뇌와 몸에 혼란을 겪어 멀미를 하게 되죠.

우리 사회도 마찬가지입니다. 서로 신호를 주고받고, 혼선을 줄이려 노력하는 것. 귀찮고 어렵게 느껴질 수 있지만 서로가 배려하고 소통할 때 분명히 사회적 비용을 줄일 수 있을 겁니다.

# 한계, 하루하루 최선을 다해 살아야 하는 이유

금과 비트코인이 비싼 이유는 여러 가지가 있겠지만, 아마도 매장량에 한계가 있다는 것이 가장 큰 이유 아닐까요? 채굴하는 데 비용이 많이 들고 희소성도 높다 보니 경제 규모가 커질수록 값도 높아지죠. 반도체의 경우 회로가 미세해질수록 비싸집니다. 고급 자전거의 경우 가벼울수록 비싸고요. 반도체 회로를 나노 단위에서 미세화하는 것도, 자전거를 가볍게 만드는 것도 한계가 있기 때문입니다.

우리 삶도 마찬가지입니다. 인간이라면 누구에게나 수명의 한계가 있죠. 그래서 오래 살아갈수록 그 한계에 가까워집니다. 금, 비트코인, 반도체, 자전거처럼 그 한계만 놓고 보면 우리 인생도 하루하루 살아갈수록 남은 날들의 가치가 더욱 높아지는 셈이죠. 그런 의미에서 오늘 하루를 값으로 치자면 매일매일 어제보다 더 가치 있는 날들을 살고있는 겁니다. 하루하루 최선을 다해 살아야 하는 이유입니다.

# 나쁜 습관의 비용은 미래에 치른다

이른 아침 몸을 일으키는 것부터 출근을 하고, 운동을 하고, 좋은 음식을 챙겨 먹고 규칙적인 생활을 하는 것까지 참 많은 에너지가 들어갑니다. 좋은 책을 찾아 읽고 좋은 방송도 찾아서 듣고 공부까지 한다는 것은 참 쉽지 않은 일이죠. 하지만 알게 모르게 좋은 습관으로 만들어진 결과물은 내 몸과 머리에 오롯이 남게 될 겁니다. 반대로 게으름을 피우거나 몸에 해로운 행동을 하는 등 나쁜 습관으로 만들어진 결과물 역시 내 몸과 머리에 오롯이 남을 겁니다. 당장 표가 나지 않을 뿐이죠.

제임스 클리어(James Clear)의 『아주 작은 습관의 힘』에는 이런 말이 나옵니다. "좋은 습관의 비용은 현재에 치르고, 나쁜 습관의 비용은 미래에 치른다."

어떤 것이 더 아프고 값비싼 대가인지 우리는 알고 있습니다.

# 청약 광풍

무순위 청약이어서 청약통장도 필요 없고, 당첨만 되면 10억 원가량 시세차익이 생긴다는 경기도 화성시 한 아파트. 분양가 상한제가 적용돼 당첨만 되면 20억 원가량 시세차익이 예상된 다는 서울 강남의 한 아파트. 청약홈에 접속하려는 사람이 하 루 종일 몰리면서 접속 대기자가 한때 300만 명을 넘었고, 예 상 대기시간은 700시간을 넘기기도 했습니다. 이용자 불만이 쏟아지자 부동산원은 당일 청약 접수를 진행한 아홉 개 단지의 접수 마감 시간을 오후 5시 반에서 밤 11시로 연장했고, 동탄 아파트 무순위 청약 마감 시한을 하루 더 연장하기로 했습니다. 홈페이지 접속 문제 때문에 청약 마감 일정이 연장된 것은 이 사이트가 열린 이래 처음이라고 합니다. 전 국민 로또라고 불리 는 무순위 청약. 내 집 마련에 고달픈 서민의 삶, 일확천금을 노 리는 인간의 욕심, 그리고 혹시나 하는 마음에 몇 시간을 기다 려서라도 수백만 대 1의 경쟁이라도 도전해보려는 우리의 노 력이 페이지 오류가 뜬 화면만큼이나 많이 겹친 하루였습니다.

# 가격 상승은 판단력을 흐리는 마약

어떤 자산의 가격이 떨어지고 있으면 계속 더 떨어질 것 같다는 불안감이 엄습합니다. 반대로 어떤 자산의 가격이 올라가고 있으면 나도 저걸 빨리 사지 않으면 큰일 날 것 같다는 생각에 조바심이 듭니다.

영국의 경제학자 로버트 기펜(Robert Carlisle Giffen)이 주장한 '기펜의 역설(Giffen's Paradox)'이라고도 하는데요. 가격이 저렴해지면 수요가 증가하고 가격이 비싸지면 수요가 감소해야 하는데, 어떤 경우에는 가격이 오를수록 수요가 증가하고 가격이 내리는 데도 수요가 감소한다는 겁니다. 주식과 부동산이 때때로 그렇죠. 불과 1년 반 전에 미분양이 났던 서울의 한 아파트는 가격이 오르기 시작하자 다시 신고가를 기록하고 있습니다. 몇 년 동안 적자 상태를 벗어나지 못하고 있는 어떤 기업은 별다른 근거 없이 주가가 폭등하기도 하고요. 이런 것을 기펜의 역설에 빗대어 '기펜재(Giffen's goods)'라고 부르기도 합니다.

워런 버핏은 이런 현상을 단 한 마디로 꼬집었습니다. "가격 상승은 판단력을 흐리는 마약이다."

## 가족에게 쉽게 짜증을 내는 이유

가장 고마운 사람인데 가장 쉽게 화를 내고 짜증을 부리는 상대가 있습니다. 바로 가족이죠. 바깥에서 만나는 사람에게는 친절을 베풀면서 가족에게는 말은 툭툭 던지고 내가 좀 힘들다고, 내 마음 같지 않다고 짜증을 내기 일쑤입니다. 가까운 사람에게, 사랑하는 가족에게 짜증을 자주 내는 건 내가 이 사람을 어떻게 대하더라도 이 관계가 쉽게 깨지지 않는다는 것을 무의식적으로 알기 때문이라고 합니다.

내가 잘 보여야 하는 사람, 좋은 관계를 유지해야 하는 사람에게는 절대 화를 내거나 짜증 낼 수 없는 것도 같은 이유입니다. 자칫하면 이 관계가 깨질 수 있고 그럼 내가 손해를 본다는 걸 알기 때문이죠. 나를 태어나게 해주고, 나와 함께 살아주는 사람이 직장 상사, 거래처 사장님, 큰손 고객보다 못할 이유는 없습니다.

# 필요할 때만 연락하는 사람

"저 사람은 꼭 자기 필요할 때만 연락해"

"너는 꼭 뭐 필요할 때만 전화하더라"

혹시 이런 말 해본 적 없으신가요? 역설적이게도 사람은 누구나 필요할 때 연락을 합니다. 누군가 무엇이 필요할까봐 먼저 연락해서 "뭐 필요한 거 없니?"라고 묻는 사람은 없죠. 가족을 제외하고는 인간관계가 대부분 필요에 의해 형성되듯이 연락을 주고받는 것도 어쩌면 무언가 필요하기 때문 아닐까요? 누군가 나에게 오랜만에 전화해 도움을 청한다면 '내가 이런 면에서 필요한 사람이구나' '내가 누군가에게 도움을 줄 수 있는 존재구나'라고 생각하는 것이 더 큰 행복감을 줄 겁니다. 만약 내가 해줄 수 없는, 무리한 요구를 한다면 완곡하게 거절하면 되는 것이고요. 만약 내가 어렵지 않게 들어줄 수 있는 부탁이라면 대가 없이 그냥 도움을 주는 것도 좋을 겁니다. 대가가 없더라도 내가 필요한 존재라는 것, 때로는 내가 누군가에게 부탁을 받고 호의를 베풀 수 있는 사람이라는 것. 이미 그것만으로도 나는 고마운 사람이고 행복한 사람입니다.

# 쉬운 일은 어렵게, 어려운 일은 쉽게 하라

나의 능력보다 어려운 일이 주어졌을 때 '이걸 어떻게 하지' 누구나 당황스럽고 막막할 수 있습니다. 하지만 내가 그 어려운 걸 해내면 그만큼의 보상과 성취감을 얻을 수 있을 겁니다. 나의 능력보다 쉬운 일이 주어졌을 때 '이까짓 것쯤이야.' 누구나 자만심을 가질 수 있습니다. 이 때문에 주변에 오만한 태도를 보일 수도 있죠. 때로는 너무 쉬운 일이어서 오히려 부주의로 인한 실수를 저지르기도 합니다.

스페인 철학자 발타자르 그라시안(Baltasar Gracian y Morales)은 "쉬운 일을 할 때는 자신감이 부주의를 낳지 않게 하고, 어려운 일을 할 때는 소심함이 용기를 꺾지 않게 하라"라고 말했습니다. 쉬운 일은 어렵게 하고, 어려운 일은 쉽게 해야 하는 이유입니다.

# 쉬었음 대졸, 400만 명 돌파

대학을 졸업하고도 취업을 하지 않았거나 구직 활동조차 하지 않는 사람이 400만 명을 넘어섰습니다. 2024년 상반기 기준으로 대졸 이상 학력을 가진 비경제활동인구가 405만 8천 명에 달한 건데요. 1년 전 같은 기간보다 7만 2천 명 늘어난 사상 최대치입니다. 고학력자임에도 경제활동을 하지 않는 사람. 물론, 육아와 가사, 신체적인 문제 등 저마다 이유가 있겠지만 405만 명이라는 전체적인 숫자는 매우 염려스러운 게 사실입니다.

구직 활동도 하지 않고 쉬고 있는 대졸자는 팬데믹 당시(21년 상반기 404만 8천 명)보다도 많고, 전체 비경제활동인구 중에서 처음으로 25%를 넘어섰습니다. 일하지 않고, 구직 활동도 하지 않고 쉬고 있는 사람. 네 명 중 한 명은 대졸자라는 얘깁니다. 고학력자에게 어울리는 양질의 일자리가 부족한 것일 수도, 일자리에 대한 눈높이가 너무 높은 것일 수도 있을 텐데 어찌됐든 고성능 엔진이 가동을 멈추고 있는 상황. 국가적으로도 너무 큰 손실이 아닐 수 없습니다.

# 쌀 수출 최대··· 냉동김밥 아이디어로부터

쌀로 만든 가공식품이 잘 나가고 있습니다. 2024년 7월 기준으로 쌀 가공식품 수출액이 1억 6,612만 달러, 약 2,256억 원으로 1년 전보다 45.6% 증가했는데요. 연간 수출량도 사상 최대치를 기록할 전망입니다. 떡과 즉석밥뿐만 아니라 냉동김밥이 미국에서 큰 인기를 얻으면서 우리 쌀을 이용한 가공식품이 전체적으로 수출량이 급증한 것이죠. 냉동김밥의 경우에는 이걸 먹는 영상이 SNS를 통해 세계에 알려지고 미국 대형마트에 입점하면서 수출이 급증할 수 있었습니다. 우리나라 식량 자급률은 40% 선으로 낮은 편. 하지만 쌀만큼은 90%, 때로는 100%를 넘으면서 그야말로 쌀이 남아도는 상황인데요. 하지만 냉동김밥 같은 새로운 수출 상품이 외화도 벌어들이고 쌀 공급 과잉 문제도 해결할 수 있는 좋은 사례가 되고 있습니다.

K-푸드 열풍을 만들고, 무역흑자를 키우고, 쌀 수급 불균형까지 고쳐 쓰고 있는 건 '김밥을 얼려서 수출하자'는 작은 아이디어에서 시작됐습니다.

# 논쟁

우리는 참 많은 논쟁 속에 살아갑니다. 서로 다른 의견을 가진 사람도 많고, 자기의 주장을 말이나 글로 논할 기회도 많습니다. 당사자와 직접 언쟁을 벌이기도 하고 뉴스와 신문, SNS 등으로 수많은 논쟁거리가 전달되고 또 퍼져나갑니다. 논쟁은 쉽사리 끝나지 않습니다. 때로는 논쟁을 넘어 시끄러운 논란이 되기도 하고요.

"왜 그렇게들 이기려 들기만 할까?"
"왜 이 세상에는 끝없이 논쟁거리가 양산될까?"

각자의 입장과 이해관계, 목표, 욕구, 가치관이 다르기도 하지만 의견이 다른 것은 결정적으로 사람이 가진 저마다의 경험이 다르기 때문이라고 합니다. 자신이 오랫동안 경험한 바에 따라서 혹은 가장 최근에 가장 강렬하게 경험한 바에 따라서 생각이 만들어지고, 그것이 의견이 된다는 겁니다. 그래서 우리는 그 반대로 내가 논쟁하고 있는 지금 이 주제가 나의 어떤 경험을 바탕으로 하고 있는가 돌아볼 필요가 있습니다.

　"우리는 자신의 경험으로 세상을 바라보지만, 세상은 우리의 경험으로 만들어진 것이 아니다." 아인슈타인의 말처럼요.

# 세 명의 벽돌공

벽돌을 쌓아 올리는 인부 세 명이 성당을 건축하는 현장에서 함께 작업을 하고 있었습니다. 그때 한 아이가 다가와 물었습니다.

"아저씨 지금 뭐 하시는 거예요?"

첫 번째 벽돌공은 대답했습니다. "벽돌을 쌓고 있지. 안 보이니?"

두 번째 벽돌공은 이렇게 답했습니다. "나는 성당 서쪽의 담벽을 쌓고 있지"

세 번째 벽돌공은 이렇게 대답했습니다. "나는 하느님의 성당을 짓고 있단다. 이 성당은 사람들이 착하게 살도록 오랫동안 감명을 줄 거야."

짐 호던(Jim Haudan) 『몰입과 소통의 경영』에 인용된 우화인데요.

첫 번째 인부는 그저 생업을 하고 있었고,

두 번째 인부는 맡은 업무를 하고 있었고,

세 번째 인부는 일의 진정한 의미를 알고 사명감을 갖고 있었습니다.


누가 그 일을 더 행복하게 할 것이고, 누가 더 성공에 가까워질 것인지, 그들은 알지 못해도 우리는 알 수 있을 겁니다.

# 가치투자자들의 삶

위대한 가치투자자 가운데는 장수한 사람이 참 많습니다.

- 벤저민 그레이엄(Benjamin Graham)

  82세(1894년 5월 9일 ~ 1976년 9월 21일)

- 존 보글(John Bogle)

  89세(1929년 5월 8일 ~ 2019년 1월 16일)

- 찰리 멍거(Charles Thomas Munger)

  99세(1924년 1월 1일 ~ 2023년 11월 28일)

- 월터 슐로스(Walter Schloss)

  95세(1916년 8월 28일 ~ 2012년 2월 19일)

- 존 템플턴(John Templeton)

  95세(1912년 11월 29일 ~ 2008년 7월 8일)

- 필립 피셔(Philip Fisher)

  96세(1907년 9월 8일 ~ 2004년 3월 11일)

- 어빙 칸(Irving Kahn)

  109세(1905년 12월 19일 ~ 2015년 2월 24일)

그리고 살아있는 전설 워런 버핏도 95세죠.

물론 가치투자자라고 해서 다 장수하는 것이 아니고, 우리가 모르는 단명한 경우도 있겠습니다만, 가치투자자들이 장수할 수 있는 공통점 하나는 발견할 수 있습니다. 이들은 '밤에 잠을 잘 잘 수 있는' 마음 편한 투자를 했다는 겁니다.

필립 피셔(Philip Fisher)의 책 제목 중에 하나는 『보수적인 투자자는 마음이 편하다』이기도 합니다. 수많은 정보가 실시간으로 넘쳐나고 낮에는 국내증시, 밤에는 해외주식, 새벽까지 코인을 쳐다보기 쉬운 이 시대에 가치투자 대가들이 남긴 교훈은 비단 경이적인 수익률뿐만은 아닐 겁니다.

# 평온을 위한 기도

내가 바꿀 수 없는 것을 바꾸려 할 때 괴로움이 생깁니다. 정치 경제 사회문제부터 가족이나 직장 동료의 말 한마디까지 신경을 쓸수록 머리가 복잡해집니다. 세상이 더욱 복잡해지고, 수많은 정보가 실시간으로 전달되고 SNS로 누군가와 비교되는 것이 일상화되면서 자존감을 잃고 방황하기 십상입니다. 때로는 행동에 나서야 할 때가 있는데 주저하고 시간만 보내면서 기회를 날려버리기도 합니다. '나 하나쯤이야' 하면서 말이죠.

신학자 칼 폴 라인홀드 니버(Karl Paul Reinhold Niebuhr)가 쓴 '평온을 위한 기도'의 한 구절입니다.

"바꿀 수 없는 것을 받아들일 수 있는 평온과 바꿀 수 있는 것을 바꾸는 용기와 이 둘을 분별할 줄 아는 지혜를 주소서."

# 의심하고 또 의심하라

어떤 분야에서 성공했다는 사람의 말을, 투자를 잘한다는 사람의 말을 우리는 너무 쉽게 믿는 경향이 있습니다. 특정 유명인을 맹목적으로 따르거나 사업과 투자를 믿음의 영역으로 가져가는 사람도 많습니다. 그럴수록 이런 사람들을 노리는 사칭과 사기가 기승을 부립니다.

18세기 프랑스의 계몽 사상가 볼테르(Voltaire)는 이런 말을 했습니다. "의심하는 것은 유쾌한 일이 아니다. 하지만 확신하는 것은 어리석은 일이다."

16세기 영국 철학자 프랜시스 베이컨도 이런 말을 남겼습니다. "확신을 가지고 시작하는 사람은 회의로 끝나고, 기꺼이 의심하면서 시작하는 사람은 확신을 가지고 끝내게 된다."

의심하는 것이 꼭 좋은 것만은 아닙니다만, 기꺼이 의심하고 주체적으로 판단하려는 노력이 어우러질 때 그것이 오롯이 나의 것이 될 수 있다는 점을 잊지 말아야겠습니다.

# 문제에 대한 생각이 문제다

어느 늦은 밤 퇴근길에 길이 많이 막히더라고요. '이 시간에 여기가 이렇게 막힐 구간이 아닌데…' 알고 보니 도로포장 공사를 하고 있더군요. 차선 하나만 남기고 두 개 차선을 새로 포장하다 보니 밤늦은 시간이었는데도 길이 막힐 수밖에 없었죠. 잠깐 짜증이 났습니다. '왜 여기, 왜 지금이지? 피곤해 죽겠는데 집에 가는 시간이 더 늦겠네' 그런데 이미 그 길에 들어섰고, 내가 바꿀 수 있는 건 없었습니다. 오직 하나 그 상황을 바라보는 관점을 바꿔봤습니다. '와 내일부터는 이 길이 더 평탄해지겠구나. 앞으로는 더 맨들맨들한 도로 위를 달릴 수 있겠네' 그 순간 마음이 편해진 것은 물론, 밤늦은 시간 아스팔트 연기를 마시며 일하는 사람들의 표정까지 눈에 들어왔습니다.

미국의 철학자이자 교육학자인 존 듀이(John Dewey)가 남긴 말입니다. "문제는 문제가 아니며, 문제에 대한 우리의 생각이 문제다."

우리의 생각만 잠깐 바꾸면, 문제는 더 이상 문제가 아닐 수 있습니다.

# 변동성은 리스크가 아니다

가치투자의 대가 워런 버핏은 이렇게 묻습니다. "장기적으로 오르락내리락하면서 얻는 15%의 복리 수익을 원하는가? 아니면 계속 오르기만 해서 얻는 10%의 복리 수익을 원하는가?"

여러분은 어떤 것을 택하시겠습니까? 만약 후자를 택하셨다면 조심하시길 바랍니다. 계속 오르기만 해서 매년 10%씩 수익을 주는 금융상품은 징역 150년 형을 받고 감옥에서 사망한 버나드 메이도프(Bernard Madoff) 같은 사람이나 제시할 수 있을 겁니다. 투자의 대가들은 '변동성'이 리스크가 아니라 오히려 동반자 같은 존재라고 말합니다. 시장은 늘 오르락내리락하기에 셀 수 없이 많은 변동성을 이겨내거나 아예 당연한 존재로 받아들여야 장기적으로 우수한 수익률을 달성할 수 있다는 것이죠.

# 가장 두려운 것은 확신

코넬대 대학원생이었던 데이비드 더닝(David Dunning)과 그를 가르치던 저스틴 크루거(Justin Kruger) 교수가 학부생들을 대상으로 실험을 해봤습니다. 45명의 학생들에게 20가지의 논리적 사고 실험을 치르게 한 뒤 자신의 성적 순위를 예상해보라고 한 건데요. 그 결과 성적이 낮은 학생은 자신의 예상 순위를 높게 적어냈고, 성적이 높은 학생은 스스로를 과소평가했다고 합니다. 이른바 더닝 크루거 효과입니다.

더닝과 크루거는 이런 결론도 냅니다. "능력이 없는 사람의 착오는 자신에 대한 오해에 기인하고, 능력이 있는 사람의 착오는 다른 사람이 더 잘할 것이라는 오해에 기인한다." 이 실험은 능력 낮은 사람들의 과대평가와 능력 높은 사람들의 과소평가를 지적한 것이기도 하지만, 이를 스스로 깨닫지 못한다는 것을 꼬집은 실험이기도 합니다. 그러면서 자신의 인지편향을 깨닫고 겸손함과 배움을 통해 다시 능력치를 높여 발전하도록 하는 교훈도 담고 있습니다.

"아는 것을 안다고, 모르는 것을 모른다고 하는 것이 진짜 아는 것이다"라고 말한 공자님의 말씀처럼요.

행동경제학의 대가 아모스 트버스키(Amos Tversky)도 같은 말을 남겼죠. "무엇인가를 모를 수도 있다는 생각은 우리를 두렵게 만든다. 하지만 그보다 더 두려운 것은 세상이 어떻게 돌아가고 있는지 자신이 정확히 알고 있다고 믿는 사람들에 의해 세상이 움직인다는 것이다."

## 152

# 페어차일드 런

트랜지스터를 발명해 노벨상을 받은 윌리엄 쇼클리(William Shockley)는 1956년 쇼클리 반도체를 설립했습니다. 여기에 8명의 젊은 박사를 고용했는데, 이들은 쇼클리의 독단적인 경영 방식에 반발하며 1년 만에 퇴사를 합니다. 쇼클리는 이들을 일컬어 '8명의 배신자'라고 불렀다고 합니다.

그리고 그 8명은 한 억만장자의 도움을 받아 '페어차일드 반도체'라는 새로운 회사를 설립하죠. 그 8명 중 한 명이 '무어의 법칙'으로 유명한 고든 무어(Gordon Moore)입니다. 이들이 똘똘 뭉친 페어차일드 반도체는 NASA 달 탐사 프로젝트인 아폴로 프로그램에 반도체를 공급하고, 컴퓨터 대량 생산에 기여하면서 급성장했습니다.

하지만 그 8명의 박사들이 다시 또 회사를 모두 떠나는 데는 불과 12년밖에 걸리지 않았습니다. 급여와 성과급으로는 괜찮은 보상을 주었다고 하지만, 회사의 중추적 역할을 하는 사람들에게도 회사 지분을 주지 않으면서 이들이 더 나은 길을 찾아 떠나게 된 것이죠. 어떤 이는 퇴사 사유로 이렇게 적었다고 합니다. "나는… 부자가… 되고… 싶다."

  페어차일드 출신이 만든 반도체 회사는 인텔과 AMD를 포함해 약 30여 개에 이른다고 하는데, 정작 페어차일드는 이들의 퇴사 이후 몰락하고 맙니다. 다른 기업으로 창업을 하는 사람들을 '페어차일드 런'라고 부르는 것이 바로 여기서 유래되었다고 합니다.

# 영감(靈感)

좋은 아이디어를 많이 떠올리는 아이디어 뱅크 같은 사람, 천재적인 영감을 보여주는 창작자들 어쩜 저렇게 신기하고 기발한 생각이 나올까 궁금하기도 합니다. 어떻게 하면 좋은 영감이 떠오를까 고민하기도 합니다. 뭘 좀 해보고 싶은데 좋은 생각이 떠오르지 않아 시작도 못 하고 있죠.

영국의 음악평론가 어니스트 뉴먼(Ernest Newman)의 말입니다. "위대한 작곡가는 영감이 떠오른 뒤에 작곡하는 것이 아니라, 작곡을 하면서 영감을 떠올린다. 베토벤, 바그너, 바흐, 모차르트는 경리 사원이 매일 수치 계산을 하듯 매일같이 책상 앞에 앉아 작곡을 했다. 그들은 영감을 기다리며 시간을 허비하지 않았다." 영감이 떠올라서 펜을 잡고 피아노를 치는 게 아니라 일단 펜을 끄적거리고 피아노를 두드리다 보면 영감이 떠오른다는 겁니다. 가수 015B와 윤종신 씨는 지금도 매월 신곡을 냅니다. 영감 '창조적인 일의 계기가 되는 기발한 착상이나 자극.' 사전적 정의가 틀렸을 수도 있습니다. 영감은 계기가 아니라 과정에 있을 겁니다.

# 어린이날

오월은 푸르구나 / 우리들은 자란다

오늘은 어린이날 / 우리들 세상

매년 5월 5일이 어린이날인 건 삼척동자도 알겠죠? 삼척동자가 어린이니까요. 전 국민이 다 알 겁니다. 5월 5일의 의미를요. 그런데 어린이날이 100년을 넘었다는 사실을 우리 어린이들도 알까요? 소파 방정환 선생이 어린이날을 제정한 것이 1922년이라고 합니다. 생각해보면 지금의 할아버지 할머니도 한때는 어린이였을 겁니다. 물론 그 시절에는 형편이 어려워서 어린이날을 챙기기 어려웠겠지만요. 저는 세 아이의 아빠여서 어린이날이 참 부담스러운 입장인데요. 꼭 그래서 그런 건 아닙니다만, 어린이날에는 어른들도 함께 동심으로 돌아가 보고, 애들처럼 좀 유치하게 놀아보는 것도 어떨까 생각해봅니다.

우리 평소에 너무 진지하게 살고 있잖아요?

# 좋은 습관은 얻기가 힘들다

맛없어도 건강한 음식을 챙겨 먹고, 힘들어도 꾸준히 운동을 하고, 귀찮아도 주변을 깨끗하게 정리하고…. 누구나 알지만 습관 들이기 참 어려운 일들입니다. 반대로 몸과 마음을 망가뜨리거나 주변 사람에게 폐를 끼치는 나쁜 습관은 굳이 그걸 나열하지 않더라도 누구나 습관으로 몸에 붙어버리기 십상입니다.

미국의 자기계발 작가 지그 지글러(Zig Ziglar)는 이런 말을 남겼습니다. "좋은 습관은 얻기가 힘들다. 하지만 그것을 익히면 세상을 살아가기가 쉬워진다. 나쁜 습관은 얻기가 쉽다. 하지만 그것을 지닌 채 세상을 살아가기는 어렵다."

# 도마뱀의 뇌

숲속에서 자다가 잠에서 깨어났습니다. 그때 마침 뒤쪽에서 동물의 발소리가 들립니다. 으르렁 맹수의 소리가 가까워지고 있습니다. 차들이 쌩쌩 달리는 도로 옆을 걷고 있습니다. 갑자기 자동차가 나에게 돌진해옵니다.

이 두 상황에서 여러분은 어떻게 하시겠습니까?

순간적으로 뭘 계산하거나 생각할 틈도 없이 가장 빠른 반사신경으로 피하게 될 겁니다. 나의 의지와 상관없이 내 몸이 이미 도망치고 있을 겁니다. 이건 누가 시킨 것도 아니고, 배운 것도 아닙니다. 호모 사피엔스가 35만 년 동안 습득하며 진화해온 결과입니다.

주식이 폭락하고 금융시장이 흔들리면 나도 당장 주식을 던져야 할 것 같은 공포스러운 상황. 가치투자의 대가들이 주식은 모두가 공포에 빠졌을 때, 비관론이 팽배할 때 사야 한다고 말해도 막상 그 순간에는 용기를 내기가 어렵죠. 인류의 뇌가 35만 년 동안 생존을 최우선시해온 반면, 인류가 주식투자를 시작한 건 400여 년밖에 되지 않기 때문입니다.

# 휴리스틱에 빠지지 않으려면

컴퓨터는 알고리즘을 참 잘 활용합니다. 어떠한 기준을 한 번만 입력해 놓으면 그 경우에 따라 매번 힘들이지 않고 계산을 해냅니다. 하지만 인간은 그렇지 않죠. 매번 어떤 정해진 과정을 거쳐서 생각하기보다 직관에 의지하는 경우가 많습니다. 예를 들어 라디오에서 물가 관련된 주제를 월요일에 다뤘는데 화요일부터 금요일까지 라디오를 들은 사람이 '이 방송에서는 중요한 물가 문제를 안 다루는구나!'라고 생각하는 것도 마찬가지일 겁니다.

　사람을 대할 때도 마찬가지입니다. 아주 단편적인 것만 보고 그 전체를 판단해버리는 우를 범하기도 하죠. 심리학에서 이를 '휴리스틱'이라고 하는데요. 주어진 시간과 정보가 제한적인 데다 인간은 생각하는 에너지마저 줄이려 하기 때문에 단편적인 것만 보고 예단하려는 일이 잦을 수밖에 없다고 합니다. 직관적으로 판단해서 시간과 자원을 아낄 수 있다는 장점이 있지만, 그게 정답이 아닐 수 있고, 섣부른 결론으로 인해 일과 인간관계를 망칠 수도 있다는 점을 간과해선 안 될 겁니다.

휴리스틱에 빠지지 않으려면 조금 더 에너지를 써서라도 상황을 종합적으로 판단하려는 노력이 필요할 텐데요. 매번 그렇기는 어렵지만 적어도 내가 인지적 오류, 휴리스틱에 빠진 것은 아닌지 스스로 자주 되돌아보는 습관을 갖는 것도 좋을 것 같습니다.

# 초과회복

힘든 일이 생겼을 때 우리는 힘들다고 말합니다. 정말로 힘이 드니까요. 하지만 힘든 일이 지난 뒤에는 어떨까요? 근육 운동을 예로 들어보죠. 힘을 많이 쓰게 되면 근육이 피로 상태에 놓이게 됩니다. 그리고 좀 쉬게 되면 다시 운동 능력이 회복되죠. 그 사이에 피로 물질들이 제거되고 영양소가 보충되기 때문입니다.

그런데 이렇게 회복된 근육은 일정 시간 전보다 조금 더 향상된 운동 능력을 유지하게 됩니다. 이를 '초과회복(super compensation)'이라고 하는데요. 쉽게 말하면 힘이 더 세진 거죠. 그리고 초과 회복된 시기에 다시 운동을 하게 되면 그 전보다 더 강도 높은 운동을 할 수 있게 됩니다. 더 강한 근육을 갖게 되는 거죠.

몸과 마음 모두 힘든 순간이 지나면 분명히 초과회복 되는 시기가 올 겁니다. 지금 힘들다면 더 단단한 몸 근육, 마음 근육을 가질 수 있는 기회일지도 모릅니다.

## 안녕하세요? ○○○입니다

분명히 언젠가 만났던 사람인데 이름이 떠오르지 않아서 난처했던 적 없으신가요?

"어디서 봤더라, 이름이 뭐더라?"

어떤 일로 만났었는지 생각나지 않을 때도 있습니다. 특히 비즈니스 관계일 때는 더 곤란합니다. 내가 상대방을 제대로 기억하지 못한다는 것을 들키면 어쩌나 마음이 조마조마하기도 하죠. "아~ 네, 잘 지내셨어요?" 임기응변으로 넘어가기도 합니다. 뒤돌아서면 내내 찜찜합니다. "누구였더라… 다음에 다시 만나면 어쩌지?" 얼굴이나 이름을 잘 기억하는 사람도 있지만 그렇지 못한 사람도 많습니다. 내가 상대방을 잘 기억하는 것도 중요하지만, 내가 상대방에게 잘 기억되도록 하는 것도 중요합니다.

"작년에 홍길동 사장님과 함께 뵈었던 한국상사 김아무개입니다." 상대방에게 알게 모르게 호의를 베푸는 순간이 될 겁니다. 나를 다시 소개해 한 번 더 각인시키는 것은 물론, 사람의 마음을 살 수 있는 아주 좋은 기회인 거죠.

# 사람 잡는 SNS

페이스북과 인스타그램, 틱톡, 스냅챗, 엑스, 디스코드 등 글로
벌 SNS 플랫폼 기업의 최고경영자들이 한 자리에 섰습니다. 좋
은 일로 모인 건 아니고, 미국 의회 청문회 자리였습니다. SNS
를 통한 어린이 성착취 문제가 심각해지자 미국 상원 법사위원
회가 SNS플랫폼 CEO들을 불러모은 겁니다. 공화당 의원 린지
그레이엄(Lindsey Graham)은 이들을 가리켜 "사람을 죽이는 제
품을 만들고 있다"라고 지적했습니다. 청문회 방청석에는 SNS
를 악용한 성범죄자들 때문에 자식을 잃은 부모들이 자리하고
있었습니다.

　미국 민주당 의원 크리스 쿤스(Chris Coons)와 에이미 클로버
샤(Amy Klobuchar)는 "비행기에서 문 하나가 날아갔고, 아무도
다치지 않았지만 해당 기종의 보잉 항공기 전체가 운항을 중단
했다"라며, "SNS 때문에 아이들이 죽어가고 있는데 왜 우리는
똑같은 조치를 취하지 않는가?"라고 반문했습니다.

　SNS로 인한 사회적 문제는 우리나라에서도 심각한 상황입
니다. 유명인 사진과 영상을 도용한 투자사기 광고가 버젓이 게

재되고 있고, 여성과 어린이 사진까지 도용한 금융사기와 음란 계정, 사칭 계정도 셀 수 없이 생겨나고 있습니다. 우리나라에서도 매년 국정감사 때마다 도마에 오르고, 국내 임원들도 국감장에 불려나가지만 달라지는 건 없습니다. 예전에 비디오테이프로 영화를 보던 시절, 항상 앞부분에는 불량/불법 비디오 시청이 호환, 마마, 전쟁보다 무서운 재앙이라고 경고했었죠. 이제는 SNS가 호환, 마마, 전쟁보다 무서운 시대인데 왜 우리는 그걸 멈춰 세울 수 없을까요?

## 엄마랑 싸웠어

요즘 아이들이 과거와 달라진 점 중 하나가 바로 이런 표현입니다. 예전에는 '부모님에게 혼났다'라고 했던 말을 이제는 '부모님과 싸웠다'라고 한다네요. "나 엄마한테 혼났어"가 아니라 "나 엄마랑 싸웠어"

과거와 달리 부모와 자녀 사이가 수평적으로 바뀌었다고는 하지만, 그래도 좀 씁쓸한 표현입니다. 아이들을 바라보면 그러한데, 반대로 부모님을 바라보면 어떨까요?

우리는 부모님에게 경외감까지는 아니더라도 공경심을 가지고 있을까요? 친밀함, 사랑한다는 말도 좋고요. 가끔은 "존경합니다 아버지, 존경합니다 어머니" 이런 말을 건네 보는 건 어떨까요?

# 어버이날

지난 주말에 부모님을 뵈러 가서 새로 시도해본 게 있습니다. '어버이 자서전'이라고 해서 부모님이 직접 자신의 이야기를 써 보시도록 하는 겁니다. 이걸 손쉽게 쓸 수 있도록 문답 형식으로 구성된 책자도 시중에 나와 있더라고요. 부모님의 최근 컨디션과 기분 상태, 취향, 학창시절과 연애 이야기, 가고 싶은 여행지와 최근 안고 있는 고민, 그리고 자식에게 하고 싶은 이야기까지. 부모님의 이런저런 생각을 담을 수 있는 작은 책자를 부모님께 건네드렸습니다.

그런데 계획대로 되지 않았습니다. 부모님은 자식들 앞에서 민망하셨는지 그냥 다음에 써놓겠다고 하시더라고요. 부모님과 안 해보던 걸 하려다 보니 저도 좀 어색하기도 했습니다. 속 깊은 이야기를 나눠본 게 언제였나 되돌아보게 됐고요. 부모님과의 대화를 뭔가 어버이날 이벤트처럼 하려 했다는 생각에 반성도 하게 됐습니다. 오늘뿐만 아니라, 매일매일 어버이날인 것처럼 대화해야겠습니다.

# 질문이 멈추는 그때부터

저는 질문하는 것이 직업인 사람입니다. 어릴 적부터 물어보는 것을 좋아했고 초등학교 때는 선생님한테 질문을 너무 많이 해서 교실에서 쫓겨난 적도 있습니다. 내가 궁금한 것을 마음껏 물어보고 사람들에게 알려주고 싶은 것을 대신 물어봐 주고 각 분야 최고의 전문가들을 만나 지식과 경험, 지혜를 얻을 수 있다는 것이 참 행복합니다. 그런데 때로는 질문이 두려울 때도 있었습니다. 내가 이런 것도 몰랐다는 사실을 들키지 않을까, 너무 수준 낮은, 바보 같은 질문이 아닐까 하고 말이죠. 하지만 이 말을 듣고 용기를 냈습니다. "질문을 하는 사람은 잠시 바보가 되고 질문을 하지 않는 사람은 평생 바보가 된다"라는 공자의 말씀입니다. 이제는 아는 것을 모르는 척 물어볼 때도 있습니다. 관련 내용을 처음 접하는 청취자, 구독자분들을 위해서입니다. 아인슈타인은 "중요한 것은 질문을 멈추지 않는 것"이라고 했습니다. 질문이 멈추는 그때부터 나의 성장도 발전도 멈춰버리는 셈입니다. 호기심 많은 눈빛으로 세상에 대해 모든 질문을 던지는 건 다섯 살 아이만 할 수 있는 특권이 아닙니다.

# 우크라이나로 달려가는 기업인

기업인들이 우크라이나로 달려갈 준비를 하고 있습니다. 네, 전쟁 중인 그 나라 맞습니다. 외교부는 기업인들을 대상으로 우크라이나 방문을 위한 '예외적 여권 사용'을 접수하기도 합니다. 정부는 이 나라 전역을 여행금지 지역으로 지정하고 있는데, 예외적으로 이곳을 방문해도 된다는 허가를 해준다는 거죠. 맞습니다. 재건 사업에 참여하기 위해섭니다. 전쟁이 언제 끝날지 알 수 없지만 이미 세계 각국은 우크라이나 재건 사업을 따내기 위한 뜨거운 경쟁을 펼치고 있습니다. 정확히 계산할 수도 없는데, 재건 사업 규모가 수백조 원이니, 천조 원이니, 2천조원이니 하는 말이 넘쳐납니다.

제가 만난 한 기업인은 이런 말을 하더군요. "돈이 된다면 지옥에라도 뛰어드는 것이 기업인"이라고요. 여기저기 포탄이 날아드는 곳. 그리고 매 순간 생사를 넘나드는 사람들이 있는 곳. 누군가에게는 지옥 같은 현재이지만, 또 누군가에게는 엄청난 기회가 될 미래. 냉혹하지만 인류가 살아가는 현실입니다.

## 설득은 손해를 바탕으로

분명히 잘못된 것을 지적해야 하는데 자칫 감정싸움으로 번질 수 있는 순간이 많습니다. 예를 들면 주차해서는 안 되는 자리에 누가 주차를 해놓는다거나 금연 구역에서 담배를 피우는 사람이 있을 때 말이죠.

"아니 여기에다 이렇게 차를 대놓고 가면 어떡해요?"

"담배 냄새나잖아요. 여기 금연 구역이에요!"

순순히 말을 들어주면 좋은데 자칫하면 말싸움, 감정싸움이 벌어질 수도 있죠. 사람을 설득하는 데는 주차구역, 금연 구역 같은 규범을 설명하는 것보다 손해를 보지 않으려는 본능을 자극하는 것이 더 효과적이라고 합니다.

"여기서 담배 피우시면 딱지 끊어요. 구청 단속반이 자주 돌아다녀요."

"여기다 차 세우시면 파손될 수 있어요. 담벼락에서 돌이 자주 떨어지거든요."

싸우지 않고 평화롭게 사람을 설득하는 방법은 많이 있습니다.

# 너무 빠른 해결책

해결 방법을 찾으려 애를 씁니다. 어떤 문제가 생겼을 때, 우리는 대책을 찾고, 대안을 세우고, 해결 방안을 모색합니다. 그게 당연하듯이 말이죠. 국가적, 경제적으로는 그게 필수이겠지만 개인의 삶에서는 이야기가 조금 다를 수 있습니다. 오히려 너무 쉬운 해결책이 문제를 더욱 심각하게 만들 수 있다는 겁니다. 복권에 당첨된 사람이 불행해졌다는 말도 그중에 하나일 수 있고요.

그리스 속담 중에 이런 말이 있습니다. "신들이 인간에게 노하시면 신들은 그가 요청하던 것을 그에게 주어버린다."

영국의 수상을 지낸 리처드 니덤(Richard Needham)은 이렇게 말했습니다. "신은 우리의 기도를 무시함으로써 온화하게 벌을 내리고, 우리의 기도에 응답을 해줌으로써 엄하게 벌을 내린다."

# 성장 마인드셋

모두가 금수저일 수는 없습니다. 세상은 평등하지 않습니다. 세상은 불평등합니다. 그래서 불평등에 대해 불평하기 십상입니다. 하지만 불평만 하고 앉아 있는 것은 세상이 준 불평등보다 더 못난 일일 겁니다.

빌 게이츠(Bill Gates)가 말했죠. "태어날 때 가난한 것은 당신의 잘못이 아니지만, 죽을 때까지도 가난한 것은 당신의 잘못"이라고요.

세상은 원래 불평등하다는 것을 빨리 받아들이고, 출발점이 얼마나 뒤에 있든 간에 출발부터 하고 속도를 높여야죠.

스탠퍼드대학교 캐롤 드웩(Carol S. Dweck) 교수에 따르면 노력과 경험을 통해 자신의 능력을 향상시킬 수 있다고 믿는 사람이 실제로 더욱 발전한다고 합니다. 타고난 재능이나 적성과는 상관없이 말이죠. 이른바 성장 마인드셋(growth mind set)입니다. 불평불만 속에 매몰되지 않고, 모르거나 없는 것을 부끄러워하지 않고, 실수해도 넘어져도 다시 일어나는 마음. 그건 타고나지 않았더라도 스스로 장착할 수 있습니다.

# 내 계좌 한눈에

계좌가 몇 개나 되는지 기억하시나요? 은행, 제2금융권, 증권사 계좌 그리고 잠자는 휴면예금까지…. 최근 '내 계좌 한눈에' 서 비스를 조회하다가 깜짝 놀랐습니다. 20년 넘는 시간 동안 이 런저런 이유로 만들었던 각종 계좌가 그렇게 많았던 겁니다. 대 부분 '비활동성계좌', 즉 쓰지 않는 계좌가 대부분이었고요. 이 번에는 '내 카드 한눈에' 서비스도 찾아봤습니다. 카드 역시 10 개 가까이 나왔습니다. 카드사 포인트도 2만 원 가까이 찾았습 니다. 이걸 찾는 과정은 어렵지 않았습니다. 인터넷으로 '계좌 통합관리서비스'에 들어가서 본인인증만 하면 됩니다. 그럼 계 좌와 카드뿐 아니라, 나의 보험 가입 정보, 대출 상황, 자동이체 현황, 카드자동납부 관리, 투자성향 등록 내역까지 본인의 거의 모든 금융정보를 찾아볼 수 있습니다. 특히 사용하지 않는 계좌 를 바로 해지하고 남아 있는 돈을 기부할 수도 있습니다. 생각 날 때 '계좌통합관리서비스'를 찾아보십시오. 기억하기 어렵다 면 '내 계좌 한눈에'라고 검색하셔도 됩니다. 내가 기억하지 못 했던, 한번은 정리해야 할 나의 과거가 펼쳐질 겁니다.

# 결론 나지 않는 토론

토론 문화를 보면 재미있는 점이 있습니다. 100분간 토론을 해도, 때로는 밤샘 토론을 해도 결론이 나지 않는다는 겁니다. 듣고 보니 자신의 생각이 틀렸다거나 상대방 말이 맞는 것 같다고 생각을 바꾸는 경우는 거의 없습니다. 토론에 참석하는 사람들도 다른 사람의 의견을 들으러 나가기보다는 자신의 주장을 관철하러 나가죠.

공청회 역시 의논을 시작하기보다 사실상 답을 정해놓고 진행하는 경우가 많습니다. 토론회, 공청회 당일 아침에 미리 마련해 둔 보도자료가 배포되는 경우도 많고요. 5,000만 명 넘게 함께 사는 사회에서 모두가 생각이 같을 수는 없을 겁니다. 살아가는 환경도, 이해관계도 저마다 다르죠. 그럼에도 국가적으로도 동네 반상회에서도 조직을 운영하려면 통일된 결론을 내야 합니다. 그래서 협의하고 의논하고, 토론하는 과정이 필요한 것이고요. 말할 때는 내가 옳은 듯이 당당하게 말하더라도, 적어도 들을 때만큼은 내가 틀릴 수 있고 상대의 말이 맞을 수도 있다는 열린 마음을 가져야 하는 이유입니다.

# 부정적인 피드백

칭찬을 해주는 사람이 고맙기는 하지만 칭찬만 듣는다면 개선할 점을 찾을 수 없을 겁니다. 제품과 서비스부터 사업 전략이나 정부의 정책, 개인 성격에 이르기까지 단점을 개선할 수 있는 방법을 찾는 가장 좋은 방법은 피드백을 받는 것입니다. 특히 단점, 개선점을 찾아주는 부정적인 피드백이야말로 나를 긍정적인 방향으로 이끌어주는 감사한 지적일 겁니다.

하지만 누구나 그런 부정적인 피드백이 기분 좋을 리는 없죠. 내가 생각하지 못했던, 다른 사람 기준에서 보는 단점을 지적하니까요. 그럴 때는 그 부정적인 지적과 조언이 진짜 나를 위한 것이라고 생각해 본다면 그런 지적에 대한 거부감이 조금은 낮아질 겁니다. 또 하나 중요한 건, 나에 대한 조언과 지적을 남기기 위해 그 사람이 시간과 노력을 투자했다는 사실입니다. 그 조언을 그대로 따르지 않더라도 이미 감사한 이유입니다.

# 논쟁에서 승리한 죽은 영웅

내 의견에 반대하는 사람이 나타났을 때, 어떤 논쟁이 벌어졌을 때 내 생각을 내 주장을 관철하기 위해 애써 본 경험이 있으신 지요? 내 생각을 온전히 전달하는 것뿐만 아니라 상대의 지적을 반박하고 내 주장을 강조하고 상대를 설득하는 건 매우 큰에너지가 들어가는 일입니다. 내가 상대방의 말에 동의하고 싶지 않은 것처럼 상대방도 내 말에 동의하고 싶지 않을 테니 말이죠. 내 생각을 차분하고 조리 있게 전달하되, 나의 견해를 반드시 받아들이도록 강요할 필요도, 너무 많은 에너지를 쏟아 낼필요도 없습니다.

'무조건 옳다고 주장하는 것은 죽은 영웅과 같다.'는 말이 있습니다. 이겨봐야 돌아올 수 없다는 의미입니다. 논쟁에서 승리하는 것을 나의 행복보다 우선시할 필요가 없죠.

## 뒷바람 맞바람

제가 주말마다 자전거를 타는데요. 같은 길을 가는 데도 어떤 날은 평소보다 속도가 아주 잘 납니다. 그럴 때 생각하게 되죠. 오늘 내가 컨디션이 좋은가? 체력이 좀 좋아졌나? 그런데 같은 길을 되돌아올 때는 왠지 속도가 안 납니다. 체력이 떨어졌나? 아까 너무 무리했나? 그런데 알고 보면 바로 '바람'의 영향이었습니다. 갈 때는 뒷바람이, 올 때는 맞바람이 불었던 거죠. 뒷바람의 도움을 받으며 페달을 저을 때는 알기가 힘듭니다. 내가 뒷바람의 도움을 받고 있다는 사실을요. 그런데 맞바람을 맞으며 페달을 저을 때는 아주 미세한 맞바람조차 너무나 힘겹게 느껴집니다. 누군가의 혹은 무엇인가의 도움을 받고 있을 때 우리는 그것을 깨닫기 힘들고, 어떤 방해를 받고 있을 때 우리는 그것을 아주 예민하게 느끼는 것처럼요. 저금리 시절에는 투자가 참 쉽습니다. 그러다 고금리 시대가 되면 뒤늦게 깨닫죠. 그게 다 저금리라는 뒷바람 덕분이었음을…. 정확히 언제일지는 알 수 없지만 바람의 방향은 바뀔 겁니다. 계절이 변하듯 경기도 변하니까요.

# 마음먹은 대로 되지 않을 때

마음먹은 대로 되는 일은 사실 많지 않습니다. 내 뜻대로 되는 일 몇 가지를 제외하면 대부분이 내 생각과 다르거나, 내 생각 대로 되지 않는 일입니다. 그래도 사람들은 자기 뜻대로 상황을 통제하고 방향과 속도를 모두 제어하려 합니다. 뭔가 꼬여버린 일을 풀어내기 위해 실마리를 찾으려고 애를 쓰다가 진이 빠지 거나 아까운 시간만 버리는 일도 많습니다.

　급류처럼 거센 물결을 마주했을 때 애써 물살을 거스르려 할 필요는 없습니다. 내가 급류를 막아설 수도, 그걸 거스를 수도 없으니까요. 오히려 상황을 통제하려 애쓰기보다 흐르는 물살 에 그냥 몸을 맡기는 것이 더 나을 때도 있습니다. 물살이든 바 람이든 그 방향에 몸을 맡길 때 그제야 비로소 순탄함을 느낄 수 있습니다. 거스르고 부딪히는 것보다 훨씬 낫다는 것을요. 물이 바위에 부딪치는 것이 아니라 바위를 돌아 나가듯이 말이죠.

· 224 ·

# 진짜 복수

미식축구 코치 루 홀츠(Lou Holtz)는 이런 말을 했습니다. "누군가를 따라잡기 위해 애쓰는 한, 결코 그 사람을 앞지르지 못한다."

초점이 나 자신의 성장이 아니라 비교 대상인 누군가에게 맞춰져 있다면 그 에너지를 쏟는 시간이 결코 행복하지 않을 겁니다. 시기와 질투, 복수심 역시 마찬가지입니다. 상대방은 별로 신경 쓰지도 않는데 나 스스로 마음의 감옥에 갇힐 수 있기 때문이죠. 그럼 손해를 보는 건 나 자신일 겁니다.

공자의 가르침 중에 이런 말이 있습니다. "아무리 잘못된 일이라도 당신이 연연하지 않는 한 아무것도 아니다."

누군가를 앞지르는 것보다, 누군가에게 복수한다는 생각보다 그냥 내가 성공하는 것이, 그냥 내가 행복하게 잘 사는 것이 그게 최고인 거죠.

# 거꾸로 하기 전략

몇 년 전 한 게임 커뮤니티에서 화제가 된 이야기입니다. 삼국
지와 같은 전략 게임에서 지력이 높은 책사를 써야 게임을 수
월하게 풀어갈 수 있는데, 높은 레벨의 책사를 구할 수 없을 때
이렇게 해보라는 것이었습니다. 지력이 가장 낮은 무장을 책사
로 지정한 뒤, 그 레벨 낮은 책사가 조언하는 것을 따르지 않고
모두 반대로만 하면 지력이 매우 높은 책사를 쓰는 것과 같은
효과를 볼 수 있다는 겁니다.

　발상의 전환이죠. 답이 보이지 않을 때, 일이 풀리지 않을 때,
한 번은 이렇게 반대로, 거꾸로, 역으로, 뒤집어 보는 것도 길을
찾을 수 있는 방법일 겁니다.

# 피크엔드 법칙

"좋은 소식과 안 좋은 소식이 있는데 어떤 것부터 들으시겠습니까?"

영화나 드라마에 종종 나오는 대사죠. 실제로 여러분은 어떤 걸 택하시겠습니까? 어떤 것을 택하든 아마도 마지막에 들은 이야기를 더 오래 기억하게 될 겁니다. 혹시 학교에서 시험을 볼 때, 답안지를 고쳐 쓰면 꼭 처음에 썼던 그것이 정답이었던 적 없으셨나요? 사실은 답을 고쳐 쓰면 틀리는 게 아니라, 고쳐 썼다가 틀린 문제를 더 강렬하게 기억하는 거라고 합니다.

심리학적으로 '피크엔드 법칙'이 있는데요. 어떤 일을 기억하거나 평가를 내릴 때 가장 절정을 이루었을 때와 가장 마지막 순간에 가중치를 더 두게 된다는 겁니다. 그래서 어떤 일이든 끝마무리가 중요하다고 하는 거죠. 회사에서 이직을 할 때도 마무리를 잘하고 나와야 동종 업계에서 좋은 평판을 유지할 수 있듯이 말이죠. 나를, 내 가게를 찾아온 손님이 되돌아갈 때 더 좋은 인상을 남겨야 하는 이유이기도 합니다.

# 도와달라고 말하세요

다른 사람에게 도움을 받는 것을 불편해하는 사람들이 있습니다. 누군가에게 조언을 구하는 것을 어려워하는 사람들도 있습니다. 당연한 말이지만 주변의 도움을 받고 조언을 얻는다면 나의 일이 훨씬 수월해질 겁니다. 특히 해당 분야에서 어느 정도 성과를 내는 사람이라면 그런 사람의 도움과 조언은 돈으로 살 수 없을 만큼의 가치가 있을 겁니다.

사람은 '도와달라'는 말에 마음이 약해지고, 조언을 해주고 나면 실제로 그 사람이 잘 되기를 바란다고 합니다. 도움과 조언을 청하는 것으로도 사람을 얻을 수 있다는 겁니다.

거절을 당하더라도 먼저 도움을 청하고 조언을 구하는 일, 충분히 시도할 만한 가치가 있지 않을까요?

# 최저임금

최저임금을 정하기 위한 최저임금위원회는 매번 순탄하게 운영되는 일이 없습니다. 매년 첫 회의부터 고성이 오가는 등 신경전이 치열합니다. 노동자 측 대표와 사용자 측 대표가 각각 제시하는 금액을 보면 도저히 타협의 실마리가 보이지 않습니다. 결국 노사 합의보다는 공익위원들이 제시하는 금액으로 결정되는 것이 대부분입니다.

입장이 다른 만큼, 최저임금을 바라보는 시각도 다를 수밖에 없습니다. 한 청취자의 문자메시지가 아른거립니다.

"아르바이트하는 자녀를 생각하면 많이 올랐으면 좋겠고, 자영업 하는 남편을 생각하면 오르지 않았으면 좋겠어요."

그렇습니다. 너의 일, 나의 일이 아니라 결국 우리 모두의 일입니다. 결정이 어떻게 나더라도 결국 우리 모두의 일입니다.

# 잘 닦인 구리

천부적인 재능을 가진 사람이 많습니다. 배우지도 않았는데 노래를 정말 잘하거나 타고난 머리가 좋아서 똑같이 공부해도 더 많은 것을 외우는 사람들도 있죠. 운동 신경도 마찬가지입니다. 그런 사람들과 비교하게 되면 왠지 주눅이 들고, 심하면 세상을 원망하기까지 합니다. '왜 나에게는 그러한 재능이 주어지지 않은 걸까'하고 말이죠. 누구는 부모의 경제적 후원을 많이 받는 금수저로 태어났는데, 나는 왜 가진 것 없는 흙수저인가 한탄하는 사람도 있죠. 하지만 재능이 조금 뒤처진다고 해서, 지능 지수가 조금 낮다고 해서, 부모의 경제적 지원이 적다고 해서 인생의 결과물이 그걸로 끝나는 게 아닙니다. 그 모든 것이 그 자리에 그대로 머무는 것이 아니기에 더욱 그렇습니다.

18세기 영국의 정치가였던 필립 체스터필드(Philp Chesterfield)는 이렇게 말했습니다. "잘 닦인 구리는 갓 캐낸 금보다 더욱 눈에 띄기 쉽다." 금보다 구리가 더욱 쓰임이 많습니다. 또 도자기는 흙으로 빚어집니다. 결국 어떻게 태어났느냐가 아니라 어떻게 살아가느냐가 더 중요하다는 의미입니다.

# 실수를 인정하는 것

자신의 잘못이나 실수를 인정하는 것은 쉽지 않은 일입니다. 실수를 저지르고도 자신의 잘못을 고백하지 못하고 넘어가 버리는 경우가 적지 않습니다. 때로는 창피해서, 때로는 타이밍을 놓쳐서…. 또한, 실수를 고백했을 때 쏟아질 수 있는 비난과 조롱이 염려되기도 하고요. 다른 사람에게 나의 약점을 들키는 것 같아 불안하기도 합니다. 실수가 반복되면 그게 실력으로 낙인찍힐 수 있으니 더더욱 그렇지요. 그래서 실수를 인정하는 데는 용기가 필요합니다. 때로는 이렇게 생각해보는 것도 도움이 될 겁니다. 실수를 인정하는 것은 사실 남을 위해서가 아니라 나를 위해서라고요. 나 스스로 나의 실수를 받아들여야 잘못을 저지른 원인을 객관적으로 파악할 수 있고 그래야 같은 실수를 반복하지 않을 수 있습니다. 그러면서 나의 실력을 키워나갈 수 있는 것이고요. 실수 앞에서도 당당히 자존감을 지킬 수 있을 겁니다. 그리고 눈에 띄지 않겠지만, 최소한, 변명을 하는 것보다 더 나은 습관을 갖게 될 겁니다. 그러면 실수를 인정하는 용기가 절로 생겨날 겁니다.

# 그럼에도 선택을 해야

살면서 수많은 선택의 순간에 놓입니다. 아침에 어떤 옷을 골라 입을지, 오늘 점심 메뉴로 무엇을 먹을지와 같은 사소한 것부터 직업을 선택하고, 만날 사람을 결정하는 등 중대한 것까지 우리는 선택을 해야만 합니다. 그리고 그 선택들이 모이고 모여서 나의 삶이 되고, 내 인생의 기록이 되죠. 그에 따르는 책임부터 영광까지 모두 나의 것이 되고요. 때로는 후회를 하더라도 말이죠.

스페인 철학자 발타자르 그라시안은 이런 말을 했습니다. "세상 만물은 우리가 올바른 선택을 할 수 있도록 가만히 놓아두지 않는다."

때로는 너무 많은 선택지가 우리를 혼란스럽게 하고, 너무 많은 정보와 왜곡된 주장이 우리 눈과 귀를 혼탁하게 하기도 합니다. 때로는 내 선택과는 다른 결과에 승복해야 할 때도 있습니다. 그럼에도 우리는 선택을 해야 합니다. 그 선택들이 모이고 모여서 우리의 삶이 되고, 우리의 기록이 될 테니까요.

# 자세만 바꾸어도

인간은 생각과 판단을 자기의 신체 상태와 균일하게 유지하는 경향이 있다고 합니다. 미국의 사회심리학자 에이미 커디(Amy Cuddy)의 파워 포징(power posing)이라는 실험이 있는데요. 실험군인 학생들에게 몇 분 동안 마치 지위가 높은 사람처럼 거만한 자세로 앉아 있도록 했습니다. 그리고 대조군에게는 지위가 낮은 사람처럼 움츠리고 앉아 있도록 했죠. 얼마 후 게임을 할 때 어떻게 베팅하는지를 살펴봤는데요.

지위가 낮은 사람처럼 소심한 자세를 취했던 실험자들은 안전한 게임을 선택하고, 위험을 기피하는 성향을 보였다고 합니다. 또한, 코르티솔 호르몬이 더 많이 나왔다고 하네요. 위축되어 스트레스를 더 받았다는 거죠. 반대로, 지위가 높은 사람처럼 거만한 자세를 취했던 실험자들은 더 모험적이고 위험한 베팅을 했고요. 코르티솔 호르몬이 적게 나왔다고 합니다. 면접이나 중요한 발표를 해야 할 때가 있으신가요? 위축되는 느낌이 드시나요? 그렇다면 당장 고개를 들고, 가슴과 어깨를 쫙 펴보시죠. 당당한 자세에서 당당한 마음이 나오는 건 과학입니다.

# 부채한도 협상

빚을 내서 빚으로 지탱하고 있는 나라. 세계 최강대국인 미국의 이야기입니다. 미국의 나랏빚은 24년 11월 기준 약 36조 달러에 이릅니다. 우리 돈으로 4경 원에 달합니다. GDP 대비로는 120~130% 수준. 2001년 이후 한 번도 재정 흑자를 낸 적이 없는 나라. 버는 돈보다 쓰는 돈이 많아도 계속해서 빚을 내면서 살아갈 수 있는 나라. 강력한 경제력과 군사력 그리고 기축통화인 달러를 바탕으로 미국은 '그래도 되는 나라'가 된 지 오래입니다.

경제 분야에서 미국의 부채한도 협상이 매년 중요한 화두로 떠오릅니다. 미국은 재정 건전성을 관리하기 위해 정부의 부채한도를 의회에서 정하는데, 그 한도가 금세 꽉 차기 때문입니다. 그 한도를 못 올리면 우습게도 미국 정부는 문을 닫아야 합니다. 그럼 미국 정부가 문 닫는 일이 생길까요? 미국은 이런저런 이유로 셧다운, 즉 정부 문을 닫은 적이 있습니다. 그것도 21차례나 됩니다. 그럼 미국이 진짜 망할 수도 있을까요? 설마 그러지는 않을 것 같습니다. 미국이 부채한도를 높인 것은 100차

례가 넘습니다. 그때마다 많은 논란이 있었지만, 그리고 2011
년에는 신용등급까지 강등돼 엄청난 충격을 줬지만 결국 해법
을 찾기는 찾았습니다. 흔들리고 불안한 건 결국 최강대국 미국
이 아니라 그들의 거친 생각과 불안한 눈빛, 그걸 지켜보는 세
계인의 몫이더군요.

# 인정받으려는 것

사람은 누구나 인정받는 것을 좋아합니다. 내 노력을 알아주길 바라고, 내 성과를 인정해주길 바라죠. 내가 노력한 만큼, 성과를 낸 만큼 인정받지 못한다고 느낄 때는 좌절감을 맛보기도 합니다. 금전적으로는 나의 성과를 얼마나 인정받느냐가 연봉을 좌우하기도 합니다. 그래서 자신의 성과를 잘 포장하는 것도 자신의 몸값을 높이는 방법이라 하고요. 다만, 타인에게 인정받는 것에 대해 너무 지나치게 신경 쓰다 보면 자존감이 떨어질 수 있습니다.

내 노력과 내 성과를 가장 잘 아는 게 나 자신인데, 다른 사람에게 인정받지 못한다고 그게 없던 일이 되는 것은 아니죠. 오히려 주변 사람의 노력과 성과를 칭찬해주고 주변에 공을 돌릴 때 나 자신에게도 더 큰 동기부여가 될 수 있습니다.

공자의 이런 말씀처럼요.

"남이 나를 알아주지 않는 것을 걱정하지 말고, 내가 남을 알아주지 못하는 것을 걱정하라"

# 역풍마저 이용하는 요트처럼

'순풍에 돛을 단 듯' 나아간다는 말이 있습니다. 돛단배, 범선에게 순풍은 연료만큼 고마운 에너지원이죠. 하지만 맞바람이 불어오면 돛을 걷어야만 합니다. 역풍일 땐 돛을 치우고 열심히 노를 저어야죠. 하지만 역풍을 받으면서도 앞으로 나아가는 방법이 있습니다. 삼각돛을 단 요트처럼 말이죠. 요트는 삼각돛 양쪽에 가해지는 압력이 다르다는 원리는 이용해 역풍을 맞으면서도 지그재그로 운항하면서 앞으로 나아갑니다. 앞으로 나아가기 위해 역풍마저도 에너지로 활용하는 거죠.

역풍을 맞았다고, 힘든 순간이 왔다고 혹시 손을 놓아버리고 싶은가요? 역풍 속에서도 앞으로 나아갈 방법이 분명 있을 겁니다.

# 도시바 상장폐지

일본을 대표하는 IT기업 도시바가 일본증시에서 2023년 12월 상장폐지 됐습니다. 상장폐지 되었다고 해서 회사가 망하는 것은 아닙니다만, 그리고 여전히 기업 가치는 2조엔, 우리 돈 18조 원에 달합니다만, 도시바의 역사를 보면 쏠쏠한 장면이 참 많습니다.

1987년 냉전 시대의 일입니다. 당시 소련은 잠수함 개발에 있어서도 미국과 경쟁을 했는데, 항상 소음이 큰 프로펠러가 문제였습니다. 그때 조용히 나타난 것이 도시바. 도시바는 소련이 잠수함 소음을 크게 줄일 수 있도록 CNC 공작기계를 소련 측에 팔았습니다. 당시 도시바는 미군에 비품을 납품하던 상황이어서 미국에게 강한 제재를 받았고, 회사가 망할 위기까지 내몰렸습니다.

2015년에는 분식회계가 적발되기도 했습니다. 2009~2013년 약 4년간 부풀린 영업이익이 최대 2,000억 엔, 약 1조 8,502억 원에 달했다고 하네요. 원전 사업을 키우기 위해 야심차게 인수했던 자회사 웨스팅하우스마저 2016년에 사고를 치면서

도시바는 더더욱 어려움에 빠졌습니다. 원자력 발전소 기술 결함으로 인해 대규모 지체 보상금을 치르고 자본잠식 상태에 빠졌다가, 2017년 미국에서 파산보호까지 갔던 거죠. 이후 도시바는 알짜 사업이던 메모리 반도체, 의료기기, 노트북 사업 등을 잇따라 매각하면서 생존 자체에 주력하게 됩니다. 이후 수차례 주인이 바뀌었고, 2023년 3월 최대주주가 된 일본산업파트너즈(JIP)는 도시바의 기업 가치를 높여서 훗날 다시 상장할 것이라고 공언했습니다.

1875년에 설립돼 150년 가까이 이어온 기업. 하지만 기술력에서 뒤처지고 비양심적인 행동을 반복한 기업 도시바. 앞으로는 역사에 어떻게 기록될지 궁금해집니다.

# 자신과의 대화

하루에도 수많은 대화가 오갑니다. 나에게 말을 걸어오는 사람들, 내가 말을 걸어야 하는 순간들. 혹시 여러분은 자기 자신과 대화를 해보셨나요? 나 자신과는 얼마나 자주 대화하시는지요? 때로는 '내가 왜 그랬을까?', '나는 하는 일마다 왜 이럴까?'하고 자책하기도 하는데요. 이런 생각 역시 나 자신과의 대화입니다. 그럼 그 대화를 듣는 나 자신은 더욱 위축될 수밖에 없겠죠.

그 대신 '나의 하루는 어땠는지' 관심을 가져보고, '무엇을 먹고, 누구를 만나면 힐링이 될까'나 자신에게 물어보고, '아까 그 발표 정말 좋았어', '오늘 하루도 정말 수고했어' 이렇게 자신을 격려하고 칭찬하면서 자신과 따뜻한 대화를 나눠보시죠.

긍정적인 자기 대화는 자존감을 높이고, 성장 잠재력을 키우는 것은 물론, 상처를 받았을 때도 회복 탄력성을 높여준다고 합니다.

사랑하는 나 자신과 나 자신을 사랑하는 방법으로 대화해보시죠.

# 고래와 개미

서로 돕고 사는 사회는 인간 세상에만 있는 것이 아니더군요. 동물과 곤충의 세계에도 존재합니다. 고래의 경우 여러 마리가 합심해서 몸이 불편한 동료를 수면 위로 들어 올려주는 모습이 포착된 바 있습니다. 고래는 폐로 호흡을 하는 포유류이기 때문에 부상을 당해 수면 위로 올라오지 못하면 목숨을 잃게 되죠. 그래서 고래들은 다친 동료를 서로 들어 올려서 숨을 쉬게 도와준다고 합니다. 동료를 구해주는 개미도 목격됐습니다. 독일 뷔르츠부르크대학 바이오센터 연구자들은 아프리카 마타벨레 개미(African Matabele ants)가 다친 동료를 구출하고 돌봐준다는 사실을 발견했습니다. 먹이로 삼는 흰개미와 전투를 벌이다가 마타벨레 개미가 부상을 당하면 동료가 나타나서 몸에 붙어 있는 흰개미를 떼어주고, 부축을 해서 개미굴까지 데려온다는 겁니다. 물론, 사회성을 가진 동물과 곤충 중에서 극히 일부의 사례일 수 있겠습니다만, 삭막해지는 세상에서; 이해득실로만 뭉쳤다 헤어지는 인간관계 속에서 한 번은 떠올려봤으면 하는 장면입니다.

# 자신을 속이는 가장 큰 거짓말

분명히 해낼 수 있는데, 지레 겁을 먹고 도전하지 않거나 작은 성과에 만족하고, 더 큰 성공은 꿈꾸지 않는다면 내가 마주한 벽에서 문을 찾을 수 없을 겁니다. 그 벽에 문이 없는 게 아닙니다.

석유왕 존 록펠러(John Davison Rockefeller)는 "스스로 못할 것이라고 생각하는 것은 자신을 속이는 가장 큰 거짓말"이라고 말했습니다.

해낼 수 있는데, 더 큰 성공을 이룰 수 있는데 스스로 못할 것이라고 자신을 속이고 있는 것은 아닌지, 스스로 나의 잠재력에 자물쇠를 채우고 있는 것은 아닌지, 내 앞에 서 있는 커다란 벽에 문이 없을 것이라고 스스로 속이고 있는 것은 아닌지 생각해볼 시간입니다.

# 집단소송제

애플이 특정 애플리케이션 이용자들에게 합의금을 주기로 했습니다. 가족끼리 앱을 공유하는 기능과 관련해 애플이 미국에서 집단소송을 당했는데, 이를 해결하기 위해 2,500만 달러, 약 306억 원을 지급하기로 한 거죠. 이번 합의로 인해 미국에서 특정 조건을 충족한 소비자는 1인당 최대 50달러, 6만 5천 원 가량을 받게 됩니다. 직접 소송을 걸지 않았어도 해당 사항이 적용되는 소비자 모두에게 합의금이 지급되는 거죠. 그런데 이건 미국의 이야기입니다.

우리나라에서는 기업의 잘못이 밝혀지더라도 직접 소송에 참가한 당사자들만 구제 대상이 됩니다. 그래서 우리나라에서도 집단소송 제도를 확대해야 한다는 목소리가 끊이지 않는데요. 기업들의 부담이 워낙 커질 수 있다 보니 항상 논의만 하다 끝이 납니다. 약자를 보호하기 위한 집단소송 제도. 소비자와 기업 누가 약자인지, 소송이 크게 걸렸을 때 강자와 약자가 뒤바뀌는 것이 과연 합리적이지 않은 것인지 다 함께 고민해볼 일입니다.

# 정말로 두려운 한 가지는 두려움이 사라지는 것

새로운 일을 시작하거나, 더 높은 수준의 일을 수행하게 될 때 누구나 두려움을 느끼게 됩니다. 당연하죠. 해본 적이 없으니까요. 하지만 두렵다고 해서 물러난다면 더 나은, 더 높은 성과를 거둘 수 없을 겁니다. 당연하죠. 제자리에 머물 뿐이니까요. 도전 앞에서 두려운 생각이 드는 건 오히려 좋은 신호라고 합니다. 올바른 방향으로 가기 위해 필요한 행동을 하고 있다는 의미라는 겁니다.

미국의 사업가이자 동기부여 작가인 그랜트 카돈(Grant Cardone)은 이렇게 지적합니다. "걱정이 없다는 것은 당신이 편한 것만 한다는 신호"라고 말이죠. 오히려 두려움을 추구해야 하고, 그 두려움에 적응되면 또 다른 두려움을 느낄 때까지 자신을 다음 단계로 밀어붙여야 한다고요. 그는 말합니다. '내가 정말로 두려워하는 한 가지는 두려움이 사라지는 것 그 자체'라고 말입니다. 걱정을 안고 사는 인생, 두려움에 맞서는 삶. 그게 곧 가슴 뛰는 날들인 겁니다.

# 자만

사람마다 성공의 기준이 다를 겁니다. 그걸 획일화해서도 안 될 테고요. 누구나 저마다의 삶에서 이미 어느 정도는 성공을 이뤄 냈을 수도 있습니다. 모든 이들의 현재에 박수를 보내야 하는 이유입니다. 하지만 반대로 현재의 성공에 만족하고 만다면 더 나아갈 곳이 없다고 느끼는 것과 마찬가지일 겁니다. 말 그대로 자만하게 되는 것이죠. 자만하게 된다면 오히려 현재에 머무는 게 아니라 하루하루 퇴보하는 것일 수도 있습니다.

극작가 유진 오닐(Eugene O'Neill)은 이런 말을 남겼습니다.

"성공했지만 더 큰 실패를 향해 밀어붙이지 않는 사람들은 영적인 중산층이다. 그들이 성공에서 멈추는 것은 하찮음과 타협했음을 보여주는 증거다. 그들의 꿈은 사소했던 것이 틀림없다."

# 목표와 무망감

목표를 향해 달려갑니다. 목표를 달성하고 나면 성취감은 잠깐 또 다른 목표가 우리를 기다립니다. 성공을 하기 위해서는 더 높은 목표를 세우고 몇 배는 더 노력해야 한다며 나 자신을 채찍질합니다. 그 과정에서 때로는 나 자신을 잃기도 합니다. 자신감을 잃는 것이 아니라, 나 자신을 잃어버린다는 겁니다. 오로지 목표만 있었고, 목표만 바라보며 달려왔기 때문입니다. 그렇게 과정을 중시하지 않고 목표만 달성하고 나면 오히려 무망감에 빠질 수 있다고 합니다.

무망감. 말 그대로 희망 자체가 없다는 겁니다. 갖고 싶었던 물건, 모으고 싶었던 재산, 오르고 싶었던 지위, 얻고 싶었던 명예, 그걸 힘들게 이루었는데, 왠지 나 자신에게는 남아 있는 것이 없는 듯하다는 거죠. 목표를 달성했느냐 여부보다, 그 과정에서 내가 무엇을 얻었는가, 그 여정을 기억하고 되새기고 그것을 사랑할 때 목표보다 더 깊은 것을 얻을 수 있을 겁니다.

# 오컴의 면도날 법칙

아일랜드 극작가 오스카 와일드(Oscar Wilde)는 이런 말을 했다고 합니다. "삶은 복잡하지 않다. 우리들이 복잡한 것이다."

일본의 비누 제조 회사 이야기입니다. 비누 상자에 비누가 들어가 있지 않은 불량이 자주 발생했다고 하는데요. 그래서 한 회사는 큰 비용을 들여 X-선 검사 장비를 도입해서 불량품을 잡아냈다고 합니다. 그런데 다른 한 회사에서는 불과 몇만 원으로 이 문제를 해결했다고 합니다. 공정 마지막 단계에 선풍기를 설치해서 빈 상자를 날려버리는 방식으로 불량품을 제거한 겁니다. 이렇게 때로는 단순함이 복잡함보다 더 나을 수 있습니다. '오컴의 면도날 법칙'이라고도 하는데요. 불필요한 부분을 면도날로 오려내듯이 간결한 것만 남기는 것이 더욱 경제적이라는 겁니다. '어떤 사실이나 현상 중에서 진실은 가장 단순한 것일 가능성이 크다'는 원리입니다. 기술도 세상도 복잡해지다 보니 뭔가 난관에 부딪혔을 때 우리는 습관적으로 더 복잡한 해결책을 고민하게 됩니다. 오히려 간결한 해결책이 단순함 속에 숨겨져 있을 수 있는데 말이죠.

# 슈링크플레이션 신고 센터

식품 업체가 가격을 올리는 대신 제품 용량을 줄이는 것을 슈링크 플레이션이라고 합니다. 양을 줄인다는 뜻의 슈링크 (shrink)와 물가 상승을 뜻하는 인플레이션(inflation)의 합성어인데요. 가격을 올리면 소비자들의 저항이 높아지니, 제품 용량을 살짝 줄여서 원가를 낮추는 겁니다. 그런데 눈에 띄지 않을 리가 없죠. 소비자가 바보는 아니니까요. 이를 두고 식품기업들이 소비자를 기만한다는 지적도 나옵니다.

반론도 있습니다. 달라진 용량을 포장지에 정확하게 표기했다면 이걸 소비자 기만으로 볼 수 있느냐는 겁니다. 어느 기업이 자신들 제품의 용량을 줄였다고 앞장서서 홍보하겠느냐는 현실론도 나옵니다. 물가 때문에 원성을 받는 정부도 고민이 많습니다. 정부가 직접적으로 민간기업의 가격을 통제하는 것은 반칙이니까요. 시간이 좀 걸리겠지만 방법이 있습니다. 소비자들이 더 똑똑해지고 더 무서워지는 겁니다. 양을 줄인 제품과 기업을 줄 세워서 비교하는 겁니다. 비교하고 평가해서 기업들의 경쟁을 부추기는 겁니다. 그렇게 해서 시장경제가 돌아가게 하는 거죠. 때마침 정부가 '슈링크플레이션' 신고센터를 운영하기 시작했습니다. 정부가 직접 조사하는 품목 외에도 한국소비자원 홈페이지에 슈링크플레이션 신고센터를 설치해 소비자의 제보까지 받겠다는 겁니다. 이게 당장 어떤 효과를 낼 수 있다고 보긴 어렵지만, 소비자들의 힘을 보여줄 기회입니다.

# 그냥

삶에 변화를 만드는 건 참 어려운 일입니다. 아침에 침대에서 일어나는 것부터 그렇게 힘든데 습관을 바꾸고, 꾸준히 자기관리를 하고 새로운 일을 시작하는 건 얼마나 힘이 들까요. 그래서 계획이라는 것을 세우는데, 계획을 아무리 완벽하게 세웠어도 그대로 실행하기란 왜 그리 어려운지요. 또 시작도 하기 전에 이런저런 고민이 엉겨 붙습니다. 할까 말까부터 시작해서 어떻게 해야 할까, 잘 할 수 있을까…. 이럴 때 내 무거운 몸을 이끄는 한마디가 있습니다. 수많은 고민과 걱정을 떨어뜨려 주는 마법 같은 한 마디가 있습니다.

그냥. 그냥 하는 겁니다.

뭘 대단하게 의미 부여할 필요도 없고, 뭘 대단하게 근심 걱정할 것도 없습니다. '아무런 대가나 조건 또는 의미 따위가 없이' 문자 그대로 그냥 하는 겁니다. 유명한 광고 문구처럼요.

"JUST DO IT"

오늘도 뭔가 미적거리게 되거나 고민이 들 때 이 두 글자로 정리해 보시죠. '그냥.'

# 말하는 것과 행동하는 것

말하는 것은 쉽고, 행동하는 것은 어렵습니다. 무대 위에 선 사람, 경기장 위에 오른 사람에 대해 평가하고 비판하는 것은 누구나 할 수 있습니다. 그러나 무대에 직접 오르고, 경기를 직접 뛰는 건 전혀 다른 일이죠. 분석하고 비평하는 사람들의 몇 마디 말에 세상 사람들이 관심을 기울이고 또 그 말에 따라 손가락질도 함께 합니다. 그러나 훈수를 두는 일보다 몇백 배는 어려운 것이 진짜 무대에 오르고 경기를 뛰면서 직접 행동하는 겁니다.

시어도어 루스벨트(Theodore Roosevelt) 대통령이 말한 것처럼 중요한 것은 비평가의 말이 아니라, 경기장에서 실제로 싸우는 사람, 먼지와 땀과 피로 얼룩진 얼굴을 가진 사람입니다. 우리는 모두 인터넷 속에서 비평가가 될 수도 있고 우리 삶 속에서 선수, 배우, 감독이 될 수 있습니다.

오늘도 저마다 자신의 삶 속에서 자신만의 무대와 경기장에서 치열하게 살아가는 여러분을 응원합니다.

# 행복은 수줍은 사람을 싫어한다

"행복은 수줍은 사람을 싫어한다." 미국의 극작가 유진 오닐이 남긴 말입니다.

어쩌면 행복은 그걸 기다리는 사람에게는 오지 않는다는 의미일 수도 있을 것 같습니다. 우리가 적극적으로 행복을 찾아 나서야 한다는 거죠. 새로운 것을 시도하고, 사람들과 어울리고, 여러 감정을 느끼고 표현하고, 스스로 자신의 존재 가치, 자존감을 높이는 등 적극적으로 나아갈 때 행복 또한 느낄 수 있다는 것 아닐까 싶습니다.

다만, 행복을 꼭 어딘가에서 찾아야만 하는 건 아닐 겁니다. 이미 내 옆에, 우리 주변에 있는데 그걸 알아채지 못하는 것일 수도 있죠. 맛있는 식사, 아이들의 웃음소리, 좋은 책 한 구절, 봄꽃이 올라오는 모습, 그 하나하나가 이미 다 행복일 테니까요. 행복하기를 주저하지 않고, 그저 행복 하려고만 한다면 우리는 행복 앞에 수줍지 않은 사람일 겁니다.

# 199

# 시작된 기준금리 인하

2024년 9월 18일 미국 연준이 기준금리 인하를 시작했습니다. 팬데믹에 빠진 암울한 시기를 제로금리를 비롯한 유동성 투입으로 이겨낼 수 있었지만, 러시아 우크라이나 전쟁이 겹치면서 우리에게 돌아온 것은 살인적인 물가 상승이었습니다. 그 이후에도 가파른 금리 인상으로 대출금리 부담이 커지는 등 많은 이들은 유동성 축소로 인한 고통을 받았죠. 그리고 이제는 금리 인하기를 맞게 되었는데요. 좋게 보면 물가가 어느 정도 잡힌 것이고, 나쁘게 보면 경기가 둔화되고 있는 것입니다.

　우리는 어디에 초점을 두어야 할까요? 금리 인하기에도 힘들기만 한 사람들이 있습니다. 경기가 둔화되면 소비와 투자가 줄고 일자리도 줄어들 수 있죠. 반대로, 풀리는 유동성을 활용해 적극적으로 투자에 나서며 자산을 불려 나가는 사람도 있습니다. 경기 악화를 온몸으로 겪는 사람들, 그리고 금리 인하기를 투자 기회로 활용하려는 사람들. 똑같은 상황에서도 돈은 다르게 흐릅니다.

# 순풍과 역풍

인생에 순풍이 분다는 것은 참 고마운 일입니다. 힘들이지 않고 앞으로 나아갈 수 있으니까요. 하지만 인생에 순풍만 부는 것은 아니죠. 때로는 나의 잘못으로 역풍을 맞기도 하고, 나는 아무 잘못한 게 없는데 알 수 없는 이유로 역풍이 불어오기도 합니다. 내가 나아가는 속도가 뒤처질 수밖에 없고, 때로는 주저앉고 싶기까지 합니다. 그래서 역풍이라는 말 자체가 고난과 시련이라는 뜻으로 쓰이기도 하죠.

하지만 우리가 연날리기를 한다면 반드시 역풍이 불어야 합니다. 바람 한 점 없이 맑은 날에는 연을 띄우기도 어렵습니다. 역풍이 연을 띄워주고, 역풍이 강할수록 연은 더 쉽게 떠오릅니다. 때때로 역풍을 만났을 때 이렇게 생각해보시죠. 나는 지금 연날리기를 하고 있다고요. 오히려 역풍이 고맙다고요. 사실 내가 뒤로 돌아서기만 하면 그 역풍은 순풍이 된다고요.

# 가장 많이 주는 사람이 가장 크게 얻는다

주변 사람이 잘 되는 모습을 시기하고 질투하는 사람이 있습니다. 사돈이 땅을 사면 배가 아프다는 말처럼요. 다른 사람이 잘 된다고 해서 나의 몫을 빼앗아 가는 것도 아닌데 굳이 시기 질투를 하면서 정신적으로 그렇게 소모하며 살 필요는 없죠.

성공하기 위한 좋은 방법 중에 하나는 '다른 사람이 성공하도록 돕는 것'이라는 말이 있습니다. 주변 사람을 진심으로 도울 때 결국 나 자신에게 득이 된다는 건데요.

철강왕 앤드류 카네기(Andrew Carnegie)는 인생에서 가장 많은 것을 얻는 사람은 다른 사람에게 가장 많이 주거나 돕는 사람이라고 했습니다. 그리고 이 규칙은 모든 인간관계에 적용된다고 했죠. 진짜 성공의 씨앗이 무엇인지 알 수 있다면 최소한 그건 이기심과 질투는 아닐 겁니다.

# 생각대로 되는 것은

인생이라는 길을 걷다 보면 생각대로 일이 흘러가지 않을 때가 있죠. 때로는 거의 모든 일이 생각대로 되지 않을 수도 있습니다. 그럴 때 우리는 '왜 이렇게 일이 안 풀릴까'하고 한탄하게 됩니다. 되는 일이 없고 쉬운 일도 없고요. 누군가 이런 말을 했다죠. 생각한대로 되는 건 '아, 이러다 살찔 텐데' 밖에 없다고요.

어쩌면 모든 일이 계획대로 될 거라는 기대를 내려놓고 사는 것도 삶을 유연하게 살아가는 데 도움이 될 겁니다. 인생은 계획한 것과는 다른 방향으로 흘러간다는 것을 받아들이는 일이 바로 성숙함이라는 말이 있듯이 말이죠.

# 친절하라. 모두 전쟁을 치르는 이들이다

인간은 누구나 나의 감정과 상황에 지배를 받습니다. 기분이 좋지 않은 날에는 무엇을 하건 누구를 만나건 그것이 표정과 행동으로 드러날 수 있죠. 집안에 좋지 않은 일이 있을 때 직장까지 그 기분이 이어지는 경우도 있고요. 그럼에도 우리는 하루하루를 또 열심히 살아가야 합니다. 때로는 나의 상황을 숨기고, 다른 이의 상황을 알아채지 못한 채 말이죠.

스코틀랜드 목사 존 왓슨(John Watson)의 말을 들으니 고개가 더욱 끄덕여집니다.

"만나는 사람마다 친절하게 대하라. 당신이 만나는 사람들은 모두 전쟁을 치르는 이들이다. 그들은 육체적 고통을 느끼며 마음의 고통을 겪고 있다. 당신이 그들에게 가까이 갈수록 그들이 짊어진 짐을 발견하고 신음소리를 듣게 될 것이다."

저마다의 전쟁을 치르며 사는 사람들. 우리가 모든 사람에게 친절해야 하는 이유입니다.

# 왜 어떤 나라는 부유하고 어떤 나라는 가난한가.
## 노벨경제학상

왜 어떤 나라는 부유하고

왜 어떤 나라는 가난한 걸까요?

국가의 성패를 가르는 요인은 무엇일까요?

그 물음을 가지고 경제학을 연구한 학자들이 2024년 노벨 경제학상을 받았습니다. 주인공은 대런 애쓰모글루(Daron Acemoglu), 사이먼 존슨(Simon Johnson), 제임스 로빈슨(James A. Robinson). 이들이 주목한 것은 제도였습니다. 특히 '포용적 제도'를 구축한 나라에서 경제 성장과 국가 번영이 이뤄진다고 분석했습니다. 대중의 재산권을 보장하고 필요한 서비스를 제공하는 등 공정한 경쟁의 장을 제공하는 제도를 말합니다. 이러한 포용적 제도를 도입한 국가에서는 모든 사람에게 장기적인 혜택이 돌아가지만, 착취적인 제도하에서는 권력을 가진 사람들에게 단기적 이익만 가져다준다고 지적했습니다.

인공위성에서 찍은 한반도의 야경이 그 모든 것을 단적으로 말해줍니다. 불빛이 밝게 빛나는 한국과 칠흑 같은 북한의 모습. 실제로 지리적, 문화적 조건이 유사한 우리나라와 북한이 경제 발전에서는 어떻게 이렇게 다른 결과를 보이고 있는지 이들 학자들에게 대표적인 비교 사례가 되었답니다.

우리에게 과제도 있습니다. 공정한 경쟁과 기회, 투명한 정책과 창의적인 교육 환경 등 우리의 제도를 더욱 발전해 나가서 더더욱 포용적인 제도로 만들어 가야 하는 것이죠.

# 혼돈

사람들은 혼란스럽고 무질서한 상황을 싫어합니다. 정돈되고 질서 정연한 모습이 보기에도 안정적이죠. 하지만 어쩔 수 없이 혼돈을 거쳐야 하는 시기가 옵니다. 작게는 사람의 실수부터, 크게는 산업혁명까지 말이죠. 우주의 시작도 카오스였다고 합니다.

심리학자 조던 피터슨(Jordan Bernt Peterson)은 혼돈에 대해 이렇게 말했습니다. "혼돈은 흔하고 익숙한 것들 사이에 느닷없이 나타나는 새롭고 종잡을 수 없는 것이다. 혼돈은 창조인 동시에 파괴이며, 새로운 것의 근원이자 죽은 것의 종착역이다."

하루가 멀다 하고 AI 기술이 발전하고 있고, 그것을 바탕으로 새로운 AI 서비스가 끝없이 등장하고 있습니다. 카페, 식당, 공장에서도 로봇이 사람을 대체하고 있죠. 머지않아 프로그램 개발과 반도체 설계까지 AI가 대신 할 거라고 합니다. 이론의 여지 없이, 우리는 4차 산업혁명이 가져오는 혼돈의 시대를 살아가고 있습니다. 다시 조던 피터슨의 말을 떠올려 보면

"혼돈은 창조인 동시에 파괴이며, 새로운 것의 근원이자 죽

은 것의 종착역"입니다.

파괴와 죽은 것의 종착역이 되느냐, 새로운 창조자, 새로운 것의 근원이 되느냐. 기회는 혼돈 속에서 춤을 추고 있을 겁니다.

# 내가 틀렸을 수 있다

나 자신이 더욱 성장하려면 열린 마음이 필요합니다. 그래야 다양한 지식, 다른 문화, 더 나은 기술, 나와 다른 의견까지 풍부하게 받아들일 수 있기 때문이죠. 잘못된 방향으로 가고 있다는 것을 빨리 깨달으려면 역시 열린 마음이 필요합니다. 나 자신이 틀렸을 수도 있다, 내가 아니라 다른 사람의 말이 맞을 수도 있다는 생각을 해야 결국 나에게 도움이 될 거라는 겁니다.

인간은 누구나 '자기중심적 편향'을 갖고 있기에 그렇습니다. 자신의 능력에 대해 지나치게 긍정적인 시각을 갖는다는 거죠. 그래서 자기중심적 편향을 이겨내기 위해 스스로를 계속 돌아볼 필요가 있습니다.

벤자민 프랭클린이 "모든 사람을 관찰하라, 특히 자기 자신을 가장 많이 관찰하라"라고 말했던 것처럼요. 일단, 자신이 틀렸다는 것부터 인정해보십시오. 그 자체가 조금 전보다 지금 더 현명해졌다는 의미일 테니까요.

# 신공지능

AI가 점점 일상이 되어가는 시대. 단순 반복 노동은 당연하고, 화가 작가 작곡가 등 창의성이 필요한 영역, 나아가 컴퓨터 엔지니어 등 코딩을 하는 사람들의 일자리도 위협받고 있습니다.

반면, AI를 이용해서 더 큰 가치를 만들어내는 사람들도 등장했습니다. AI에게 질문과 명령을 더 효율적으로 하기 위한 프롬프터 엔지니어라는 직업이 탄생했고, AI를 이용해 그림을 그리고 작곡을 해서 이걸 수익화하는 사람들도 나오고 있습니다.

바둑계에서 이창호 9단을 뛰어넘었다는 평가를 받는 신진서 9단은 AI 바둑을 연구해서 실력을 높였다고 합니다. 그래서 별명이 '신공지능'이라고 하네요. 어릴 때도 바둑 대국을 인터넷으로 두면서 공부를 했고, 알파고가 나온 2016년부터는 인공지능의 수를 읽으면서 더욱 발전해 왔다는 겁니다.

미래에는 AI에게 대체되는 사람이 더 많을까요? AI를 활용하는 사람이 더 많을까요? 우리는 어디에 속할까요?

# 주식은 아무 감정이 없다

몇 년 동안 보유한 주식을 처분하지 못하는 사람들이 있습니다. 수익률이 마이너스 수십 퍼센트에 달하는데도 그걸 정리하지 못하고 끙끙 앓기도 합니다. 주식을 바라보며 희망을 품었다가, 실망하고 낙담했다가, 다시 애정을 붙였다가, 또 분노하기도 합니다.

"이 주식이 내 미래를 바꿔줄 거야!"라고 기대했다가 "내가 왜 이걸 사가지고…." 한탄을 하기도 합니다.

심리학과 행동경제학에 '소유효과'라는 것이 있습니다. 사람들이 어떤 물건을 소유하게 되었을 때, 그것의 가치를 실제보다 더 높게 평가하는 경향이 있다는 겁니다. 인간의 비합리적인 의사결정을 꼬집는 말이죠.

워런 버핏은 "절대 주식과 사랑에 빠지지 말라"라고 했습니다. 투자는 사랑의 대상이 아니라 재물을 다루는 방법일 뿐이죠. 돈에는 피가 흐르지 않습니다. 당신은 주식에 오만 가지 감정을 갖지만, 정작 주식은 당신에게 아무 감정이 없습니다.

# 구덩이

깨닫는 것과 행동하는 것. 때로는 깨닫는 것도 어렵지만 그것을 행동으로 이어가는 것도 쉽지 않습니다. 나에게 나쁜 버릇이 있다는 것을 깨닫는 것도, 또 그 습관을 고치는 것도 마찬가지죠. 그것이 나의 건강부터 행동, 나아가 자산까지 이어진다 해도 말입니다. 식습관을 조절하지 못하는 사람, 운동을 게을리하는 사람, 투자가 아니라 투기를 반복하는 사람, 모두 마찬가지일 겁니다.

중요한 것은 워런 버핏이 말한 것처럼 "구덩이에 빠졌다는 것을 깨달았을 때 가장 먼저 해야 할 일은 구덩이 파는 일을 그만 두는 것"입니다. 더 깊은 구덩이에 빠지지 않도록 스스로 깨닫고 스스로 변하는 수밖에 없습니다. 그러지 않는다면 자신이 팠던 구덩이에서 어렵게 빠져나오고도 또 다른 구덩이를 파고 들어갈 수도 있습니다.

# 어쩔 수 없이 매도하는 사람

증시가 약세장에 빠질 때마다 터져 나오는 우려가 있습니다. 급락장이 며칠만 이어져도 쏟아져 나오는 걱정이 있습니다. 원치 않게, 어쩔 수 없이 주식을 내다 팔아야 하는 상황입니다.

신용융자, 즉 빚을 내 투자를 하는 사람들이 대표적입니다. 담보로 잡아놨던 주식이 너무 떨어져서 담보 가치가 부족해지면 금융회사는 이틀 정도 추가 담보를 요구하다가 안 되면 그냥 하한가로 매도 주문을 내버립니다. 금융회사는 이러한 반대매매를 통해 전혀 손해 보지 않고 대출금을 회수해버립니다. 손실은 모두 신용융자를 쓴 사람의 몫입니다. 레버리지 비율에 따라 다르지만 단 한 번의 반대매매로 인해 계좌가 깡통이 되는 경우도 허다합니다.

오크트리 캐피털 창업자인 하워드 막스는 이렇게 말합니다. "어쩔 수 없이 매도하는 사람에게서 매수하는 것은 최고의 상황이지만, 어쩔 수 없이 매도하는 사람이 되는 것은 최악의 상황이다. 그래서 장기간 투자할 수 있는 자본과 강한 의지력이 필요하다."

어쩔 수 없이 매도하는 사람과 어쩔 수 없이 매도하는 사람에게서 매수를 하는 사람. 어느 쪽이 될 것인지 평소의 준비와 투자 습관이 가를 겁니다.

# 장애물을 보는 사람과 목표를 보는 사람

우리 앞에 평탄한 길만 펼쳐져 있지는 않습니다. 수많은 장애물이 놓여 있고, 예상치 못한 일들도 셀 수 없이 벌어집니다. 그걸 마주하고 생각하고 반응하고 넘어서는 것이 그저 우리가 해야할 일입니다. 장애물 그것이 우리를 멈춰 세우기 위해 존재하느냐 우리에게 뛰어넘으라고 있는 것이냐 결국 우리 마음먹기에 달려 있는 것이죠.

작가이자 철학자인 알프레드 아르망 몽타페르(Alfred Armond Montapert)는 이렇게 말했습니다.

"장애물을 보는 사람은 많지만 목표를 보는 사람은 적다. 역사는 후자의 공로를 후세에 남기지만, 전자에게 돌아가는 보상은 세인의 망각이다."

여러분은 목표를 보고 계십니까? 장애물을 보고 계십니까?

# 말보다 행동을 보라

인터넷을 보면 어떤 사업을 해서, 어디에 투자를 해서 큰돈 벌었다는 사람들이 즐비합니다. 누구나 자기처럼 될 수 있다며 지금 그렇게 살지 말고 자기의 말을 들으라고 합니다. 물론 돈을 내고요. 속된 말로 성공팔이라고 불리는데요. 절박한 사람들을 대상으로 도를 넘은 상술이 펼쳐지고, 한편에서는 이를 비판하고 저격하는 일도 잦아지고 있습니다. 진짜를 가려내기가 참 어려울 뿐이죠. 방송에 나왔다고 해서 그 사람을 100% 다 믿어서는 안 되는 것도 마찬가지입니다.

나심 탈레브(Nassim Nicholas Taleb)는 "누구에게든 그들의 의견, 전망, 추천 종목을 묻지 말라. 그들이 그저 자신의 포트폴리오에 무엇을 보유하고 있는지만 물어라."라고 말했고.

르네 데카르트(Rene Decartes)는 "사람들이 정말 무엇을 생각하는지 알기 위해서는 그들이 하는 말보다 그들이 하는 행동을 보라"라고 했습니다.

# 탄소중립법 헌법불합치

환경을 지키기 위한 '탄소중립법'에 대해 헌법 불합치 결정이 나왔습니다. 정부의 기후 위기 대응이 부족하면 환경권을 비롯해 국민의 기본권이 침해당할 수 있다는 건데요. 2024년 8월 29일 헌법재판소는 정부가 2031년 이후의 온실가스 감축량을 설정하지 않은 것은 국민의 기본권을 충분히 보호하지 못하는 것이라고 지적했습니다. 정부는 2030년 기준으로 온실가스 배출량을 2018년 대비 40%만큼 감축하겠다고 정했지만, 그 이후로는 아무런 기준도 마련하지 않았기 때문입니다.

우리나라가 탄소중립을 달성하겠다고 목표하는 시기는 2050년. 그러니까 2030년까지의 중간 목표뿐 아니라 그 이후의 기간에 대해서도 탄소 감축 목표를 얼마나 달성해 나갈 것인지 법률로 직접 규정해야 한다는 취지입니다. 국가가 국민의 기본권인 환경권을 지키기 위해 법률로써 보다 구체적으로 노력해야 한다는 거죠.

한 가지 더 생각해 볼 것이 있습니다. 헌법 제35조 "모든 국민은 건강하고 쾌적한 환경에서 생활할 권리를 가지며, 국가와 국민은 환경보전을 위하여 노력하여야 한다."

환경을 지키기 위해 노력해야 할 주체가 국가와 국민 모두라는 것입니다. 우리는 건강하고 쾌적한 환경에서 생활할 권리가 있는 동시에 그걸 지켜야 하는 의무도 갖고 있습니다.

# 인간은 합리적인 동물이 아니라,
# 합리화하는 동물이다

'합리적'은 '이론이나 이치에 합당하다'는 뜻입니다. 논리적, 이성적이라는 말과 비슷하고요. 누구나 합리적으로 생각하고, 합리적으로 행동하고, 합리적으로 일하고, 합리적으로 대우 받고 싶을 겁니다. 하지만 현실은 그렇지 못한데요. 대중의 여론이 한쪽으로 확 쏠렸다가 반대편으로 가버리기도 하고, 막 뜨겁게 일다가 이내 식어버리기도 하고, 묻지마식으로 투자하며 광풍을 겪기도 하고, 가격이 떨어지면 당장 망할 것처럼 손해를 보고 던져버리기도 합니다. 합리적으로 일하자는 부장님도 아랫사람에게는 비합리적으로 대하는 경우가 적지 않죠. 윗사람에 불합리한 일을 겪고 분노하는 과장님이 후배에게는 더욱 비합리적인 일을 내려 보내기도 합니다. 그래서일까요? 미국의 작가 로버트 하인라인(Robert Anson Heinlein)은 이렇게 말했다고 합니다. "인간은 합리적인 동물이 아니라, 합리화하는 동물이다."

　오늘도 나의 말과 행동이 합리적인지, 합리화하고 있는 건 아닌지 돌아봐야겠습니다.

# 짝퉁을 사들인 오메가

1957년에 만들어진 스위스 명품시계가 2021년 스위스에서 경매에 나왔는데, 네 가지 놀라운 점이 있습니다. 첫째, 시계 하나가 약 44억 원에 팔렸다는 겁니다. 둘째, 이 시계가 위조품이었다는 겁니다. 셋째, 위조품에 속아 44억 원을 날린 당사자가 바로 이 시계 제조사라는 겁니다. 오메가라는 회사는 60여 년 전 만들어진 자사 시계를 되사서 박물관에 전시할 예정이었는데요. 짝퉁에 당한 거죠. 넷째, 위조품을 만든 일당이 오메가 전직 직원들이었다는 겁니다. 전 직원 3명이 오메가 다른 시계들의 부품을 조합해서 위조품을 만든 거라고 하네요. 이번 해프닝을 보면서 여러 생각이 들더군요. 첫째, 경매로 시계의 값을 44억 원까지 끌어올린 건 결국 낙찰을 받아간 이 시계 제조사인데, 그게 정말 합리적인 가격일까? 하는 물음입니다. 둘째, 이 회사 출신 직원들이 이 회사 부품을 이용해서 만들었고, 이 회사가 되사간 시계. 그럼 이건 진품인가 가품인가? 하는 물음입니다. 하도 거품이 많고, 가짜도 많은 세상이어서 뭐가 뭔지 모르겠습니다.

# 소원을 빌어

정월대보름에 보름달 보면서 소원을 비는 전통이 있죠. 최근에 위시라는 애니메이션 영화를 봤는데요. 애들 보는 영화인 줄 알았는데, 우리에게 주는 메시지가 묵직했습니다. 우리는 소원을 빌 때 누군가에게 '나의 소원을 이루어달라'고 기도하죠. 하지만 진정한 소원은 누군가에게 이루어달라고 비는 것이 아니라, 나 스스로 그 소원을 이룰 수 있도록 다짐하는 것이라는 이야기입니다. 마음속에 소망을 품고, 그것을 달성하기 위해 노력하며 사는 것. 그리고 그것을 이루어 냈을 때 그 성취감 또한 오롯이 나의 것이 되는 것. 바로 그것이죠.

시험에 합격하게 해달라고 소원을 빌어놓고 공부를 게을리하거나, 건강하게 해달라고 소원을 빌어놓고 밤늦게까지 과식을 하면 어떨까요? 그보다는 노력한 성과가 나오기를 기대하고, 게으름 피우지 않고 자기관리를 하겠다고 다짐하는 것이 중요하겠죠. 또한, 부자가 되게 해주세요라고 소원만 비는 게 아니라 근면 성실하고 꾸준히 경제와 투자를 공부해야 진짜 소원이 이뤄질 겁니다.

# 나귀에 올라 말을 찾는다

중소기업은 사람 구하기 어려워하고, 청년들은 대기업 일자리를 선호합니다. 경기가 어려울수록 기업들은 당장 활용할 수 있는 경력직을 선호하고, 그럴수록 청년들이 경력을 쌓을 자리가 좁아지고 있습니다. 이게 현실입니다.

'나귀에 올라 말을 찾는다.'라는 중국 속담이 있습니다. 먼저 살길부터 찾은 다음에 발전을 생각하라는 의미인데요. 창업을 한 기업이 우선 살아남아야 비즈니스를 확장할 수 있듯이 취업을 하는 청년도 우선 먹고사는 문제부터 해결해야 더 큰 꿈과 포부를 달성해 나갈 수 있겠죠.

첫술에 배부를 수 없는 것은 개인이나 기업이나 마찬가지일 겁니다. 말을 구할 때까지 기다리는 것이 아니라 당장 나귀라도 타고 앞으로 나아가는 것. 경기가 어려울수록 더욱 필요한 자세 아닐까 싶습니다.

# 상하동욕자승

옆에 있는 동료와 함께, 회사 리더와 구성원이 함께, 한마음 한 뜻으로 비전을, 그리고 그걸 함께 달성해 가는 것. 사실 엄청 어려운 일이죠. 지금의 개인화된 사회에서는 더더욱 드라마나 만화 속에서나 볼 법한 이야기입니다. 그럼에도 더 높은 목표를 달성하려면 동료가 필요하고, 리더와 구성원이 뭉쳐야 합니다. 좋은 동기를 부여해야 할 필요도 있죠.

티베트 속담에 이런 말이 있다고 합니다. "만약 내 꿈을 당신에게 말한다면 당신은 잊을 것이고, 내가 꿈을 행동에 옮긴다면 당신은 기억하게 될 것이다. 하지만 우리가 함께 한다면 그것은 당신의 꿈이 될 것이다."

손자병법(모공편)에도 비슷한 말이 나옵니다. '상하동욕자승 (上下同欲者勝)' 윗사람과 아랫사람이 같은 목표를 바라보았을 때 비로소 승리할 수 있다는 것이죠. 집단주의, 관계주의를 넘어 점점 개인화되어가는 시대. Z세대, 잘파세대와 함께 일해야 하는 시대에서 모두가 어떻게 함께하고, 어떻게 같은 목표를 바라볼 것인지 더더욱 깊은 고찰이 필요해 보입니다.

# 천재와 노력

남보다 훨씬 뛰어난 재주를 가진 사람을 천재라고 부릅니다. 많은 이들이 천재들을 부러워하죠. 상대적으로 적은 노력을 기울여도 더 뛰어난 결과를 얻을 수 있으니까요. 그렇다고 해서 천재가 노력을 게을리한다는 건 아닙니다. 어쩌면 더 큰 노력을 기울였기에 끝까지 천재로 남았을 수도 있습니다.

음악의 천재라고 불리는 모차르트(Wolfgang Amadeus Mozart)는 이런 말을 했습니다. "사람들은 내가 작곡을 쉽게 한다고 생각하지만 나만큼 작곡에 많은 시간과 생각을 바치는 사람은 없을 것이다. 유명한 작곡가의 음악치고 내가 수십 번에 걸쳐 꼼꼼하게 연구하지 않은 작품은 하나도 없다."

발명왕 에디슨도 "천재는 1%의 영감과 99%의 노력으로 만들어진다."라고 했죠.

천재들도 이렇게 노력을 강조하는데, 평범한 사람이 주어진 만큼, 되는 만큼만 하고 만다면 어떤 결과가 나올까요? 선천적인 천재는 되지 못했어도 후천적인 노력파로 성공하는 길은 누구에게나 열려 있습니다.

# 철저한 분석, 가치투자

워런 버핏의 스승인 벤저민 그레이엄(Benjamin Graham)은 가치
투자의 아버지라고 불립니다. 처음으로 가치투자를 체계적으
로 정립했기 때문인데요. 그레이엄이 말하는 가치투자는 이렇
습니다. "철저한 분석을 통해 원금의 안전과 적절한 수익을 보
장하는 것" 여기서 가장 어려운 건 뭘까요? '철저한 분석, 원금
의 안전, 적절한 수익' 아마도 많은 사람들이 '수익'을 내는 것이
가장 어렵다고 답하지 않을까요? 하지만 제 생각은 다릅니다.
'철저한 분석'이 가장 어려워 보입니다. 그냥 분석하는 것 자체
가 어렵기도 하지만, 인간은 누구나 '철저하게' 파고드는 것을
귀찮아하기 때문입니다. 그걸 이겨내는 게 가장 어렵다는 의미
입니다. 그냥 누가 대신해줬으면 좋겠고, 추천받은 금융상품을,
추천해 준 종목을 사서 대박 나기를 꿈꾸죠. 하지만 그렇게 쉬
운 길에서는 탈이 나기 마련입니다. 추천해준 사람과 원한 관계
가 될지도 모르죠. 어쩌면 그레이엄이 말한 '원금의 안전'과 '적
절한 수익'은 '철저한 분석'이라는 전제 조건이 갖춰졌을 때 그
때야 비로소 맺을 수 있는 열매 같은 것 아닐까요?

# 질문하는 사람

2010년 9월 G20 서울정상회의 폐막식에서 버락 오바마 당시 미국 대통령이 한국 기자들에게 질문할 기회를 주었습니다. 서울에서 열린 정상회의였는데 유독 한국 언론의 질문이 없으니, 한국 기자들을 미국 대통령이 먼저 찾은 것이죠. 오바마는 통역도 가능하다고 언급했지만, 끝내 한국 기자들은 아무도 질문을 하지 않았습니다. '한국인은 왜 질문을 하지 않는가'라는 물음을 낳은 상징적인 장면이었습니다.

학교에서도 마찬가지입니다. 수업 시간에 선생님의 말씀에 끼어드는 것은 예의 없는 행동이 되기 십상이죠. 수업이 끝날 무렵 '질문 있는 사람?'이라는 선생님의 물음에도 그저 침묵이 흐릅니다. 정말 궁금한 것이, 모르는 것이 없기 때문일까요? 혹시 모르는 것이 티 날까봐, 분위기를 망칠까봐, 다른 사람의 눈치가 보여서 우리는 질문을 하지 못하는 것 아닐까요?

공자님의 말씀을 새삼 떠올려 봅니다. "질문을 하는 사람은 잠시 바보가 되고 질문을 하지 않는 사람은 평생 바보가 된다."

# 문해력

요즘 사람들의 문해력이 떨어진다는 지적이 많습니다. 사흘이라는 말을 두고 3일이냐 4일이냐 논쟁을 하고, 시발점이라 했더니 왜 욕을 하느냐고 하고, 두발 단정이라고 했더니 두 다리를 모았다는 등 문해력과 관련된 지적이 참 많이도 나옵니다. 그런데 단어의 뜻만 안다고 해서 문해력이 높은 것이 아닐 겁니다. 문해력은 글을 읽고 이해하는 것뿐만 아니라 깊게 사고하는 힘도 의미합니다.

그런 의미에서 경제와 투자 생활도 마찬가지입니다. 피상적인 가격 변동만 보고, 쏟아지는 뉴스만 듣는 게 아니라, 그 흐름을 읽고 이해하고 고찰하는 단계까지 반드시 필요합니다. 그렇지 않으면 다른 사람들 말에 흔들리고, 변동성에 휩쓸리면서 중심을 잃고 쓰러질 수밖에 없습니다. 심지어 파생상품을 계약하면서 금융사 직원이 읊어주는 대로 끄덕이고, 밑줄 친 곳에 사인만 하면 된다는 말에 빠르게 서명을 하고 맙니다. 그냥 단어 몇 개 이해하지 못한 것치고는 그 대가가 너무 클 수 있습니다. 교육 수준이 높은 우리나라 사람들의 문맹률은 세계에서 가장 낮은 수준이라고 합니다. 하지만 금융 생활과 관련해서는 금융 문맹이라는 지적이 있을 정도입니다.

앨런 그린스펀(Alan Greenspan) 전 미국 연방준비제도 이사회 의장은 이런 말을 했습니다. "문맹은 생활을 불편하게 하지만, 금융문맹은 생존을 불가능하게 만든다."

문해력과 함께 금융 이해력도 높여야 할 때입니다.

# 223

## 시간을 쓰다

이 하나만큼은 모두에게 똑같이 주어지고 똑같은 속도로 흘러 갑니다. 바로 시간입니다. 돈이 많건 적건, 힘이 세건 약하건, 누 구에게나 똑같이 하루는 24시간이고, 1년은 365일입니다. 빛 보다 빠르게 움직이지 않는다면 누구에게나 시간이 흘러가는 속도 역시 똑같을 겁니다. 그럼에도 우리는 하루를, 한 시간을 저마다 다르게 활용합니다. 10분마다, 1시간마다 내가 이 시간 을 어떻게 활용했는지 돌아보는 사람은 아마 거의 없을 겁니다. 그러나 하루를, 한 달을, 1년을 놓고 보면 이 시간을 내가 어떻 게 썼는지 되돌아볼 수 있을 겁니다. 생명이 유한한 인간에게는 시간도 유한합니다. 되돌릴 수도 없습니다. 그래서 그런지 우리 는 시간을 '쓴다', 시간을 '보낸다'고 표현합니다.

어제는, 지난주에는, 지난달에는 그 시간을 어떻게 쓰셨습니 까? 어떻게 보내셨습니까?

# 인공지능과 변화의 속도

"인공지능으로 인해 노동시장이 변하겠지만 사람들은 적응할 것이다. 문제는 속도다." 챗GPT의 아버지라 불리는 샘 알트만 (Sam Altman) 오픈AI CEO가 우리나라를 방문해 남긴 말 중 하나입니다. 그를 향해 기술과 산업의 변화, 미래 교육과 일자리, 저작권과 창작의 문제 등 수많은 질문이 쏟아졌는데요. 결국 모든 질문의 근원은 인공지능이 몰고 올 '변화'에 어떻게 대응할 것인가였습니다.

샘 알트만은 "기술 혁명의 역사를 살펴보면 우리는 2세대마다 노동시장 변화에 적응해 왔다"며 "이같은 혁명이 10년 만에 일어나면 적응하기 어려울 것"이라고 말했습니다. 그러면서 인공지능에 대한 규제와 기본소득을 통한 사회 안전망을 제안하기도 했습니다. 역대 산업혁명 가운데 가장 빠르게 진행될 4차 산업혁명. 그중에서도 인류에게 가장 큰 영향을 끼칠 인공지능. 우리는 그 속도가 역대급으로 빠른 변혁의 시대에 살고 있습니다. 인류가 늘 그랬듯이 이번에도 우리는 답을 찾을 수 있을까요? 다만, 더 빠르게 찾아야 할 것 같다는 걱정이 듭니다.

# 당신이 말할 때는 아는 것만 반복한다

누군가에게 질문을 받게 되면 아는 범위 내에서 답을 하게 됩니다. 강의를 많이 하는 사람도 결국 본인의 지식과 경험이라는 범위 안에서 그것을 전달하게 됩니다. 때로는 매년 같은 내용만 반복하는 강사를 마주하기도 합니다.

달라이 라마(Dalai Lama)는 "당신이 말할 때는 아는 것만 반복한다. 하지만 들으면 새로운 것을 배우게 된다."라고 말했습니다. 결국 누구나 아는 것 안에서 말할 수밖에 없기에 많이 듣고 끝없이 배워야 한다는 겁니다.

해가 지나면서 같은 질문을 받았을 때 나의 답변이 얼마나 달라지고 다양해지는지 느껴보십시오. 여러분이 그만큼 배웠고 성장했다는 증거일 겁니다.

# 무시해주셔서 감사합니다

"내 체면을 구겨지게 한 사람들, 상처를 준 사람에게 감사하자. 의지를 단련시켜 주기 때문이다. 나를 채찍질하는 사람들에게 감사하자. 잘못된 점을 바로 잡을 수 있게 해주기 때문이다. 나를 포기하는 사람에게 감사하자. 자립심을 배울 수 있게 해주기 때문이다. 나를 넘어지게 하는 사람에게 감사하자. 나를 강하게 해주기 때문이다."

중국의 피아니스트 류웨이(Liu Wei)가 한 말입니다. 류웨이는 두 팔이 없는 피아니스트로 유명합니다. 열 살 때 감전 사고로 두 팔을 잃어버린 그는 두 발로 피아노를 연주하기 시작했고, 오디션 프로그램에서 우승하는 등 세상을 감동시켰습니다. 두 팔을 잃고 절망에 빠져 죽음을 택하기보다 두 발이 있다는 것에 감사하며 멋지게 사는 것을 택했다는 류웨이.

그는 말합니다. "살면서 수많은 불가능이 있습니다. 하지만 당신이라면 극복할 수 있습니다."

# 언제나 저는 학생입니다

"돌아보면 돈을 더 많이 벌지 못한 것이나 더 유명해지지 못한 것은 후회되지 않습니다. 더 빨리 현명해지지 못해서 유감스러울 뿐입니다."

"그래도 다행스러운 것은, 내 나이 92세에도 여전히 무식해서 배울 것이 많다는 사실입니다."

2023년 11월, 99세 나이로 별세한 찰리 멍거가 92세 때 한 말입니다. 평생 공부를 게을리하지 않고 물리학, 생물학, 사회학, 수학, 철학, 기상학, 심리학 등등에 통달했음에도 그는 늘 '배울 것이 많다'라고 했습니다. 그는 '매일 잠자리에 들 때 아침에 일어났을 때보다 조금 더 현명해진 하루를 살아야 한다'라고 가르쳐줬습니다. 그렇게 하루하루 성장하고 충분히 오래 산다면 누구나 마땅히 받아야 할 것을 받는다는 거죠. 성공한 사람보다 행복한 것은 성장하는 사람이라고 합니다. 오늘도 잠이 들 때 아침에 눈을 떴을 때보다 조금 더 현명해진 여러분이 되시길 응원합니다.

# 빙하가 될 복리효과

"북극과 남극에 빙하가 그토록 높이 쌓일 수 있었던 것은 어느 한두 해에 눈이 많이 내려서가 아닙니다. 아무리 적더라도 내린 눈이 남아 있기 때문입니다." 빙하학자 그웬 슐츠(Gwen Schultz)의 말입니다.

우리가 흔히 복리 효과를 많이 이야기합니다. 원금에 이자나 수익이 더해지고 거기에 또 이자와 수익이 더해지면 눈덩이처럼 굴릴수록 더욱 커진다는 원리인데요. 여기서 절대 간과하면 안 되는 두 가지가 있습니다. 첫째, 멈추지 않고 눈덩이처럼 계속 굴려야 한다는 것. 둘째, 녹아내려서는 안 된다는 것입니다. 복리 효과가 의미 있으려면 잃지 않아야 합니다. 무리해서는 안된다는 말입니다. 과도한 빚을 냈다가 한방에 청산당하면 그나마 모아 놨던 작은 눈덩이가 산산이 부서지는 것이죠. 부서지거나 녹아내리는 일만 당하지 않아도 이미 복리 효과를 일궈가고 계신 겁니다.

# 승리하면 조금 배울 수 있고,
# 패배하면 모든 것을 배울 수 있다

미국 프로야구 메이저리그의 전설적인 투수 크리스티 매튜슨
(Christy Mathewson, 1880~1925)은 17년 동안 373승 188패 평균
자책점 2.13이라는 위대한 기록을 남긴 선수입니다. 패배보다
승리한 경기가 2배 가까이 많았죠. 그럼에도 매튜슨은 이런 말
을 남겼습니다. "승리하면 조금 배울 수 있고, 패배하면 모든 것
을 배울 수 있다."

우리 축구 대표팀의 아시안컵 우승, 이번에도 실패했죠. 만
약 대회 내내 졸전을 거듭하다 한두 명의 신들린 개인기로 승
리하고 우승까지 했다면 아마도 우리는 승리에 취해 아무것도
배우지 못했을 겁니다.

"승리하면 조금 배울 수 있고, 패배하면 모든 것을 배울 수
있다."

스포츠뿐만 아니라 우리 인생에도 떠올려봄 직한 말입니다.
패배한 경기와 실패한 프로젝트, 돈을 잃었던 투자를 통해 분명
히 우리가 보완하고 갖춰야 할 점을 찾을 수 있을 겁니다. 아니,
그래야만 합니다.

다만, 다시는 같은 잘못과 실수를 반복하지 않게 되었을 때야 비로소 그것이 값진 경험이 되었다고 말할 수 있을 겁니다. 패배한 경기를, 실패한 사업을, 잃었던 투자를 그저 '좋은 경험' 정도로 치부한다면 우리는 영원히 성장하지 못할 겁니다.

# 아직 큰 실패가 없다면 안주하고 있다는 증거다

실패한다는 것은 누구에게나 두려운 일입니다. 실패 없이 성공할 수 있는 길을 발견한다면 누구나 그곳으로 달려가겠죠. 하지만 그런 마법 같은 지름길은 없습니다. 오히려 실패가 없는 길이라면 둘 중 하나일 겁니다. 누군가 당신을 속이고 있거나, 당신도 모르게 편안함 속에 안주하고 있다는 뜻일지도 모릅니다.

미국의 헤지펀드 매니저 레이 달리오는 이런 말을 했죠. "살면서 당신이 실패를 경험해보지 않았다면 당신은 스스로를 당신의 한계 속에 밀어 넣어 본 적이 없다는 뜻"이라고요. 또 "스스로를 한계 속에 밀어 넣지 않는다면 스스로가 가진 잠재력 또한 폭발시킬 수 없다."고요.

만약 당신이 실패를 했다면 자신의 한계를 마주한 것일지도 모릅니다. 하지만 실망하진 마십시오. 그렇게 마주한 한계 속에서 다시 스스로의 잠재력을 폭발시켜서 그 한계를 더 높여버릴 수 있다는 점도 잊지 마시길 바랍니다.

# 코닥과 카톡

카메라 필름의 상징과도 같았던 코닥을 기억하시나요? 코닥은 1888년 설립 이후 카메라와 필름 시장을 장악했다가 디지털 카메라 열풍에 밀려 지난 2012년 파산보호를 신청했죠. 그런데 아이러니하게도 디지털 카메라를 세계 최초로 개발한 회사가 바로 코닥입니다. 1975년 세계 최초로 디지털 카메라를 개발해 놓고도 자신들의 필름 시장을 위협할까봐 디카 기술을 묵혀 놨었죠. 그 결과는 회사의 파산까지 이어졌습니다. 비슷한 일은 우리나라에서도 있었습니다. 스마트폰이 보급되던 초창기에 이동통신 회사 내부에서 모바일 메신저 서비스를 개발했지만 당시 문자메시지 유료 수익을 포기할 수가 없어서 메신저 서비스를 사장시킨 겁니다. 그 결과는 온 국민이 알고 있죠. 자신들이 가진 것을 지키려다 시장에서 도태되는 사례. 앞으로도 끊임없이 나올 겁니다. 시대가 빨라질수록 생존을 위해 변화하는 것. 어쩌면 선택이 아니라 필수일 겁니다.

# 매일 날씨가 좋으면 사막이 된다

비가 오면 걷기도 힘들고 옷도 젖고, 길도 미끄럽고 흙탕물도 튀죠. 빨래도 잘 마르지 않고 외출도, 여행도 망치게 됩니다. 하지만 그런 말이 있죠. '날씨가 매일 좋으면 사막이 된다'고요. 우리 인생도 마찬가지입니다. 비바람이 몰아닥치면 좀 난감하긴 하지만, 비와 바람이 없다면 그 누구도 인생의 꽃을 피울 수 없을 겁니다.

어떤 어려움을 맞닥뜨렸을 때, 오히려 용기를 내고, 실력을 키우고, 인내심을 기르고 나 자신을 성장시킬 수 있는 기회로 생각하는 건 어떨까요? 비 내리는 날을 내가 좌우할 수는 없지만, 그것을 어떻게 받아들이느냐, 어떻게 이용하느냐에 따라 내 인생은 내가 좌우할 수 있습니다.

# 매일 1%씩

1%, 1을 100으로 나눈 숫자. 별것 아닌 미미한 것으로 보이시나요? 무엇이든 매일 1%씩 향상된다면 365일 이후에는 37.78배가 됩니다. 하지만 매일 1%씩 후퇴한다면 365일 이후에는 0.026으로 쪼그라들게 됩니다. 물론, 무엇인가를 매일 꾸준히 실행하는 건 쉽지 않은 일입니다.

하지만 단 1%, 내가 가진 것의 0.01만큼이라도 앞으로 나아가려는 노력. 그만큼 전진하느냐 후퇴하느냐의 차이가 약 0.03과 38배의 차이를 만듭니다.

여러분은 어떤 걸 택하시겠습니까?

# 빛을 퍼뜨릴 수 있는 두 가지 방법

미디어가 발달하면서 좋은 점은 누구나 좋은 정보를 쉽게 접할 수 있다는 겁니다. 매스미디어, 즉 대중 매체를 넘어 이제는 개개인 모두가 언론의 역할을 하는 소셜 미디어 시대죠. 누구나 언제 어디서든 무슨 일이든 각종 사건 사고들을 전하고 자신의 생각을 전파할 수 있습니다. 그러면서 정보의 과잉, 왜곡, 허위 사실 유포, 명예훼손 등 좋지 않은 일도 수없이 벌어지는데요. 이야기를 전하고 말을 만들수록 세상이 어두워져서는 안 되겠죠. 내 삶에 도움이 되고, 내 주변에도 빛이 될 수 있는 건강하고 따뜻한 소식이 많이 생기고 널리 전해지길 바랍니다.

미국의 작가 이디스 워튼(Edith Wharton)은 이런 말을 했습니다.

"빛을 퍼뜨릴 수 있는 두 가지 방법이 있다. 촛불이 되거나 또는 그것을 비추는 거울이 되는 것이다."

우리는 모두가 촛불과 거울을 가지고 있습니다.

# 다른 사람을 통제하려면 마음을 써라

세상에는 내 마음대로 되지 않는 일이 참 많습니다. 어쩌면 '거의 다'라고 해도 과언이 아니죠. 내가 스스로 해야 하는 일도 쉽지 않은데, 다른 사람과 함께 하거나 다른 사람을 통해서 이뤄내야 하는 일이라면 더더욱 쉽지 않을 겁니다. 나의 생각을 전할 때도 마찬가지입니다. 아무리 옳은 말이라고 해도 너무 이성적으로만 전달하면 설득력이 떨어질 수 있죠. 반감을 살 수도 있고요.

"자기 자신을 통제하려면 머리를 써라. 다른 사람을 통제하려면 마음을 써라." 엘리너 루즈벨트(Anna Eleanor Roosevelt) 여사의 말입니다. 사람의 마음부터 얻고 나면 그 다음부터는 대화가 참 잘 풀리기도 합니다. 그래서 우리말에는 '마음을 사다'라는 표현도 있죠. 돈 한 푼 들이지 않고 마음을 사는 방법은 참 많습니다. 그 출발은 웃으며 건네는 인사, 따뜻한 말 한마디일 수 있고요. 누군가의 마음을 얻으려면 나의 마음을 먼저 써야 한다는 것. 그걸 먼저 행하면 결국 마음보다 더 큰 것을 얻을 수 있을 겁니다.

# 세수펑크와 환차익

경제가 어려운데 나라살림도 팍팍한데 나랏돈은 더욱 비어가고 있습니다. 정부는 예산을 짤 때 세금으로 걷는 수입, 즉 세수를 계산해두는데 세수 결손이 매우 심각합니다. 2023년에는 56조 원 넘게 펑크가 났고, 2024년도에도 30조 원 가까이 덜 걷힐 거라고 합니다.

예상보다 경제가 더 어려워져서 세금 낼 사람들이 잔뜩 위축돼 있다는 겁니다. 세금이 덜 걷히면서 중앙정부가 지방에 내려보내주는 돈도 제대로 못 주고 있습니다. 지자체들도 직격탄을 맞는 셈입니다. 어찌 됐든 예산만큼의 돈을 어디선가는 조달해야 하는 상황입니다. 정부는 급한대로 외국환 평형기금에 손을 대기 시작했습니다. 23년도에는 약 20조 원을 끌어다 썼고, 24년도에도 약 16조 원을 끌어온다고 합니다. 외평기금으로 환율을 미세 조정하면서 돈을 많이 벌었기 때문입니다.

그런데 이게 참 웃지 못할 노릇입니다. 우리 경제가 허약해지면서 원화 가치가 크게 떨어졌는데요. 달러가 강세를 보이는 사이에 원화 가치가 떨어지면서, 즉 원 달러 환율이 오르면서 정부는 앉은 자리에서 환차익을 얻은 겁니다. 그렇게 해서 급한 돈 20조, 16조를 끌어다 쓸 수 있게 된 거죠.

하늘이 무너져도 솟아날 구멍은 있다는 건지, 참으로 웃지 못할 풍경입니다.

# 일의 의미

'무엇을 이루거나 적절한 대가를 받기 위하여 어떤 장소에서 일 정한 시간 동안 몸을 움직이거나 머리를 쓰는 활동'

'어떤 계획과 의도에 따라 이루려고 하는 대상'

'사람이 행한 어떤 행동'

'일'의 사전적 정의입니다. 일, 단 한 글자인데 담고 있는 뜻 이 참 많습니다.

노동 역시 마찬가지입니다. 노동의 사전적 의미는 '몸을 움 직여 일을 함', '사람이 생활에 필요한 물자를 얻기 위하여 육체 적 노력이나 정신적 노력을 들이는 행위'인데요. 생계를 꾸리는 것 이상으로 더 큰 의미도 있습니다.

괴테는 이렇게 말했습니다.

'노동은 세 개의 큰 악, 즉 지루함과 부도덕, 그리고 가난을 제거한다.'라고 말이죠.

노년내과 정희원 교수는 치매 등 뇌의 노화를 늦추는 세 가 지 비결이 몸을 쓰고, 머리를 쓰고, 사람을 만나는 것이라고 했는데, 그 세 가지를 동시에 할 수 있는 것이 바로 '일'이라고 말했죠. 일을 하는 것이 분명 쉽지는 않지만, 월급봉투 그 이상으로 두둑한 삶의 의미가 있다는 것을 새삼 깨닫습니다.

# 안티프래질

중요한 건 꺾이지 않는 마음. 줄여서 '중꺾마.' 아픈 일을 겪더라도 마음만은 꺾이지 말자는 건데요. 근데 사실 좀 꺾여도 괜찮습니다. 다시 일어서면 되죠. 비슷한 표현으로 '안티프래질'이라는 것도 있습니다. 충격을 받으면 깨지기 쉽다는 뜻의 단어가 '프래질(fragile)'이죠. 그 반대 의미로 안티프래질(antifragile)이 쓰이는 겁니다. 그런데 사실 안티프래질은 깨지지 않는다는 뜻이 아닙니다. 충격을 받으면 오히려 더 단단해지고, 더 강해진다는 의미를 담고 있는 말입니다. 반대말은 '깨지다-안 깨지다'인 것이 아니라 '깨지다-더욱 단단해지다'인 것이죠. 당장 마음이 꺾였는지 여부는 중요하지 않습니다. 깨졌는지 안 깨졌는지 그 사실 또한 중요한 게 아닙니다. 중꺾마, 안티프래질이 완성되려면 오히려 평소에 크고 작은 실패가 필요할 수 있습니다. 꺾였더라도, 깨졌더라도, 더욱 강해지기 위해 다시 일어서는 것. 그게 진짜 중꺾마이고, 안티프래질입니다.

이대호가 응원하는 것은 여러분에게 시련도 실패도 없는 삶이 아니라, 시련도 실패도 이겨내는 중꺾마, 안티프래질입니다.

# 산을 옮기는 방법

옛날에 한 승려가 산을 옮기는 방법을 알아냈다고 합니다. 그 승려는 산을 향해서 이렇게 중얼거렸다고 하죠. "다가온다, 다 가온다" 그런데 한참을 기다려도 산이 꿈쩍도 하지 않자 승려 는 산을 향해 천천히 걷기 시작했습니다. 얼마간 시간이 흘러 그는 산에 오르게 되었죠. 그리고 이렇게 말했습니다. "산이 오 지 않는다면 내가 가면 된다. 이것이 내가 수십 년 동안 연마한 산을 옮기는 방법이다."⁶ 세상을 바꾸는 가장 현실적인 방법은 나를 바꾸는 것이라는 게 이 이야기의 교훈일 겁니다.

　나의 관점을 바꾸면 그때부터 세상이 다르게 보일 수 있습니 다. 내 인생이 한없이 가파른 오르막처럼 느껴져도 그냥 뒤돌아 서기만 하면 내 앞의 모든 길이 내리막이 되는 것처럼 말이죠.

# 어떤 기분을 느끼게 했는지

하루에도 수많은 글을 읽고, 수많은 영상을 보고, 음성을 듣고, 수많은 사람을 만나고…. 또 반대로 우리는 수많은 사람에게 수많은 행동을 하고 수많은 말을 전합니다. 그 모든 만남과 모든 이야기, 모든 말들을 다 기억할 수는 없죠. 그렇지만 절대 잊히지 않는 것은 있습니다.

미국의 작가 마야 안젤루(Maya Angelou)는 이런 말을 했습니다. "사람들은 당신이 한 말이나 행동은 기억하지 못해도, 당신이 그들에게 어떤 기분을 느끼게 했는지는 절대 잊지 않을 겁니다."

감정이 기억을 지배한다고 합니다. 누구에게도 상처받기 싫은 것처럼 누군가에게도 상처를 주지 않아야 하고, 내가 친절을 받고 싶은 것처럼 남에게 친절을 베풀어야 한다는 평범한 진리를 다시 떠올려 봅니다.

# 과정이 중요

"돈은 바닷물과 같다. 마시면 마실수록 갈증만 늘어난다." 독일의 철학자 쇼펜하우어(Arthur Schopenhauer)의 말입니다.

"투자에 성공하면 벌어들이는 돈 때문이 아니라 나의 생각이 옳았다는 사실에 기뻤다." 유럽의 워런 버핏이라 불리는 앙드레 코스톨라니(Andre Kostolany)의 말입니다.

코스톨라니는 유독 돈을 벌었다는 결과보다 돈을 벌기 위해 본인이 조사를 하고, 생각을 하고, 판단을 내린 '과정'을 중시했습니다. 무언가를 이뤄나가는 '과정'이 없다면 큰 결과를 얻었어도 행복감이 오래 가지 않는다고 합니다. 복권에 당첨돼 일확천금을 얻은 사람들이 불행에 빠지는 이유가 바로 '과정'이 없었기 때문이라고 합니다.

제 주변에도 사업과 투자로 큰 부를 일군 사람들을 보면 일이든 투자든, 그 자체를 굉장히 즐기는 사람들입니다. 급한 마음에 바로 돈을 좇게 되는 것이 사람의 심리이긴 합니다만, 그럴수록 나는 지금 어떤 과정을 밟아나가고 있는지 한 번씩 돌아볼 필요가 있습니다.

# 피카소가 되었다

사랑하는 사람에게 믿음과 응원을 받는다는 것은 어찌 보면 당연한 것 같지만 참 쉽지 않은 일이기도 합니다. 추구하는 방향이 다를 수 있고, 의견이 다를 수도 있죠. 그럼에도 믿음과 응원은 한 사람의 인생을 바꾸기도 합니다.

현대 미술의 거장 파블로 피카소(Pablo Picasso)는 어릴 적부터 어머니에게 이런 말을 들었다고 하죠. "만일 네가 군인이 된다면 장군이 될 것이고, 성직자가 된다면 교황이 될 것이다."

그는 말합니다. "그 대신에 나는 화가가 되었고 마침내 피카소가 되었다"라고 말이죠.

물론 피카소는 아버지가 화가여서 어릴 적부터 미술을 접했고, 미술에서 신동으로 불렸다고 합니다만, 어머니의 믿음과 응원이 화가 피카소의 정신적 토대가 되었다고 합니다. 피카소라는 성씨도 어머니의 성을 따른 것이라고 하네요.

믿어주고 응원해주고, 사랑하는 사람이 자신의 길을 당당히 걸어갈 수 있도록 믿음과 응원을 보내는 따뜻한 존재가 되어보죠.

# 욕망과 역량

17세기 네덜란드 철학자 스피노자(Benedictus de Spinoza)는 이렇게 말했습니다. 욕망이 생기면 그것을 실현할 역량이 있어야 하고, 역량이 생기면 사람은 또 다른 욕망을 추구하게 된다고 말이죠. 인간의 욕망이 끝이 없다는 얘기죠. 사실 욕심이 너무 많아도, 욕심이 너무 없어도 문제입니다. 욕심이 있다면 그것을 채울 만큼 능력도 키워야 하고요. 욕망은 강한데 그걸 실현할 능력이 부족하면 사람은 좌절하게 됩니다.

반대로 무엇을 실현할 능력이 있는데 욕망이 없을 경우 사람은 무기력에 빠져버리겠죠. 그래서 적정한 욕망을 가져야 하고, 그 욕망을 충족할 수 있도록 꾸준히 역량을 높여가고, 또다시 전보다 수준 높은 욕망을 갖는 것이 우리에게 성취감과 행복감을 줄 수 있을 겁니다. 인간의 끝없는 욕망을 잘 한번 활용해보시죠. 나의 능력을 키우고 성장의 발판으로 삼는 겁니다.[7]

# 매력적인 뻐꾸기 새끼

뻐꾸기는 다른 새의 둥지에 알을 낳는 것으로 유명합니다. 다른 새들은 자기 둥지에 놓인 뻐꾸기 알을 보고 자기 새끼로 착각하고 키우게 된다고 하죠. 어떤 새들은 자기 새끼에게 주려고 먹이를 물고 가다가 다른 둥지에 있는 뻐꾸기 새끼를 보고 거기까지 날아가서 먹이를 주고 오는 경우도 있다고 합니다.

이를 두고 리처드 도킨스(Clinton Richard Dawkins)는 『이기적 유전자』에서 뻐꾸기 새끼가 벌린 빨간 입이 너무도 유혹적이기 때문이라고 추정했습니다. 그냥 속이는 것 이상으로, 마약처럼 어떤 중독성 있는 불가항력의 상황을 만드는 것 아니겠느냐는 거죠. 몸에 좋지 않은 음식에 빠져들거나 나쁜 사람인 줄 알면서 매력을 느끼는 것과 비슷하다는 겁니다. 새들이 더 이상 뻐꾸기에게 속지 않으려면 속지 않는 유전자를 대를 이어서 전해주거나 더 큰 뇌를 가져야 하는데, 그렇게까지 할 필요성을 느끼지 못하는 것 같기도 합니다. 뻐꾸기를 구분해낼 만큼 진화하는 데는 오랜 시간과 큰 노력이 들지만 그냥 먹이 하나씩 주면서 같이 키우는 것이 쉬우니, 당장은 피해를 보는 것 같아도 궁극적으로는 그렇게 자기에게 최대의 이익이 되도록 행동하고 있다는 거죠.

우리는 어떤가요? 좋지 않은 습관을 갖고 있으면서도, 도움이 되지 않는 환경을 알면서도, 마치 뻐꾸기 새끼를 키우는 것처럼 행동하고 있지는 않은가요?

# 찰리 멍거 자네가 옳아!

워런 버핏의 단짝. 지금의 버핏을 만든 일등 공신. 버크셔 해서 웨이 부회장. 3조 원 넘는 큰 자산을 일군 위대한 투자자. 2023 년 11월, 99세 나이로 세상을 떠난 찰리 멍거 이야기입니다.

사실 이런 수식어보다 그를 더 잘 표현하는 말이 있는데요. 바로 '멍거리즘'입니다. 멍거의 사상이 매우 독특했기에 붙여진 수식어인데요. 대표적인 것이 '거꾸로 생각하기'입니다. 죽을 장소를 안다면 누구나 절대로 그곳에 가지 않을 것이라는 건데 요. 아무리 빠르게 달릴 수 있는 슈퍼카도 브레이크가 없다면 무용지물이라는 것도 같은 의미입니다.

또한, 장기적으로 성장하기 위해서는 똑똑해지려고 노력하 는 것이 아니라 바보처럼 굴지 않기 위해 노력하는 것이 더 낫 고 강조합니다.

그는 "내 나이 90을 넘어서도 여전히 무식해서 배울 것이 많 다는 게 다행"이라고 말하기도 했죠. 또한 돼지와는 절대로 씨 름을 벌여서는 안 된다고 말합니다. 둘 다 진흙탕에 뒹굴게 되 더라도, 돼지는 그걸 아주 좋아하기 때문이라는 겁니다. 그가 남긴 명언만 모아도 시간이 부족할 지경입니다. 언젠가 그는 이렇게 말했습니다.

"내가 죽으면 사람들은 '멍거가 남긴 재산이 얼마나 될까?' 물을 겁니다."

그 대답은 이렇습니다.

"그는 모든 것을 남겼다."

# 대비하는 습관

일교차가 커질 때 많은 사람들이 감기에 걸리죠. 한낮에는 덥고 땀이 나도 아직 새벽에는 한기가 느껴집니다. 반소매 옷을 입고 생활하다가 그대로 잠들면 이내 이불을 돌돌 말게 됩니다. 한낮의 따뜻한 기온에 맞춰 옷을 입고 있으면 아침과 새벽녘 기온에 우리 몸은 스트레스를 받게 됩니다. 그렇게 감기에 걸릴 수 있죠.

경제 상황도 마찬가지 같습니다. 가장 좋은 시절, 돈이 잘 돌고 온기가 만연한 시절에 맞춰 소비를 하고 투자를 했다가는 이내 은행 통장과 주식 계좌가 몸살에 걸려버립니다.

감기는 일주일이면 나을 수 있지만, 경제적 타격을 회복하는 데는 그보다 몇 배는 더 긴 시간이 필요할 수 있습니다. 소비와 투자의 시장에서는 그래서 항상 일교차뿐만 아니라 아직 오지 않은 비와 장마, 태풍, 한파, 엘니뇨까지도 대비해야 하는 것이 겠죠. 그래서 경제 프로그램을 멀리할 수가 없습니다.

# 몰입의 통로

인간은 도전하는 동물이라고 하죠. 새로운 목표, 더 나은 성과를 달성하면서 행복을 느끼고, 계속해서 성장하는 것인데요. 목표의 난이도가 너무 높거나 너무 낮을 경우 오히려 성장에 방해가 될 수 있습니다. 난이도가 너무 높으면 이를 달성할 능력이 안 되니 불안해지는 거죠. 반대로 너무 쉬운 목표를 잡으면 재미가 없고 금세 지루해질 겁니다. 게임을 할 때도 그렇겠죠. 첫판부터 난이도 끝판왕을 만나면 금방 좌절하게 될 테고요. 반대로 끝판까지 쉬운 상대만 나온다면 그 게임을 다 깨고 나서도 허탈하겠죠.

그래서 우리는 '약간 높은 목표', '약간 높은 난이도'를 설정해서 거기에 맞는 도전과 배움을 반복하면서 성취감을 맛보도록 설계하는 것이 중요하다는 겁니다. 그걸 달성해 나가는 과정도 중요합니다. 어떤 도전 과제, 목표가 주어졌을 때 그저 한숨을 쉬거나 스트레스를 받을 게 아니라 당장 내가 할 수 있는 것, 가장 먼저 달성 가능한 것부터 하나하나 해치우는 것이 스트레스를 줄이고, 즐겁게 성과를 내는 슬기로운 방법이 될 겁니다.[8]

# 사냥 확률을 높이는 방법

홀륭한 사냥꾼은 한 번에 하나의 목표물만 조준합니다. 멧돼지를 쫓다가 산토끼를 조준하다가 다시 하늘을 나는 새를 조준한다면 아무것도 잡지 못할 겁니다. 사자와 표범, 치타 같은 맹수 역시 사냥을 한번 시작하면 중간에 목표물을 바꾸지 않습니다. 먹잇감은 무리를 지어 다니지만 그 수많은 무리 중에서도 단 한 마리. 그 사냥에 실패하더라도 자신의 사냥감만을 끝까지 쫓죠. 너무 많은 목표는 오히려 달성하기 어려운 법. 할 수 있는 것 하나하나를 잘 해내는 것이 중요하다는 겁니다.

사냥꾼은 달리고 있는 토끼나 하늘을 날고 있는 새를 향해 총을 쏘지 않습니다. 가만히 멈춰 섰을 때, 조준하기 쉬운 때를 노리죠. 사자와 표범 역시 부상을 당한 동물이나 새끼처럼 사냥에 성공할 확률이 높은 대상을 고릅니다. 목표를 달성하고, 승률을 높이려면 이길 수 있는, 확률이 높은 게임을 해야 한다는 겁니다.

# K방산

산업 이름 앞에 K자가 붙으면 그때부터 진정한 수출 산업으로 인정받습니다. K팝, K푸드에 이어 최근에는 K방산이 그렇습니다. K-2 전차, K-9 자주포, FA-50 등 땅으로 하늘로, 다양한 무기 체계가 수출되고 있는데요. 2020년까지는 우리 방산 산업의 수출 금액이 연평균 30억 달러 수준이었는데, 2021년 70억 달러대, 2022년에는 173억 달러로 급증했습니다. 2023년에는 수출액이 130억 달러로 약간 주춤했지만, 수출 대상 국가를 3배가량 늘리면서 수출 저변을 넓히는 성과를 보였습니다.

기본적으로 성능과 품질이 우수하고 빠르게 제조, 납품할 수 있는 능력이 있다 보니 세계적으로 위기의 순간에 대한민국 방산 기업을 주목하는 거죠. 남북 분단이라는 비극이 자리하고 있지만 우리는 그런 현실을 바탕으로 방산 강국으로 도약하고 있습니다. 70여 년 전, 외국이 지원해준 무기로 전쟁을 치렀다면 이제는 우리의 무기로 세계를 지킬 수 있는 나라. 꽤 자부심을 가져도 될 것 같습니다.

# 인간은 완전한 존재가 아니다

'실수'라는 단어를 들으면 어떤 생각이 떠오르시나요?

창피했던 기억? 미안했던 상황? 뭔가 손해 봤던 일?

누구에게나 실수가 좋은 기억일 리는 없습니다. '내가 그때 그 실수를 하지 않았더라면'이라고 후회하는 것도 자연스러운 일이고요. 그런데 사실 인간은 실수를 하지 않고 살 수가 없죠. 올림픽이나 월드컵 결승에서도 승패를 가르는 건 월드클래스 선수들의 실책 하나입니다. 인간은 완전한 존재가 아니기에 얼마든지 실수를 할 수 있죠.

법정스님은 이렇게 말했습니다. "얼마나 다행한 일인가 만약 인간이 완전한 존재라면, 그 오만함을 어떻게 감당할 것인가? 완벽주의를 경계해야 한다. 그것은 차디차고 비인간적인 금속성이다. 사람은 실수를 통해서 자신의 한계를 깨닫는다. 자신을 되돌아보면서 겸허해지고, 새롭게 배우고 익힐 수 있다."

완벽한 사람보다 계속 배우고 발전하는 사람이 더 행복하지 않을까요?

# 기욕립이립인(己欲立而立人)

학창시절을 되돌아보면 친구에게 어떤 내용을 가르쳐줄 때 본인이 더 공부가 되었던 경험이 있으실 겁니다. 주식투자 공부도 비슷합니다. 투자 아이디어와 기업분석 내용을 다른 사람에게 이야기하고 토론하면서 본인이 더 많이 공부가 된다는 건데요. 더 나아가서 내가 부자가 되는 방법은 다른 사람을 부자로 만드는 것이라는 말도 있습니다. 더 나은 제품과 서비스, 그리고 지식을 통해 더 높은 가치를 제공했을 때 남도 부를 얻고 나도 그걸 통해 부를 얻을 수 있다는 겁니다.

공자가 말한 "자신이 일어서고자 할 때 다른 사람을 일으켜 세우고, 자신이 이루고 싶을 때 다른 사람을 이루게 한다."라는 말도 이와 같습니다(기욕립이립인·己欲立而立人, 기욕달이달인·己欲達而達人).

성공은 혼자서 만드는 게 아니라 주변 사람과 함께 하는 과정에서 이뤄지는 것 아닐까요?

# 행복한 가정의 공통점

톨스토이 소설 『안나 카레니나』에는 이런 말이 나옵니다. "행복한 가정은 모두 비슷하지만, 불행한 가정은 그 불행의 모양이 저마다 다르다."

돈이 없어서 혹은 돈이 있어서, 성격이 안 맞아서, 신뢰가 깨져서, 질투를 해서, 시간이 없어서 등등 가정이 불행해지는 이유는 셀 수 없이 많을 겁니다. 하지만 가정이 화목한 이유는 딱히 이유랄 것도 없을지도 모릅니다. 그저 서로 믿고, 이해하고, 사랑하는 것 정도랄까요? 어쩌면 그게 가장 어려울지도 모르겠습니다.

우리나라에서 가훈으로 가장 많이 쓰는 말 중 하나가 '가화만사성(家和萬事成)'이라고 하죠. "집안이 화목하면 모든 일이 잘 된다." 나부터 양보하고, 나부터 이해하고, 나부터 사과를 해보죠. 가족이니까요. 성공을 부르는 좋은 습관은 행복한 가정에서 시작될 겁니다.

# 더하기 투자, 곱하기 0

어렵게 쌓아 올렸던 주식 투자 수익률, 월급 한 푼 힘들게 모으고 대출까지 끌어서 산 아파트의 가격, 기도까지 하면서 들여다보는 코인 시세. 돈을 버는 건 참 어려운데, 잃는 것은 한순간입니다. 모래성을 아무리 오래 쌓아 올렸더라도 무너지는 데 걸리는 시간은 단 몇 초밖에 되지 않을 겁니다. 풍선은 바람을 넣을 때보다 바람이 빠질 때 속도가 훨씬 더 빠릅니다. 자산 가치 변동이, 그리고 투자의 과정이 꼭 그런 것 같습니다. 오마하의 현인, 워런 버핏이 제시하는 투자의 원칙은 한 가지 같은 두 가지입니다. 첫째, 돈을 잃지 말 것. 둘째, 첫 번째 원칙을 절대로 잊지 말 것. 투자에 있어 당연히 빼기가 아니라 더하기를 해야죠. 누구나 아는 이야기입니다. 그런데 가끔 곱하기를 하려고 욕심을 내다가 곱하기 0을 하는 일도 생깁니다. 그럼 모두 0이 되지요. 명심해야 할 일인데, 사실 욕심이 앞서면 그게 더하기인지 빼기인지, 곱하기 3인지 곱하기 0인지 분간하기 어려워집니다. 찰리 멍거는 "부자가 되는 것보다 중요한 것은 부자로 남는 것"이라고 했습니다.

# 작심삼일, 3일의 알람

작심삼일에는 과학적 근거가 있다고 합니다. 그게 무엇이든 새로 시작한다는 것 자체가 사람에게는 스트레스가 되는데요. 우리의 몸은 생활과 신체가 변화한다는 것 자체를 일종의 스트레스 자극으로 받아들인다는 겁니다. 이러한 스트레스를 줄이기 위해 우리 몸의 부신 피질에서 '아드레날린'과 '코르티솔'을 분비한다고 합니다. 일종의 스트레스 방어 호르몬인데 기분이 좋아지고 낯선 변화를 견딜 수 있게 해준다고 하네요. 그런데 이러한 스트레스 방어 호르몬의 지속 시간이 약 3일 정도라는 겁니다. 그래서 3일이 지나면 그 스트레스에 대한 방어력이 약해지는 것이고, 그래서 그맘때 즈음 포기하고 싶어지는 것이죠.

작심삼일. 나만 그런 게 아닙니다. 어쩌면 3일 전의 내가 3일 후의 나에게 맞춰놓은 알람일 수도 있습니다. 3일 전에 시작했던 아드레날린과 코르티솔의 분비가 약해졌다는 것을 인정하고 이제 다시 3일 전의 나로 돌아가면 됩니다.

# 아주 작은 반복의 힘

새로운 것을 시작하고 싶어도 우리의 몸과 마음은 생각처럼 쉽게 움직이지 않습니다. 꾸준히 그것을 지속하는 것도 쉬운 일이 아니죠. 어떤 변화의 기회를 마주했을 때 두려움부터 느끼는 것이 당연할 겁니다. 가진 것을 잃을 수 있고 앞으로 더 많은 노력과 비용을 들여야 할 수 있기 때문입니다. 그럼에도 변화가 필요하다면, 큰 거부감 없이 변화를 이어가고 싶다면 방법이 있습니다. 나의 두려움이 나의 변화를 눈치채지 못하게 하는 거죠.

로버트 마우어(Robert Maurer PH.D.)는 『아주 작은 반복의 힘』을 통해 우리의 뇌가 인식하지 못할 정도로 삶을 조금씩 변화시켜 가는 방법을 가르쳐줍니다. 작은 질문을 하고, 작은 생각을 하고, 작은 행동을 하고, 작은 문제를 해결하고, 작은 보상을 주고, 작은 순간들을 인식하는 겁니다. 그리고 이걸 계속 반복하는 거죠. 새해 첫날 너무 거창한 목표를 세웠다면 그 다음 실천해야 할 노력과 비용은 심리적으로 더 큰 저항과 두려움을 가져올 수 있습니다. 작은 것부터, 조금씩, 하나씩 하다 보면 어느샌가 큰 변화가 이뤄져 있을 겁니다.

## 주주제안 급증

2023년 3월 정기주주총회에서 주주들이 주총 안건을 직접 올린 상장사가 총 47개로 1년 전보다 62% 증가했다고 합니다. 주주제안으로 상정된 안건 수도 78.6% 늘었고요. 단순히 배당을 더 달라는 안건(22.9%, 40건)보다 직접 임원을 선임하고 해임하겠다는 안건(54.9%, 96건)이 더 많았다고 합니다. 그만큼 일반 투자자들이 기업 경영에 더 적극적으로 목소리를 내고 있다는 거죠. 현대기아차가 좋은 실적만큼이나 칭찬을 받는 것이 있습니다. 바로, 배당 확대와 자사주 소각 같은 주주환원 정책이죠.

과거에는 기업이 돈을 아무리 많이 벌어도 국민들에게는 '그림의 떡'이었습니다. 우리 기업들의 배당이 세계 꼴찌 수준이라는 건 유명한 이야기죠. 하지만 이제는 시대가 달라지고 있습니다. 잘 버는 것뿐만 아니라 번 돈을 주주들에게 잘 나눠주는 것도 기업의 역량, 경영자의 능력으로 평가받고 있습니다. 앞으로는 더더욱 기업, 총수, CEO를 평가할 때 이 같은 주주환원율을 잣대로 적용해야 합니다. 그럼 달라질 겁니다. 경영자들에게 한국증시의 주주환원율이 세계 꼴찌라는 것은 와닿지 않겠지만,

나의 회사가 경쟁사보다 못한 평가를 받고 있고 나에 대한 평가가 경쟁사 김 회장, 이 대표보다 밀린다는 것은 아주 크게 와 닿기 때문입니다.

회사의 주인들이 1년에 딱 한 번 모이는 자리가 있습니다. 정기주주총회. 사실 생계를 챙겨야 하는 사람들이 주주총회에 참석하는 것은 쉽지 않은 일입니다. 그래도 기업에 목소리를 내면서 회사를 개선하려는 노력은 계속되어야 할 겁니다. 느리더라도 조금씩 바꿔 나갈 수 있습니다.

# 자신감을 잃으면

항상 자신감이 넘치는 사람이 있는가 하면 늘 소극적이고 자신감이 부족한 사람도 있습니다. 자신감이라는 건 일이 잘 풀릴 때 나도 모르게 생겼다가, 어떤 시련을 겪게 되면 나도 모르게 잃기도 합니다. '자신' 한다는 건 말 그대로 스스로를 믿는다는 것이죠.

19세기 미국의 랄프 왈도 에머슨(Ralph Waldo Emerson)은 "내가 스스로에 대한 자신감을 잃는 순간 온 세상이 나의 적이 된다."라고 말했습니다.

나조차 나를 믿지 못하는데 세상이 나를 믿어줄 리 없겠죠. 세상이 나를 믿도록 하려면 나부터 나를 믿는 것이 필요합니다. 때로는 우리가 자신감을 잃기도 하지만, 그게 누구 앞에서든, 어느 장소에서든, 어떤 시간이든 나 자신을 믿는 것 그 자체가 달라지는 건 아닐 겁니다.

잃어버린 자신감을 찾는 것은 어렵지 않습니다. 아무리 멀리서 잃어버려 봐야 내 안에 있기 때문입니다.

# 호구인가 쩐주인가

"30분 동안 포커를 치면서 누가 호구인지 모르고 있다면 바로 당신이 호구인 것이다."

오마하의 현인 워런 버핏의 말입니다. 거대한 주가조작 사건이 금융시장을 흔들고 있는데요. 주가조작 세력에게 돈을 맡겼던 사람들은 하나같이 자신은 몰랐다고, 본인이 피해자라고 말합니다. 심지어 가치투자를 하는 줄 알았다고 얘기하기도 합니다. 모를 수도 있습니다. 금융은 어렵기 때문입니다. 하지만, 몰랐다고 해서 잘못이 없는 것은 아닙니다. 주가조작에는 주포, 화가, 바람잡이, 쩐주 등이 등장하는데 돈을 댄 사람이 바로 쩐주입니다. 실명이 거론되는 연예인, 기업 회장, 의사 이런 사람들 한 명 한 명이 모두 쩐주 역할을 한 겁니다.

다시 워런 버핏의 말을 되새겨 보죠. 포커판에서 호구가 되지 않는 방법은 단 한 가지입니다. 포커판에 가지 않는 것입니다. 안타깝지만 많은 사람들이, 심지어 피해자를 자처하는 사람들까지도 본인이 공부를 하면서 주식시장에 간 것인지 돈만 들고 포커판에 간 것인지 다시 한번 생각해보시길 바랍니다.

# 259

## 안다는 것

우리는 더 많은 것을 알기 위해 노력합니다. 더 나은 내일을 살기 위해 오늘 더 배우고 익히고 복습까지 합니다. 그런데 때로는 우리의 지식이, 우리의 경험이 우리를 위험에 빠뜨리기도 합니다.

경제학자 헨리 코프만(Henry Kaufman)은 이런 말을 남겼습니다. "금전적 손실을 입는 사람들에는 두 부류가 있다. 아무것도 모르는 사람들과 모든 것을 아는 사람들이다."

경제학자 존 케네스 갤브레이스(John Kenneth Galbraith)의 말도 덧붙여봅니다. "세상에는 두 가지 부류의 예측자가 있다. 모르는 사람들과 자신이 모른다는 사실조차 모르는 사람들이다."

내가 알고 있다는 착각, 내가 다 해본 것이라는 오만, 내 판단이 맞는다는 아집, 때로는 넘치는 지식과 경험, 그리고 자신감이 오판을 불러오기도 합니다. 그리고 값비싼 대가를 치러야 하지요. 더 많은 것을 알기 위해 노력하면서도, 더 배우고 익히면서도 겸손해야 하는 이유입니다.

인지심리학자 아모스 트버스키도 이런 말을 했죠.

"무엇인가를 모를 수도 있다는 생각은 우리를 두렵게 만든다. 하지만 그보다 더 두려운 것은 세상이 어떻게 돌아가고 있는지 자신이 정확히 알고 있다고 믿는 사람들에 의해 세상이 움직인다는 것이다."

# 성공한 사람들의 공통점

어떻게 하면 부지런한 사람이 될 수 있을까? 어떻게 하면 하루
도 빠지지 않고 연습을, 훈련을, 공부를, 게을리하지 않을까?
이런 생각 한번 안 해보셨나요? 학원에, 헬스장에 하루도 빠짐
없이 나간다는 게 왜 그리도 어려운지요. '부지런한 사람들은
DNA가 다른 것 아닐까?' 하는 생각도 해봅니다. 그런데 성공
한 사람들에게 찾을 수 있는 공통점은 그다지 특별하지 않습니
다. 해야 하는 것을 그냥 하는 것일 뿐이죠.

　제프 켈러(Jeff Keller)가 쓴『월요일의 기적』책에는 이런 문구
가 나옵니다.

　"성공한 사람들은 성공하지 않은 사람들이 하지 않으려는 일
을 기꺼이 하는 사람이야. 성공한 세일즈맨들은 전화를 걸고 싶
지 않은 날조차도 고객들에게 전화를 많이 하도록 스스로를 훈
련시킨 사람들이지. 그럴 기분이든 아니든 운동선수들도 매일
같이 연습을 게을리하지 않아."

# 쏠림, 주가조작, 하한가, 공시위반

우리나라 주식시장이 많이 어지럽습니다. 주가가 등락을 거듭하는 것은 당연한 속성이겠지만, 건전하지 못한 시장의 모습이 여실히 드러나고 있는데요. 한 증권사 창구를 통해 여덟 개 종목이 동시에 하한가를 기록하는가 하면, 이들 종목에 3년 가까이 주가조작이 진행되고 있었다는 보도도 나왔습니다. 그런가 하면 유튜브에서 특정 업종을 강하게 추천하는 사람이 주가 급등과 함께 영웅이 되기도 하고, 그와 투자 의견을 달리 하는 사람에게는 인신공격이 자행되기도 합니다. 또 특정인의 추천에 따라 주가가 몇 배씩 오르기도 하고, 하루에 시가총액이 수조 원씩 왔다 갔다 합니다.

코스피 코스닥 전체 시가총액은 2,400조 원 수준. 우리나라 상장 종목(2,500여 개)을 다 합쳐도 미국 빅테크 기업 하나의 가치에도 못 미친다는 겁니다. 워낙 시장 규모가 작다 보니 쏠림 현상도 심하고, 특정 세력의 손을 타기도 쉽습니다. 시장 규모 확대뿐만 아니라 제도 개선과 처벌 수위 강화. 그리고 투자 문화 개선까지 우리가 다듬어 나가야 할 일이 참 많습니다.

# 씁쓸해지는 스승의 날

2023년 기준으로 선생님이 되길 잘했다고 생각하는 교사가 23.6%, 즉 4명 중 1명도 안 됐다고 합니다. 다시 태어나도 교직을 선택하겠다는 선생님은 20%밖에 되지 않았다고 합니다. 한국교원단체총연합회가 2006년부터 설문조사를 하고 있는데, 역대 최악의 결과라고 하네요.

학생과 학부모로부터 교권이 떨어지고, 임금 인상률은 1%대에 머무르고, 미래에 받을 연금은 낮아지고, 젊은 교사들 사이에서는 교직이 '극한직업'이 됐다는 말까지 나온다고 합니다. 또 저출생으로 인해 학생 수가 줄면서 선생님도 줄어들 수밖에 없는 환경입니다. 교육부는 초등교원 신규 채용을 지속적으로 줄여나갈 계획이라고 합니다.

선생님의 존재감이 어릴 적에 느끼던 것과 달라진 것은 비단, 우리가 어른이 되었기 때문만은 아닐 겁니다.

# 잠이 보약인데

여러분은 하루에 몇 시간이나 주무시나요? 싱가포르 국립대와 핀란드 오우라헬스 공동 연구팀에 따르면 한국인의 평균 수면 시간은 하루 '6시간 18분.' 조사 대상 35개국 중에서 34위라고 합니다. 수면 과학자들에 따르면 하루 7~8시간 정도는 잠을 자야 건강한 생활을 할 수 있다고 하는데요. 말이 쉽지, 온종일 바쁜 일과에 치이고 멀리 떨어진 직장까지 출퇴근하려면 한국인의 평균 수면시간이 왜 6시간 18분 정도밖에 안 되는지 이해가 갑니다. 우리보다 잠을 덜 자는 나라는 일본. 6시간 6분 정도라고 하네요. 잠을 자는 시간은 개개인의 특성도 반영되겠지만, 나라별로 사회 문화적인 영향도 크다고 합니다. 노동시간이 길고, 관계주의, 집단주의 성향이 높은 나라일수록 잠을 적게 잔다고 하네요. 생각해보니 우리나라와 일본이 딱 그렇네요.

잠이 보약이라는데, 보약 같은 잠을 평균적으로 7~8시간 잘 수 있는 세상, 먼 나라 이야기일까요? 산더미 같은 업무량과 치열한 경쟁, 그리고 돈 걱정하지 않고 우리 몸이 필요로 하는 만큼 충분히 잘 수 있는 사회를 아침부터 꿈꿔 봅니다.

# 영하 11도

아침 최저기온이 영하 10도를 밑돌았습니다. 요며칠 기온이 급격히 떨어지면서 추워도 너무 춥다는 말이 절로 나옵니다. 그런데 불과 1~2주 전까지만 해도 너무 따뜻한 겨울이어서 걱정이 많았죠. 갑자기 추워지다 보니 적응할 시간도 없이 '아! 지금 겨울이었지!' 새삼 깨닫게 됩니다. 이러다가 아침 기온이 영하 1~2도가 되면 상대적으로 포근하다는 느낌도 받게 됩니다. 모든 것이 상대적이고, 인간은 적응하는 동물이기에 그럴 겁니다. 생존의 가장 간단한 비밀은 바로 '적응'이라는 말이 있듯이 상황 변화에 기민하게 적응해야만 안정적으로 살아갈 수 있을 겁니다.

고금리, 강달러 시대가 계속될 줄 알았는데, 국제유가와 시중금리, 달러화 가치가 어느새 꺾이고 있습니다. 날씨에 적응하듯이, 달라지는 경제 환경에도 본능적으로 적응해야겠지요. 그게 본능이 되려면 끊임없는 학습이 필요합니다.

# 스트레스와 코르티솔

스트레스 받는 것도 스트레스입니다. 하지만 적당한 스트레스는 긍정적인 역할도 한답니다. 약간의 스트레스는 교감신경을 자극해 몸 안의 부신에서 코르티솔이라는 호르몬을 분비하게 되는데요. 코르티솔이라는 호르몬은 염증을 막아주고 상처 치유에도 도움을 준다고 합니다. 때로는 몸을 방어하고, 적응력을 키우는 데 도움이 되기도 하고요. 문제는 스트레스 상황이 끝난 뒤에도 이것이 풀리지 않을 때입니다. 우울증이나 불안장애, 강박장애 같은 다른 정신질환을 악화시킬 수 있는 거죠.

전문가들은 스트레스에서 벗어나기 위해서는 머리가 아니라 몸을 써야 한다고 강조합니다. 규칙적으로 생활하고 운동하는 등 몸을 움직이는 것이 스트레스를 떨쳐버리는 시작이라는 거죠. 차분한 호흡과 명상을 통해 뇌에게 '나는 괜찮다'는 신호를 보내는 것도 스트레스를 완화하는 좋은 방법이라고 합니다. 스트레스를 안 받고 살기는 어렵지만, 스트레스와 늘 함께할 필요는 없습니다.

# 우발과 패턴

어떤 재난이나 사건, 특정한 현상이 일어날 가능성을 미리 계산할 수 있다면 얼마나 좋을까요? 특히, 그 사건이 일어나게 될 시점까지 미리 알 수 있다면 우리는 오래 살고, 큰 부자가 될 수 있겠죠? 그래서 무수한 사람들이 미래를 예측하기 위해 오늘도 온갖 노력을 기울이고 있습니다. 반복되는 것처럼 보이는 패턴을 찾고, 그것에서 미래를 내다보려고 합니다. 주식 차트를 보는 것도 그런 이유 중 하나일 겁니다. 지진과 주가를 예측하려는 노력, 산불과 전염병, 전쟁까지 예측하려는 노력, 하지만 아직까지 그 어떤 것도 딱 떨어지는 예측법을 찾을 수가 없습니다. 세상은 너무나 복잡하게 얽혀 있고, 사람의 생각과 행동이 서로에게 영향을 주면서 그 복잡성을 더 복잡하게 만들기 때문입니다.

인간 세상에서 벌어지는 수많은 사건, 그 속에서 발견되는 패턴에는 어떤 비밀이 있는 걸까요? 과연 그 패턴을 알아내면 우리는 미래를 예측할 수 있게 될까요? 마크 뷰캐넌(Mark Buchanan)은 『우발과 패턴』에서 지진과 금융위기, 전쟁 등을 보면 사건의 발생 원리와 패턴을 어느 정도 이해할 수 있다고 말합니다. 그러나 그것이 곧 미래를 예측할 수 있다는 뜻은 아니라고 지적합니다. 어떠한 사건이 정확히 언제, 어디서 발생하는지는 예측할 수 없습니다. 이 세상이 너무나도 복잡하게 얽혀 있는 복잡계의 본질적인 특성 때문입니다.

우리에게 필요한 것은 끝없이 예측하고 틀리고, 다시 예측해서 맞히려는 노력이 아닙니다. 그저 세상을 이해하고, 나와 내 가족, 그리고 자산을 지킬 수 있도록 대비하는 자세가 진짜 필요한 것입니다.

# 해야 하는데 해야 하는데

"움직여야 하는데, 운동해야 하는데…", "해야 하는데, 해야 하
는데…."

마음과 다르게 몸을 움직이기란 쉬운 일이 아닙니다. 그런데
따지고 보면 마음과 몸이 떨어져 있는 건 아니죠. 마음과 몸은
우리의 뇌를 통해 연결되니까요. 운동이든 공부든 '해야 하는
데' 하면서도 미루는 건 우리의 뇌가 우리의 몸을 그냥 '현 상태'
에 머물기를 원하기 때문이라고 합니다. 이른바 '항상성'이죠.

생존을 위해서, 불필요한 에너지 소비를 줄이도록 하려는 것
인데, 그래서 인간은 기본적으로 부지런함보다는 게으름에 가
깝다고 합니다. 대뇌 피질과 간뇌 사이에 위치한 변연계라는 부
위에서 감정과 행동, 동기부여, 기억 등의 기능을 담당하는데,
게으름을 관장하는 것도 바로 변연계라고 하네요. 게으름을 이
겨내려면 합리적인 사고를 담당하는 뇌를 깨어나게 해야죠.

운동을 하게끔, 공부를 하게끔 전전두피질이 작동하게 하는
것입니다. 전전두피질은 합리적인 판단과 이성을 바탕으로 장
기적인 목표를 달성하기 위해 게으름을 이겨낼 수 있다고 합니

다. 이성이 게으름을 이기게 하려면 우선 계획을 세우고, 작은 것부터 시작해서 습관을 만들고, 자신에게 괜찮은 보상을 제공해서 이를 반복하도록 하는 겁니다. 이를 두고 뇌를 '재프로그래밍'한다고 표현합니다. 뇌를 가르치고, 길들이는 거죠. 우리 몸이 자동으로 움직이게끔 프로그래밍 해보시죠.

# 모든 것을 가진, 도전하지 않는 시대

우리는 모든 것을 가졌기에 어쩌면 도전하지 않는 시대에 살고 있습니다. 편리한 네비게이션이 있기에 길을 찾으려는 노력을 하지 않아도 됩니다. 전화기에 무제한에 가까울 정도로 전화번호가 입력되기에 번호를 외울 필요도 없어집니다. 인터넷 검색으로 빠르게 답을 얻을 수 있고, 나아가 인공지능이 종합적으로 말과 글을 엮어 주는 시대가 되다 보니 직접 책을 뒤져보거나 스스로 생각을 하거나 깊이 사색할 필요성도 느끼지 못합니다.

출발하기 전에 약도를 그리고, 운전하다 차를 세우고 길을 묻던 시절, 번호를 외우고, 종이를 찢어 메모하던 시절, 자료를 찾으러 도서관에 가고 여러 책을 뒤져가며 리포트 하나를 완성하던 시절. 그 사소했던 일들. 이제는 그게 어렵다고 말하는 사람이 많아졌습니다. 지나가는 사람에게 길을 묻거나 혼자서 사색을 하거나 가족의 전화번호를 외우는 일마저 어려운 도전이 되어버린 시대입니다.

# 불평불만과 기회

"기회는 어디에 있을까? 기회는 바로 사람들이 불평하는 곳에 있다. 사람들이 불평할 때면 기회가 나타난다. 사람들의 불만을 처리하고 문제를 해결하는 것이 바로 우리에게는 기회가 된다. 만약, 여러분이 다른 사람들과 마찬가지로 불평만 한다면 어떠한 기회도 없을 것이다."

알리바바를 창업한 마윈(馬雲)이 한 말입니다.

어떠한 제품이든, 서비스든 사람들의 불평과 불만이 없을 수 없죠. 그래서 사업가들은 고객이 터뜨리는 불평과 불만을 오히려 회사에 대한 선물처럼 받아들입니다. 그냥 돌아서서 경쟁사로 가버리는 것보다 불평불만을 남겨주는 것이 감사하다는 거죠. 기회를 찾는 사람들이 기다리는 그 기회는 의외로 가까운 곳에 있을 수 있습니다.

# 공개기업

우리가 흔히 '상장기업'이라고 말하는 코스피, 코스닥에 상장된 회사는 '공개회사, 공개기업'입니다. 일반 대중에게 소유 지분이 공개된 회사라는 뜻인데요. 더 쉽게 말하면, 누구든지 주식을 매수하면 곧 이들 회사의 주인이 될 수 있다는 뜻입니다. 그런데 우리나라에서는 '공개기업'이라는 의미가 회사를 상장할때만 반짝 쓰이고 맙니다. 기업이 '공개모집'을 통해 투자금을 유치하고 그렇게 해서 공개기업이 되는데, 공모가 진행되고 상장 절차가 끝나고 나면 다시 창업자, 대주주, 오너 중심의 경영으로 되돌아갑니다. 그리고 소액주주가 50%가 되건 70%에 달하건 회사는 일반 주주들의 목소리에 귀를 기울이지 않습니다. 소액주주는 그냥 주식이나 사고파는 사람 취급을 당합니다.

우리나라에서는 법적으로 회사와 경영진이 주주를 보호할 필요가 없게 되어 있습니다. 법이 그렇게 되어 있습니다. 그래서 경영진은 수십, 수백만 명의 주주가 아니라 오로지 회장님, 사장님, 총수, 오너를 위해서만 일합니다. 그래서 상법을 개정하자는 움직임이 일고 있는 겁니다. 회장님이 들고 있는 한 주와 소액주주가 가진 한 주는 다르지 않다는 겁니다. 모든 주주를 비례해서 보호해야 한다는 취지입니다. 10여 년간 목소리만 내다 끝났는데, 이제는 분위기가 달라지고 있습니다. 대한민국 주식 투자자가 1,400만 명에 이르는 시대이기 때문입니다. 그 중 한 명이 바로 여러분일 수 있습니다.

# 코리아 IR

금융당국과 금융그룹 수장들이 해외 투자가들 앞에 섰습니다. '코리아 디스카운트' 현상을 해소할 테니 한국에 많은 투자를 해달라는 내용이었죠.

2024년 5월 16일 미국 뉴욕에서 열린 '인베스트 K-파이낸스 투자설명회'에 금융감독원장과 한국거래소 이사장, 금융지주사 회장들과 보험사, 증권사 사장 등이 총출동했습니다. 이들의 말을 들으러 모건스탠리와 칼라일그룹, 블랙스톤 등 글로벌 투자자 300여 명이 참석했다 하고요. 사실 해외 투자자들의 관심은 결국 이걸 겁니다. '한국에 투자하면 돈을 벌 수 있을 것이냐' 그 물음에 대한 해답은 '코리아 디스카운트' 현상을 해소하기 위한 '밸류업 프로그램'이 얼마나 잘 작동하느냐에 달려 있을 겁니다. 밸류업 프로그램은 결국 강제성 하나 없이 기업의 자율에 맡겨졌고, 밸류업을 지원하기 위한 법 개정 사항은 국회 문턱에 걸려 넘어져 있습니다. 중요한 건 백 마디 말이 아닙니다. 뉴욕까지 가서 투자설명회를 열어도 여의도 국회의 문을 열지 못하면 밸류업은 요원할 겁니다. 국내 개인투자자들도, 글로벌 투자기관들도 이미 말은 여러 번 들었습니다. 진짜 코리아 디스카운트 현상을 해소할 수 있을 것인지 우리 정부와 국회가 보여줘야 할 때입니다.

# 굿바이 멍거

지식은 다른 사람에게 얻을 수 있지만 지혜는 스스로 깨우쳐야 한다고 합니다. 그럼에도 우리에게 지식과 지혜를 모두 선물해 준 사람이 있습니다. 버크셔해서웨이 부회장 찰리 멍거입니다. 1924년 1월 1일생으로 100번째 생일을 앞두고 있던 멍거는 2023년 11월 28일 눈을 감았습니다.

찰리 멍거는 워런 버핏의 투자를 더욱 진화시켜준 인물이기도 합니다. 물리학, 생물학, 사회학, 수학, 철학, 심리학 등에 통달했지만 그는 "똑똑한 것은 아니다"라며 "그저 어리석음을 피하는 것일 뿐"이라고 말하기도 했습니다. 그가 위대한 것은 돈이 많아서, 투자를 잘해서가 아니라, 돈을 좇는 이들에게 과속하지 않고 인생을 돌아보게 해주었기 때문입니다. 행복하려면 주변과 비교, 질투하지 말고 불행해지는 방법 그 반대로만 하면 된다고 이야기해주기도 했죠. 오늘도 그의 한마디를 가슴에 새깁니다. "날마다 잠에서 깼을 때 조금 더 현명해지기 위해 노력하세요. 가진 것에 만족하고 한 걸음씩 꾸준히 나아가며 많이 읽으세요."

# 문자 보내려다 목숨을 먼저 보낸다

핸드폰에서 눈을 뗄 수가 없는 세상입니다. 식당에서 같은 테이블에 앉은 사람들이 각자 스마트폰을 보며 밥을 먹는 걸 심심치 않게 볼 수 있죠. 길을 걸어갈 때도 스마트폰을 쳐다보고, 횡단보도를 건널 때도 폰만 보면서 걸어가죠.

지난 2020년 서울연구원이 1,000명을 대상으로 조사해보니 응답자의 69%가 '보행 중 스마트폰을 사용한다'라고 답했다고 합니다. 호주 뉴사우스웨일즈대 공동 연구팀이 조사해보니 보행 중 스마트폰 사용은 사고 위험을 2배 이상 높인다고 합니다. 당연하죠.

운전하며 스마트폰을 보고, 오토바이를 타면서 폰을 보는 사람도 있습니다. 심지어 외발 전동휠을 타고 달리면서 폰을 만지는 사람을 보고 정말로 깜짝 놀란 적이 있습니다. 뭐가 그리 급한 걸까요? 그리도 급하고 중대한 일이 많은 걸까요? 스마트폰이 신체의 일부가 되어버렸기 때문일까요? 운전자도 보행자도 폰을 보고 이 둘이 부딪히지 않는 게 오히려 행운일 정도입니다. '문자를 보내려다 목숨을 먼저 보낸다.'라는 말을 떠올려 봅니다.

# 어제 한 일이 아직도 대단해 보인다면

취업 준비생 시절에 썼던 이력서, 신입사원 시절 만들었던 보고서를 훗날 다시 열어봤을 때 어떤 느낌이 들까요? 저는 10여 년 전 제가 진행한 방송을 보면 '아! 어쩜 저렇게 어색할까!' 엄청 부끄러워집니다. 여러분도 햇병아리 시절, 사회 초년생 시절, 젊었을 때 했던 일을 지금 다시 한다면 어떨까 한 번쯤 생각해 보지 않으셨나요?

미국의 작가 엘버트 허버드(Elbert Hubbard)는 이런 말을 했습니다.

"어제 한 일이 아직도 대단해 보인다면 오늘 할 일을 하지 않은 것이다. 과거 성취가 현재의 성취보다 초라해 보이지 않는다면 제대로 성장하지 못하고 있는 것이다. 수년 전에 한 일을 보면서 지금은 더 잘할 수 있다고 생각하지 않는다면 발전하고 있지 않은 것이다."

우리가 반성할 것은 과거에 초라했다는 것이 아니라 현재도 과거의 성취 속에 살아간다는 것 아닐까요?

# 사회적 호흡

성인이 되어서도 부모의 도움을 받는 어른이 참 많습니다. 경제적인 것뿐만 아니라 의사 결정까지도 부모의 도움이 필요하다는 청년이 많죠. 대학생 자녀를 대신해서 교수님에게 전화를 걸어 학점을 항의하는 부모도 많고요. 군대에 보내 놓은 아들의 일과를 두고 부대 상관에게 항의하는 부모들도 있다고 하죠. 어쩌면 사회적 어른이라는 기준이 과거보다 높아진 건지, 우리가 아이 같은 어른을 만들고 있는 건 아닌지 헷갈릴 정도입니다.

이들에게 필요한 것은 '사회적인 호흡'이라는 생각도 듭니다. 태아가 엄마 뱃속에 있을 때는 스스로 호흡을 하지 않아도 되죠. 엄마가 탯줄을 통해 모든 영양분을 공급해주니까요. 하지만 태어난 순간부터는 스스로 호흡을 해야 합니다. 그렇지 않고서는 살 수가 없으니까요. 생물학적인 호흡을 시작하고 20년, 30년이 지난 청년들. 사회적인 탯줄을 언제까지 쥐여주어야 할까요?

# 도파민

뇌 신경신호 전달 물질 중 하나인 도파민. 도파민은 의욕과 행복, 기억, 인지, 운동 조절 등 다방면으로 관여하는데요. 특히 도파민은 무언가를 결심하거나 하고 싶다는 의욕을 일으키는 역할을 합니다. 비유하자면 뇌에 맛있는 보상을 주는 것이죠. 그래서 도파민이 분비되는 순간에 자극을 받고 심할 경우 중독될 수도 있는데요. 주변에서 자극적인 것을 너무나 쉽게 접할 수 있는 시대여서 더더욱 그렇죠.

특히 자극적인 것을 맛본 뒤 일정 시간이 지나 도파민이 떨어지면 오히려 무기력, 우울감을 느끼게 되고, 이 때문에 다시 더 자극적인 것을 찾게 된다는 지적도 있습니다. 말 그대로 도파민 중독, 악순환인 거죠. 짧은 영상과 게임처럼 빠른 보상에 익숙해지면 독서와 공부처럼 보상이 느리고 약한 것에는 더욱더 관심을 두기 어려워진다고 합니다.[9]

반대로, 요즘에는 '도파민 디톡스'도 떠오르고 있습니다. 자극적인 것을 줄이고, 도파민 중독에서 벗어나자는 운동인데요. 짧은 영상 시청을 줄이고, 메신저와 SNS, 게임을 하는 시간도 줄이고, 나아가 스마트폰 사용 시간을 제한하자는 겁니다. 한 번에 한 가지 활동만 하면서 집중하는 습관을 들이고, 산책과 운동, 명상을 하면서 몸과 마음을 챙기는 것이죠. 느리고 작은 보상이 더욱 가치 있고 건강한 것이라는 걸 우리 뇌가 깨달을 수 있도록 한다면 생각보다 쉽게 우리는 행복을 느낄 수 있을 겁니다.

# 튼튼한 뿌리

세상엔 부자가 참 많습니다. 부자인 부모를 만난 금수저도 참 많습니다. 하지만 내가 금수저가 아니라고 해서 지금 나에게 주어진 환경이 척박하다고 해서 그대로 멈춰 서 있을 건가요?

제리 스템코스키(Jerry Stemkowski)의 명언 몇 줄을 대신 전합니다.

어느 이른 봄날, 한 늙은 농부를 만났다.

나는 "이른 봄에 비가 이렇게 많이 오니 곡식이 자라는데 참 좋겠네요."라고 말했다. 그는 대답했다.

"아닙니다. 지금처럼 성장에 유리한 날씨가 계속되면 식물은 깊지 않은 지표면에 뿌리를 내릴 것입니다. 그렇게 되면 태풍이 왔을 때, 곡식이 쉽게 쓸려 갑니다. 하지만 처음부터 성장이 쉽지 않으면 식물은 물과 양분을 얻기 위해 땅속 깊이 튼튼하게 뿌리를 내리려고 할 것입니다. 그러면 태풍이나 가뭄이 와도 흔들리지 않습니다."

# 좋아하는 일이 아니어도

좋아하는 일을 하면서 돈도 버는 것을 희망합니다. 아주 이상적인 모습이죠. 하지만 현실적으로는 내가 좋아하는 일, 하고 싶은 일만 하면서 경제적인 풍요로움까지 누리기란 쉽지 않죠. 내가 좋아하는 일과 돈이 벌리는 일은 완전히 다를 수 있기 때문입니다. 성공을 하려면 자신의 취향을 대중에게 주입하는 게 아니라 대중의 취향을 상품에 반영해야 하듯이 말입니다. 그러면 내가 좋아하는 일이 아닌데도, 이 일을 하면서 성공하려면 어떻게 해야 할까요?

성공한 사람들은 "일에 열정을 갖고, 그 일을 사랑해야 한다."라고 말합니다. 사실 너무 당연한 말이죠. 일을 열정만으로 지속할 수는 없습니다. 언젠가는 에너지가 바닥날 수 있으니까요. 일에 대한 관점을 먼저 바꾸는 것도 방법입니다. 그 일을 불쾌한 의무라고 생각하는 대신 성장과 학습의 기회로 삼고 일에 끌려다니지 않도록 해야 한다는 거죠. 일의 주인이 되어야 한다는 겁니다. 성공에 필요한 기회는 우연히 주어지는 것이 아니라, 자신이 지나온 길에서 발견됩니다.

# SOX 이후 ASOX

전 세계적으로 반도체 산업에 투자하는 상장지수펀드 ETF가
즐비한데요. 가장 대표적인 기초지수는 바로 '필라델피아 반도
체지수(SOX)'입니다. 미국에 상장된 대표적 반도체 기업 30곳
을 묶어서 하나의 바구니에 담은 것인데, 이를 추종하는 ETF
순자산은 수백억 달러에 이릅니다. 나스닥에서 필라델피아 반
도체지수가 올랐느냐 떨어졌느냐에 따라 우리 시장에서 삼성
전자를 비롯한 반도체 관련 기업들의 주가 방향성이 결정되기
도 하고요. 그러한 필라델피아 반도체 지수가 만들어진지 31년
만에 'AI 필라델피아 반도체 지수(ASOX)'가 만들어졌습니다.
반도체 기업 중에서도 인공지능에 연관된 기업 20곳을 따로 모
은 겁니다. 인공지능 시대에 투자 대상도 AI로 압축되는 거죠.

주목할 점은 반도체 산업의 역사를 주도해 온 대표적인 기
업, 텍사스 인스트루먼츠와 인텔이 여기에서 탈락됐다는 점입
니다. 트랜지스터 라디오와 휴대용 계산기를 세계 최초로 만든
기업 텍사스 인스트루먼츠. CPU로 전 세계 컴퓨터와 서버를
장악했던 인텔. 하지만 인공지능이라는 새로운 시대에서 이들

의 이름은 그저 과거의 영광에 지나지 않게 되었습니다. 눈부신 기술의 발전과 치열한 경쟁 속에서 미래를 대비하지 못하는 기업. 투자 시장에서는 매우 냉정하게 그 이름을 지워버리고 있습니다.

# 멀미

여러분은 혹시 자동차 멀미를 하시나요? 멀미는 눈으로 전해지는 정보와 실제로 몸에 전해지는 흔들림이 다를 때 뇌가 혼란에 빠지면서 생긴다고 하는데요. 그런데 자동차 멀미를 심하게 하는 사람도 자기가 직접 운전대를 잡으면 멀미를 하지 않게 됩니다. 직접 운전을 하게 되면 언제 멈추고 언제 출발할지, 언제 어느 방향으로 회전할지 자기 자신은 미리 알 수 있기 때문입니다.

경제와 투자의 세계에서도 그렇다면 얼마나 좋을까요? 금리를 언제 올리고 내릴지, 수요와 공급을 언제 늘리고 줄일지 미리 알고 직접 컨트롤 할 수 있다면 세계 최고 부자가 될 수 있을 텐데 말이죠. 하지만 현실은 매월, 매주 발표되는 경제지표 하나하나에 급등했다 급락했다 울다가 웃다가…. 금융시장과 자산 가치가 한 치 앞도 알 수 없는 방향으로 흔들리면서 우리를 멀미나게 하고 있습니다. 이럴 때 미국 연준 의장이 되어서 세계 경제의 운전대를 빼앗을 수는 없겠지만, 실제로 멀미를 줄일 방법이 있답니다. 자동차의 뒷자리보다는 앞자리에, 기차의 역

방향보다는 정방향에 앉는 것입니다. 운전자와 최대한 비슷한, 즉 차의 움직임을 알 수 있는 위치에 앉는 것입니다. 그렇게 해서 뇌의 혼란을 줄이는 거죠.

경제와 투자의 세계도 마찬가지입니다. 자주 보고, 자주 듣고, 많이 읽으면서 공부하는 것 그 자체가 바로 '경제의 운전자 옆자리'에 앉는 것일 겁니다.

# 기억과 감정

지난주 수요일 점심으로 무엇을 먹었는지 정확히 기억하실 수 있나요? 바로 어제 점심 메뉴는요? 인간의 기억이란 참 신기합니다. 어떤 날은 뭘 했는지조차 기억나지 않고, 어떤 순간은 세세한 것까지 또렷이 기억됩니다.

인간의 기억은 반복될수록 또렷해집니다. 매일 하는 일을 잊지 않고, 매번 입력하는 비밀번호를 까먹지 않는 것처럼요. 특히 긍정적인 것보다는 부정적인 일이 더욱 잘 기억된다고 하네요. 오래전에 사고를 당했던 날, 재난을 겪었던 일, 쉽게 잊힐 수가 없겠죠. 인류가 생존을 위해 부정적인 기억을 더 강하게 남기도록 진화했다는 해석도 나옵니다. 또한, 감정이 담길수록 기억은 진해진다고 합니다. 사랑하는 사람과 헤어지던 날 그날의 날씨까지 기억되는 것처럼 말이죠. 조금 더 기억하고 싶은 일이 있을 때 감정을 이입하고, 반대로 빨리 잊고 싶은 일이 있을 때는 애써 아무렇지 않은 척하며 감정을 배제하려 노력한다면 조금은 도움이 되지 않을까 싶습니다.

# 부정적인 생각을 많이 하는 이유

쉐드 햄스터드(Shad Helmstetter)라는 미국의 심리학자가 사람이 하루에 몇 가지 생각을 하는지 연구해봤더니 약 4만에서 6만 가지 생각을 하는 것으로 나타났다고 합니다. 1분에 30~40가지 생각을 한다는 거죠. 그런데 그 많은 생각 중에서 대부분이 부정적인 생각이었다고 합니다.

인간은 왜 하루 중 대부분을 부정적인 생각으로 살아갈까요? 긍정적으로, 낙천적으로 살아야 좋다는데 부정적인 생각에 사로잡혀 있으니 인간은 불행한 존재일까요? 아마 그건 아닐 겁니다. 항상 위기에 대비하고, 위험을 벗어나야 하고, 불확실한 미래를 준비해야 하기에 어쩌면 인간은 마냥 낙관만 하며 살아갈 수 없을지 모릅니다. 인간은 후회를 하기 때문에 미래에 더 나은 선택을 할 수 있다는 말도 있죠. 지금 당장은 부정적인 생각이더라도 결국엔 좋은 결과를 만들기 위한 과정이라면 그 것은 꼭 나쁜 생각만은 아닐 겁니다.

하루에 수만 가지 나쁜 생각을 하는 게 아니라 수만 번, 좋은 미래를 준비하는 사람이 되어야죠.

# 예기불안

여러분의 마음은 편안하십니까? 아무 근심 걱정, 불안함이 없으신가요? 21세기를 살아가는 현대인 중에서 그것도 빨리빨리 문화와 치열한 경쟁 속에 살아가는 한국 사람 중에서 과연 불안한 마음 하나 없이 살아가는 사람이 얼마나 될까요? 특히나 지금 눈앞에 놓인 일뿐만 아니라 아직 펼쳐지지도 않은 미래, 가능성이 매우 희박한 일까지 미리 당겨와서, 미리 끌어와서 우리는 걱정에 걱정을 거듭합니다.

다음주 발표를 망치면 어떡하지? 출장 때 비행기를 타고 가다 사고가 나면 어쩌지? 주변에서 칼을 든 사람이 나타나면 어떡하지? 미래에 대한 걱정, 좋지 못한 일들이 일어날지 모른다는 두려움, 이렇게 걱정을 미리 끌어오는 것을 '예기불안'이라고 하는데요. 이러한 불안감을 이겨내는 방법은 의외로 간단합니다. 불안한 마음과 그 이유를 있는 그대로 받아들이고 생각을 줄이면서 한 걸음씩 앞으로 나아가는 겁니다. 발표하게 될 강당에 미리 가보고, 연단에 미리 올라가 보는 등 불안을 일으키는 상황에 미리 조금씩 노출되면서 점차 적응해 나가는 것도 좋은 방법입니다. 비행기 탑승이 무섭다면 비행기 사고 확률을 통계로 찾아보고 그 희박한 확률을 현실적으로 따져보는 것도 방법이 될 수 있습니다.

　내 머릿속을 뒤덮은 불안감. 뭔가 사고가 날 조짐처럼 보이지만 사실은 우리 뇌가 우리 마음을 속이는 중이라고 이해하면 대처가 더 쉬울지도 모르겠습니다.

# 인사만 잘해도 성공한다

인사만 잘해도 성공한다는 말이 있습니다. 인사만 잘해도 나 자신을 잘 보이는 데 도움이 되고, 상대의 마음을 열게 하고, 함께 일하는 공간의 분위기를 밝게 하고, 서로를 존중받게 하고, 친절을 베풀게 하고, 또한 인사는 스스로를 겸손하게 만들어줍니다.

그런데 생각해보면, 인사하는 방법을 누가 가르쳐주고 인사를 해야 하는 이유를 알려줘야만 한다면 그건 참 메마른 사회일 겁니다. 엘리베이터에서 마주치면 '인사를 해야 하나 말아야 하나' 같은 아파트 주민끼리도 모르는 척하고 사는 경우가 많죠.

얼마 전 들은 이야기인데요. 한 아파트 관리사무소에서 일하며 주민들을 친철하게 맞이하던 한 직원이 더 좋은 직장으로 이직을 했다는군요. 그 아파트에 사는 한 사업가가 그 친철한 직원을 지켜보다가 스카우트를 해갔다는 겁니다.

인사는 내가 다른 사람에게 무언가를 꺼내주는 소비를 하는 행위가 아닙니다. 다른 사람의 무언가를 나에게 끌어들이는 거죠. '내가 왜 저 사람한테 먼저 인사를 해?', '서로 피곤하게 뭘 인사까지….' 그게 아니라 인사를 하면 나에게 좋은 일이 생긴다고 생각해보시죠. 성공의 문을 노크하는 중이라고 생각해보시죠. 하루하루 마주치는 사람들이 반가워질 겁니다.

# 멀티 테스킹

여러 가지 일을 동시에 하려는 사람이 많습니다. 컴퓨터 화면에 띄워 놓은 윈도우 창을 봐도 그렇고요. 스마트폰에서도 멀티태스킹이 얼마든지 가능하죠. 그런데 그건 컴퓨터와 스마트폰 이야기입니다. 인간의 뇌는 여러 가지 일을 동시에 하는 것, 즉 멀티태스킹에 적합하지 않다고 합니다.

프랑스 국립보건의학연구소 연구에 따르면(2010년) 작업 종류를 두 개로 늘리면 실수가 잦아지고 세 개로 늘리면 기억력과 집중력이 저하된다고 합니다. 영국 런던대 연구에 따르면 멀티태스킹은 지능지수, IQ도 낮춘다고 하네요. 멀티태스킹을 한 성인 남성들의 IQ점수가 15점 하락하면서 여덟 살 어린이 평균 범위로 떨어졌다는 겁니다.

인간의 뇌는 오로지 한 가지 일에만 집중하도록 설계돼 있습니다. 동시에 여러 일을 하더라도 그건 멀티태스킹이 아니라 서로 다른 일을 빠르게 '전환하는' 것뿐이라는 거죠. 그리고 전환한 일에 다시 집중하기 위해서는 평균 23분 이상 시간이 걸린다고 합니다.

더 효율적으로 일하고, 집중하기 위해서는 이메일 체크하는 시간, 스마트폰 알림을 확인하는 시간 등을 따로 정해놓는 것이 좋습니다. 일하면서 음악을 듣는 게 아니라 휴식을 취하면서 음악 들을 시간을 따로 정해놓는 거죠. 주의가 산만해지면 차라리 휴식을 취하는 게 뇌를 더 효율적으로 사용하는 방법이라고 합니다. 우리 뇌의 성능을 높이는 방법은 그리 어렵지 않습니다.

2020년 미국 스탠퍼드대와 샌프란시스코대 공동 연구팀은 멀티태스킹이 청소년 집중력과 기억력 저하의 주요 원인이라는 것을 발표하기도 했습니다. 영국 서섹스대학교 연구팀에 따르면(2014년) 멀티태스킹을 자주, 오래 한 사람일수록 공감과 감정 조절을 담당하는 뇌 피질이 위축된 것으로 나타났다고 합니다. 운전을 하면서 전화 통화를 하는 것이 위험한 이유도 비슷할 겁니다.

# 한글날

과거 한글날은 공휴일에서 제외된 적이 있습니다. 공휴일이 너무 많아서 노동생산성이 떨어지고 경제 발전에 해가 된다며 1990년에 공휴일에서 제외됐었죠. 우여곡절 끝에 2012년 말 한글날의 공휴일 재지정이 확정됐고, 2013년부터 정식으로 다시 공휴일이 됐습니다. 생각해보면 우리 고유의 문자가 있었기에 그리고 우수한 한글이 있었기에 우리가 문화, 경제적으로 높은 수준의 발전을 이룬 것이지요. 한글날 쉰다고 해서 경제 발전에 해가 된다던 30여 년 전 발상은 지금도 우리를 부끄럽게 합니다. 물과 산소처럼 매일같이 접하는 한글이기에 그 소중함을, 고마움을 잊고 사는 건 아닐까요? 어쩌다 컴퓨터 키보드나 스마트폰으로 중국어나 일본어를 옮겨 적는 사람을 보면 한글의 우수성을 절실히 느끼게 됩니다.

대한민국이 빠르게 성장할 수 있던 배경에 한글을 빼놓을 수 없는 이유이기도 합니다.

# 현대인이 피곤한 이유

현대인들은 더 피곤하게 살고 있습니다. 과거에는 책과 신문을 덮고 TV와 컴퓨터를 끄면 그만이었지만 이제는 24시간 울려대는 스마트폰을 달고 삽니다. 오래 전 한 통신사 광고에 이런 문구가 나왔죠. "또 다른 세상을 만날 땐 잠시 꺼두셔도 좋습니다."

10여 년 전에는 잠잘 때라도 휴대전화를 꺼두었는데, 스마트폰 시대가 되면서 24시간 켜두는 것이 당연시됐습니다. 퇴근을 해서도 각종 메신저로 연결되고 쉬는 시간에도 습관처럼 스마트폰을 들여다보죠. 그만큼 우리의 머리도 쉬지 못합니다. 업무를 관리하기 위해, 새로운 아이디어를 떠올리기 위해 계속 생각을 하고, 머리를 씁니다. 지식산업 시대가 되면서 더더욱 그렇습니다. 두뇌의 무게는 체중의 2%에 불과하지만 두뇌는 우리 몸이 사용하는 전체 에너지의 20%를 쓴다고 합니다. 항상 무엇인가에 신경을 쓰고 살 수밖에 없는 현대인들. 피곤할 수밖에 없는 이유입니다.

가끔은 스마트폰을 꺼두기도 하고, 신경을 끄는 연습도 좀 해봐야겠습니다.

# 명절 연휴 증후군

연휴. 긴 휴일 동안 잘 쉬었는데, 다시 출근, 등교할 것을 생각하면 답답해지고 아쉬움이 밀려옵니다. 아마도 연휴 마지막 날 오후부터 더욱 그런 감정이 커질지 모릅니다. 마치 예전에 개그콘서트 클로징 음악을 들으면 휴일이 끝났다는 '현실 자각'이 시작됐던 것처럼 말이죠.

늦잠 자다가, 과음하다가, 운전을 너무 오래 해서, 집안일을 너무 많이 해서, 혹은 여행을 너무 힘들게 다녀와서 등 저마다 '명절 증후군'의 이유는 다양할 겁니다. 뉴스에서는 명절 증후군을 이기는 방법을 이야기하기도 합니다. 취침과 기상을 일정하게 유지하라거나, 비타민을 챙겨 먹으라거나, 산책과 반신욕을 하라거나, 심지어 연휴 마지막 날 잠시 출근을 하면 도움이 된다는 이해하지 못할 조언까지 말이죠. 명절 연휴 증후군을 없애는 가장 현실적인 방법은 이겁니다. '그냥 하는 겁니다.' 그냥 평소에 일어나듯 알람을 맞춰놓고 하루를 시작하면 그냥 우리는 또 일상에 적응할 겁니다. 어렵게 생각하면 더 어려운 법이죠. 그러니까 그냥 하는 겁니다.

# 계획대로

우리 삶이 계획대로 순탄하게 흘러간다면 얼마나 좋을까요? 하지만 모든 일이 그리 쉽게 풀리지 않는다는 건 경험적으로 모두가 알고 있죠. 그럼에도 우리에게는 계획이 필요합니다. 계획의 끝에는 목표가 있고, 계획은 우리를 그 목표까지 데려다주는 길잡이가 됩니다. 물론, 실행하지 않는 계획은 아무 의미가 없겠지만요.

시간 관리 전문가 하이럼 스미스(Hyrum Smith)는 이렇게 말했습니다. "당신이 늘 계획을 세우지 않는다는 것은 당신이 늘 실패할 계획을 세우고 있다는 것과 같은 말이다."

여러분은 어떤 목표를 갖고 계세요? 혹시 지난해, 올해 달성하겠다던 목표를 잊지는 않으셨나요? 목표 달성이 쉽지는 않겠지만, 그리고 실패할 수도 있지만, 계획대로 되지 않을 가능성도 있지만, 우리에게는 계획이 필요합니다. 그리고 그걸 하나씩 실행하다 보면 어느새 목표에 가까이 가 있을 겁니다. 성공은 예감만으로 되지 않습니다.

# 명절에 싸우는 이유

명절에 오랜만에 만난 가족들. 그런데 기분 좋은 명절에 가족들과 싸우게 되는 일이 생깁니다. 별생각 없이 내뱉은 말 한마디 때문에 기분이 상하고 오랜 시간 차를 타고 가는 내내 무거운 침묵이 흐르기도 하죠. 그런데 인간의 뇌에는 '가족끼리 만나면 싸우기 쉬운' 이유가 숨어 있다고 합니다.

미국 조지아 귀넷 공대 스티븐 플라텍(Platek) 박사의 연구 결과인데요. 낯선 사람의 사진, 그리고 가족 친지들의 사진을 볼 때 활성화되는 뇌 부분이 서로 달랐다고 합니다. 가족사진을 볼 때는 자기 자신을 봤을 때와 같은 부위가 반응했고, 다른 사람의 사진을 볼 때는 행동을 결정하는 부위가 활성화 됐다고 합니다. 가족이나 친척을 볼 때 그들을 남이 아닌 나의 일부로 본다는 것이고, 그래서 같은 말이라도 친척이 한 것과 남이 말한 것은 그 느낌과 비중이 다르다는 겁니다. 남이 말하는 것은 그 상황을 객관적으로 바라볼 수 있는데, 가족, 친척이 하는 말에는 조금 더 감정이 섞일 수 있다는 거죠.

"언제 결혼하니?", "취업은 어떻게 돼가니?" 이런 참견과 잔소리 역시 마찬가지입니다. 친척을 나와 같은, 가까운 존재로 생각하기 때문에 친척의 일을 마치 자신의 일인 것처럼 참견하게 되는 것이죠. 오랜만에 만나서 서로 참견하고 잔소리하는 건 그만큼 나를 자신처럼 생각해준다는 의미이니, 과민하게 반응할 필요도 없겠죠?

# 여우와 고슴도치

그리스 시인, 아르킬로코스는 이런 말을 남겼습니다.

"여우는 많은 것을 알고 있지만, 고슴도치는 가장 중요한 것 하나를 알고 있다."

여우가 아무리 많은 재주와 꾀를 가지고 고슴도치를 공격해도 고슴도치는 그저 몸을 동그랗게 마는 한 가지 재주만으로 자신을 보호하고, 싸움을 끝내버립니다. 가장 중요한 순간에 꼭 필요한, 가장 중요한 것 하나를 아는 것.

여러분에게 그건 무엇인가요? 나에게 필요한 가장 중요한 것. 한 가지가 무엇인지 안다면 그리고 그것을 준비한다면 우리는 위기의 순간에 자신을 지킬 수 있을 겁니다.

아르킬로코스의 말을 빗대어 흔히 여우형 인간과 고슴도치형 인간으로 나누기도 합니다. 꾀가 있고, 재주가 많은 사람을 여우형으로, 오로지 한 가지에 몰두하는 사람을 고슴도치형으로 표현하는데요. 어떤 유형이 더 낫다, 못하다는 사실 의미가 없죠. 여우와 고슴도치의 결투가 그러하듯 말입니다. 그저 자신이 가진 장점을 가장 필요한 곳에서, 가장 필요한 순간에 발휘하면서 살아가는 것이죠. 다만 내가 여우형 인간이 되고 싶은 가. 고슴도치형 인간으로 살아갈 수 있을 것인가. 어떤 순간에, 어떤 곳에서 어떤 기지를 발휘할 것인가.

스스로 분석하고, 나에게 맞는 장점을 살리려는 노력도 따라 줘야 할 겁니다.

# 만족지연

'스탠퍼드대학교 마시멜로 실험'이라는 유명한 실험이 있습니다. 아이에게 마시멜로 하나를 주고 15분 동안 먹지 않으면 하나를 더 주겠다고 한 뒤에 아이가 끝까지 참아내는지, 아니면 참지 못하고 먹고 마는지 관찰한 겁니다.

월터 미셸(Walter Mischel) 스탠퍼드대학교 교수가 이 실험을 1972년에 시작했는데, 참여한 아이들의 30년 후 모습을 비교했습니다. 그랬더니 15분 동안 먹지 않고 참아낸 아이들이 나중에 커서 학업에서 더 뛰어난 성적을 올렸다고 합니다. 이 실험은 더 큰 보상을 위해서 작은 보상을 뒤로 미루는 '만족 지연 능력'이 있는 사람이 훗날 성공할 가능성도 크다는 메시지를 줬습니다.

그런데 이 실험은 큰 오류가 있다는 지적도 받습니다. 가정환경 등 성장 배경을 간과했다는 거죠. 마시멜로를 충분히 먹을 수 있는 풍족한 집안의 아이들과 반대로 어려운 가정환경에서 자란 아이들은 다른 선택을 할 수 있다는 걸 간과했다는 겁니다. 그런데 잘 사는 집 아이든, 못 사는 집 아이든 똑같이 참을

성을 키울 수 있는 방법이 있습니다. 눈앞의 마시멜로를 뚜껑으로 덮어버리는 겁니다. 이렇게 약간의 아이디어와 장치를 활용하면 부족한 인내심도 높일 수 있습니다. 가정환경이 어떠하든, 현명한 사람이 되는 데는 방법이 있습니다.

# 번아웃

직장에서, 학교에서 번아웃을 호소하는 사람을 심심치 않게 볼수 있습니다. 육체적으로, 정신적으로 무언가 소진되어 버려서일종의 정신적 탈진 상태에 빠졌다는 것이죠.

지난 2019년에는 세계보건기구에서 번아웃 증후군을 직업과 관련된 문제 현상으로 분류하기도 했습니다. 그만큼 흔히 나타나고, 각별한 주의가 필요하다는 이야기인데요. 사실 번아웃은 일을 많이 해서 생기는 것이 아니라고 합니다. 일을 많이 해서가 아니라 '일만 많이 해서' 겪는 것이라고 하네요. 번아웃 증상이 육체적인 피로를 넘어 정신적인 탈진 상태에 이르는 것이기에 그렇습니다. 번아웃에 빠지지 않으려면, 번아웃을 이겨내려면, 취미를 갖거나 새로운 것을 배우는 등 정신적인 에너지를충전하는 것이 좋다고 합니다.

번아웃은 원래 자동차 레이스에서 유래된 말이라고 합니다. 직선 주로를 가장 빨리 달리는 드래그 레이스를 하기 직전에타이어 마찰력을 높이기 위해서 일부러 타이어를 헛바퀴 돌려서 적정 온도까지 데우는 행위를 말하는데요.

우리 삶에 가끔 찾아오는 번아웃 증후군도 어쩌면 우리 인생의 속도를 높여주는 계기가 될 수 있을 겁니다. 현명하게 이겨내시길 응원합니다.

# 휴면계정

"고객님의 계정이 휴면 상태로 전환될 예정이오니…." 이런 이메일이 종종 들어옵니다. 1년 이상 로그인을 하지 않아서 정보통신망법에 따라 휴면 계정으로 분류하고 일반 고객 아이디와 분리해서 따로 관리하겠다는 내용입니다. 여기저기에 가입해두었던 아이디가 그렇게 순차적으로 휴면 처리되고 있습니다.

1년 동안 로그인을 하지 않아도 하나도 불편하지 않은 서비스에 왜 그리도 많이 가입을 해두었는지…. 한때는 꼭 필요했겠지만, 지나고 나서 보면 휴면계정으로 분류돼도 크게 아쉽지 않은 사이트가 참 많습니다. 그러면서 어디선가 또 편리한 서비스를 제공한다고 하면 새롭게 또 아이디를 적어 넣습니다. 이제는 SNS 계정으로 더 간편하게 가입하도록 만들어져서 더 쉽게 여기저기 가입할 수 있게 되었죠.

손쉽게 가입하는 만큼, 어쩌면 더 쉽게 잊힐 수도 있을 여느 사이트들이 오늘도 가입을 유도하고 있을지 모르겠습니다.

# 명품이 나를 X, 내가 명품을 O

비싸다고 명품은 아니지만, 흔히들 명품이라 부르는 고가 사치품. 하나에 200만 원을 넘는 가방 수입액이 매년 늘어나고 있습니다. 고가 사치품을 찾는 저마다의 이유가 있겠지만, 나를 화려하게 포장해주고, 나를 드높여주는 수단으로 이런 상품을 찾는다는 것은 부인할 수 없을 겁니다.

나의 가방을, 나의 시계를 내가 돋보이게 만드는 게 아니라 가방과 시계가 나를 돋보이게 만들어준다면 뭔가 잘못돼도 많이 잘못된 것 아닐까요?

# 역기법 - 찰리멍거

무엇을 배우고, 가슴 깊이 새기는 것은 사실 쉽지 않습니다. 크게 와 닿지 않을 수도 있고요. 그럴 때 방법이 있습니다. 이른바 '역기법(inversion technique)'인데요. 워런 버핏의 파트너인 찰리멍거가 독일의 수학자 카를 야코비(Carl Gustav Jacob Jacobi)에게서 영감을 받아 세상을 뒤집어 보는 방법을 역설합니다.

"뒤집어라, 항상 뒤집어 보라. 상황이나 문제를 거꾸로 뒤집어 보고, 반대로 봐라."

"성공을 기대하는 대신, 어떻게 하면 실패하게 될지 목록을 만들어 보자. 실패를 초래하는 이런 특성들을 버리면 성공할 수 있다. 어디로 가면 죽을지 살펴보라, 그러면 그곳에 가지는 않을 것이다."

우스갯소리로 훌륭한 사람만 멘토로 삼아서는 안 된다고 하죠. 현실적으로 우리가 훌륭한 위인들처럼 살기는 어려우니까요. 대신, 정말 형편없는 사람을 보고 "내가 죽어도 저렇게는 살지 말아야지, 저렇게는 되지 말아야지" 한다면 더 뼈저리게 와 닿을 수 있다는 겁니다.

# Stop 대신 No Go

무언가를 멈추는 일은 쉽지 않습니다. 눈앞에 있는 맛있는 음식을 먹지 않고 참는 것. 한 손에 잡고 있는 스마트폰을 그만 보는 것. 그 맛을 알기에, 그 재미를 알기에 그걸 그만 둔다는 게 생각처럼 쉽지가 않죠. 머릿속으로는 '그만', '스톱'을 외치는데 우리 행동은 그리 쉽게 끊어 내지를 못합니다.

그럴 땐 우리 마음속 Stop 기능보다 No Go 기능을 활용하는 게 더 유용하다고 합니다. 그 상황을 벗어나 버리는 거죠. 맛있는 것은 눈앞에 두고 '먹지 말아야 해'하는 것보다 그냥 눈앞에서 빨리 치워버리는 겁니다. 스마트폰 때문에 공부할 때 집중이 안 된다고 하는 것보다 아예 스마트폰을 무음으로 바꾸고 가방에 집어 넣어두는 겁니다. 스마트폰 때문에 밤에 잠이 잘 안 온다면, 아예 침실에는 스마트폰을 들고 들어가지 않는 겁니다.

2017년 노벨 경제학상을 수상한 리처드 세일러(Richard H.Thaler)가 말한 일종의 '넛지' 개념입니다. 혹시 뭔가 멈추지 못하는 무언가가 있다면 다른 방식으로 그 상황을 벗어나는 연습을 해보시죠.

# 오르막길과 내리막길

오르막길은 어렵고 내리막길이 쉽다는 것쯤은 누구나 알 수 있습니다. 우리가 달성하고자 하는 것, 얻고자 하는 것, 벌어들이고 싶은 것, 그 모두 현재의 나보다 더 위에 있다는 사실도 그렇습니다. 그걸 누리려면 어떻게 해서든 오르막을 올라야죠. 하지만 그게 어렵다고 뒤로 도는 순간 나에게 그 길은 내리막으로 변합니다. 삶의 에너지를 강조하는 존 고든(Jon Gordon) 작가는 이런 말을 합니다.

"인생에서 가치 있는 것, 당신이 소망하고 이루고 싶은 것 당신이 누리고자 하는 것은 모두 오르막이다. 문제는 사람들 대부분의 꿈은 오르막인데 습관은 내리막이라는 사실이다."라고요.

조정민 목사도 『고난이 선물이다』에서 이렇게 말하죠. "계속 실패하는 것은 오르막길을 걷고 있는 까닭이고, 더이상 실패하지 않는 것은 내리막길에 접어들었기 때문"이라고요.

소망하는 것, 누리고 싶은 것, 얻고 싶은 것, 달성하고 싶은 목표를 향해 걷고 계신가요? 그 오르막길을 걷고 있는 여러분을 오늘도 응원합니다.

# 난독증 환자가 문제를 더 잘 푸는 이유

UCLA 대학의 대니얼 오펜하이머(Daniel Oppenheimer) 교수에 따르면 난독증, 즉 글을 원활하게 읽지 못하는 사람이 특정 문제를 더 잘 풀 수 있다고 합니다. 예를 하나 들어볼까요?

야구 방망이와 야구공을 합쳐서 11,000원이고요. 방망이가 공보다 1만 원 더 비쌉니다. 그럼 공은 얼마일까요? 대부분 1,000원이라고 답할 겁니다. 하지만 정답은 1,000원이 아니라 500원입니다. 방망이와 공 가격에서 만 원 차이가 나려면 만원과 1,000원이 아니라, 1만 500원과 500원이어야 하니까요.

그런데 이런 문제를 오히려 글을 빨리 읽고 생각을 빨리 하는 사람이 틀릴 확률이 더 높다는 겁니다. 반대로 읽는 속도가 느린 난독증 환자는 자신이 가진 핸디캡 때문에 글을 더 또박또박 읽게 되고 정답을 맞힐 확률이 더 높다는 거죠. 핸디캡이 오히려 문제 해결 능력을 높여주는 핸디캡의 역설입니다.

여러분도 혹시 핸디캡, 즉 결점이나 불리한 여건이 있다면 다른 각도에서 능력을 발휘할 수도 있을 겁니다.

# 바보가 우물에 던진 돌

이탈리아 엔지니어이자 에세이 저자인 알베르토 브란돌리니
(Alberto Brandolini)는 이런 말을 했습니다. "헛소리를 반박하는
데 필요한 에너지는 헛소리를 하는 것보다 10배 더 든다."

　무책임하게 한 두 마디를 던지는 것은 쉽지만, 그것을 주워
담는 것은 불가능하고, 사실을 바로잡는 데도 엄청난 에너지가
필요합니다. 그리고 인터넷, 모바일 시대에는 언론 기사든, 소
문 하나든, SNS 한 줄이든 그 영향력과 파급력이 더욱 빠르고
더 강해지고 있습니다. 어느 책에선가 이런 글귀를 본 적이 있
습니다.

　"바보가 우물에 던진 돌은 50명의 현인도 되찾아오지 못한다."

　우리가 그 현인일 수도 있겠지만, 때로는 우물에 무심코 돌
을 던지는 한 사람일 수도 있다는 점을 잊지 말아야겠습니다.

# 우리는 자신의 선택에 따른 결과물이다

우리는 하루에도 셀 수 없이 많은 선택에 놓입니다. 내셔널지오 그래픽 연구 결과에 따르면 인간은 하루에 약 150번 정도 선택을 한다고 합니다.

미국 버지니아공대 팜플린 경영대 연구팀(Pamplin College of Business)에 따르면 미미한 선택까지 모두 합할 경우 하루에 약 3만 5,000번이나 선택을 하는 것으로 나타났다고 합니다. 우리가 살아가는 순간순간이 선택이고, 우리는 그 결과물일지도 모릅니다.

아일랜드 작가 로렌스 엔더슨은 이런 말을 했습니다. "우리는 우리 자신의 선택에 따른 결과물이다. 좋은 선택은 좋은 성격에서 나오고, 몇 개의 좋은 선택이 모든 차이를 만들어 낸다." 라고 말이죠.

또 "우리 삶의 질은 우리가 내리는 결정의 질에 약간의 운을 더한 것"이라는 말도 있습니다.

오늘도 생각해봅니다. "오늘 내리게 될 나의 선택 하나하나가 나 자신을 만들어 간다."

# 치과의사는 몇 번을 다시 태어나도 부자다

책 '블랙스완'과 '행운에 속지 마라'를 쓴 나심 탈레브는 이렇게 말합니다.

"치과 의사는 몇 번을 다시 태어나도 부자다."

치대를 졸업하고, 치과를 개업하고 하루하루 열심히 살아가는 치과 의사는 큰 문제만 없다면 평균 이상으로 부유하게 살아갈 확률이 높습니다. 하지만 평생 게으르고 가난하게 살다가 어쩌다 한번 로또 복권에 당첨된 사람은 다시 태어나더라도, 심지어 수백 수천 번을 다시 태어나더라도 다시 가난하게 살아갈 거라는 얘기입니다. 로또 복권 당첨 확률이 814만분의 1이니까요. 직업의 귀천을 이야기하려는 것이 아니라 '확률'과 '반복 가능성'에 관한 이야기입니다.

나심 탈레브는 "위험을 충분히 인식하고 자제력을 유지하면서 열심히 일한다면 누구나 넉넉한 인생을 살아갈 확률이 매우 높다고 믿는다.", "그 수준을 넘어서는 것은 단지 운에 불과하다."라고 말합니다. 삶의 수준은 어느 정도 노력과 실력에 비례하지만, 엄청난 성공에는 운이 필요하다는 거죠. 더욱 중요한 것은 이겁니다. 운이 중요하긴 하지만, 운만 믿고 행운만 바라다가는 생존과 삶의 의미를 잃어버릴 수 있다는 겁니다.

여러분의 행운을 빕니다. 실은, 큰 행운이 없어도 될 만큼 행복한 삶의 기반을 닦아 나가시길 바랍니다.

# 세이렌의 노래와 오디세우스의 항해

흔히들 주변의 추천과 대중의 광풍에 휩쓸리지 말라며 그리스 신화 속 세이렌과 오디세우스 이야기를 종종 합니다. 지중해 어느 지점에서 천상의 목소리와 아름다운 노래로 사람을 유혹하고 바다로 뛰어들어 죽게 만드는 세이렌. 오디세우스는 그 바다를 항해하면서 선원들의 귀를 밀랍으로 막게 하고, 자신은 세이렌의 노래를 듣는 대신 온몸을 돛대에 묶도록 하죠.

오디세우스는 세이렌의 매력적인 노랫소리에 결박을 풀기 위해 몸부림을 치기도 했지만, 귀마개를 낀 부하들이 더욱 단단히 결박하면서 위기를 벗어났다고 합니다. 그런데 따져보면 오디세우스에게는 세이렌에 관한 정보가 충분히 있었습니다. 그녀의 노래가 선원들을 바다에 뛰어들어 죽게 만든다는 것과 그 노래가 어디쯤에서 울려 퍼진다는 것 등 말이죠. 누구라도 귀마개를 준비했을 겁니다.

현실 속에서도 세이렌의 노래가 존재합니다. 누구나 쉽게 돈을 벌 수 있고, 빠르게 부자가 될 수 있다고 여기저기에서 유혹합니다. 문자메시지로, SNS로, 혹은 지인을 통해… 미리 귀마개를 준비하고, 온몸을 돛에 묶을 수 있는 것은 세이렌의 노래가 어디에서, 어떤 방식으로 울려 퍼진다는 것을 알고 있어야 가능할 겁니다. 21세기 세이렌은 도처에 너무 많습니다.

# 돈의 온도

옛날에는 돈을 다리미로 다리던 할머니들이 종종 계셨습니다. 돈을 귀하게 다뤘으니, 낭비하는 일도 없었죠. 반대로, 악취가 나거나 더러워진 돈은 그 가치를 낮게 평가한다는 심리학 실험 결과도 있습니다. 미국에서는 집을 잘 매각하기 위해서 누군가 집을 보러 오는 날 일부러 빵을 굽고 원두커피를 진하게 내려서 집안에 빵과 커피 향을 퍼뜨리기도 한다네요.

그 집을 보러 온 사람이 무의식적으로 빵을 먹고 커피를 마시는 상상을 하고, 그렇게 편안함을 느끼면서 '이 집은 좋은 집이구나' 생각하게 된답니다.

중고차 판매를 잘하는 딜러들은 추운 겨울날에 약속한 손님이 오기 전에 자동차를 미리 따뜻하게 데워놓기도 한다는군요. 지폐와 집, 중고차, 그리고 냄새와 온도. 사실 별거 아닐 수도 있겠지만, 인간의 심리와 경제적 판단은 떼려야 뗄 수 없다는 측면에서 작은 깨달음을 얻기도 합니다.

여러분의 온도와 향기는 돈을 불러오고 있나요?

# 태풍을 피하지 않는 사람들

태풍이 옵니다. 태풍이 온다는 사실을 알고 있습니다. 그럼에도 태풍을 피하지 않는 사람들이 있습니다. 비가 억수같이 쏟아지고 나무를 쓰러뜨릴 만큼 강풍이 분다는 사실을 알지만 태풍을 피할 수 없는 사람들이 있습니다. 지금 이 순간에도 배송하기 위해 영업용 차량을 몰고 나온 사람들. 승객 한 명이라도 태우기 위해 버스와 택시를 몰고 나온 사람들. 재난 상황을 전하기 위해 방송국에 모인 사람들. 이런 날 문 열어야 돈 번다며 아침 일찍부터 가게 셔터를 올린 사람들. 재택근무를 할 수도 없어 어쩔 수 없이 출근하는 사람들.

우리가 응원할 수밖에 없는 사람들입니다. 모두 무탈하게 이 하루를 보내시길 바랄 뿐입니다.

# 거짓말과 진실 편향

미국의 거짓말 탐지 전문가인 파멜라 마이어(Pamela Meyer)에 따르면 인간이 진실과 거짓을 구별하는 확률은 54%에 불과하다고 합니다. 거짓이라는 분명한 증거가 없는 한 일단 진실로 믿고 싶어하는 '진실 편향'이 있기 때문이라고 하네요. 진실 편향이 없다면 모든 사람이 서로를 끊임없이 의심하고 믿지 못하는 사회가 되었겠죠. 진실 편향이 없었다면 심지어 인간의 문명도 존재하지 못했을 것이라는 주장도 있습니다. 우리는 하루에 무려 200건의 거짓말에 노출된다고 합니다. 잠자는 시간을 빼면 1시간에 열두 번씩 거짓말에 노출된다는 거죠. 다행히 그런 거짓말 가운데 95%는 선의의 거짓말이라고 합니다.

"좋은 아침"이라는 인사부터, "멋진 재킷이네요", "얼굴이 좋아지셨어요", 혹은 "살 빠지신 것 같아요" 등등 말이죠. 고맙긴 합니다만….

나머지 5%, 약 열 건의 거짓말은 우리 삶에 치명적인 영향을 미칠 수도 있는 것들입니다. "저를 믿고 투자하세요.", "이 주식, 이 코인은 반드시 올라갑니다.", "원금 보장에 고수익도 보장해드립니다." 이렇게 놓고 보면 좋게 들어도 될 하얀 거짓말과 반드시 걸러내야 할 나쁜 거짓말이 참 쉽게 구분되죠. 하지만 그것이 우리 삶 깊숙이, 그리고 절박한 상황에서 침투한다면 거짓말을 걸러낼 필터가 고장날 수도 있습니다. '믿을 수 있는' 것인지, 혹은 내가 '믿고 싶어 하는' 것은 아닌지 스스로 거짓말 필터를 더 세심하게 관리해야겠습니다.

# 교황과 와인

프란치스코 교황이 정치 행정, 경제계, 노동계, 자선단체 활동가 등과 함께 시장 체계의 미래를 논의하던 자리였습니다. 교황은 이런 우화 하나를 들려주었습니다.

"우리가 하는 식사에는 와인을 곁들입니다. 와인에는 많은 것이 포함되지요. 우선 향미가 있습니다. 색이 있고, 요리를 보완해주는 풍성한 맛이 있습니다. 또 알코올이 있습니다. 우리의 정신이 살아 있도록 해주는 알코올 말입니다. 와인은 우리가 가진 모든 감각을 풍부하게 해줍니다. 그리고 식사 마지막에는 포도로 만드는 독한 술인 그라파를 마실 겁니다. 그런데 그라파는 한 가지뿐입니다. 알코올뿐이죠. 그라파는 와인을 증류한 것입니다."

교황은 이렇게 이어갔습니다.

"인간성에는 많은 것이 포함됩니다. 열정, 호기심, 이성, 이타주의, 창의성, 이기심… 그러나 시장에는 단 하나, 이기심만 있습니다. 시장은 인간성을 증류한 것이지요."

그런 다음에 교황은 어렵고도 무거운 과제를 제시했습니다.

"여러분이 할 일은 그라파를 다시 와인으로 돌려놓는 것, 시장을 다시 인간성으로 돌려놓는 것입니다. 이건 신학의 문제가 아닙니다. 현실의 문제이고, 진리의 문제입니다."

## 308

# 모든 것의 가격을 알면서도

작가 오스카 와일드는 이런 말을 남겼습니다. "모든 것의 가격을 알면서도 그 어떤 것의 가치도 알지 못한다."

'가격'은 쉽게 눈에 띕니다. 포장지, 매장 진열대, 계산대에… 그리고 부동산 중개 사이트와 주식거래 앱에 들어가 보면 한두 번의 터치만으로 수십, 수백 가지 거래 대상의 가격을 한눈에 살펴볼 수 있죠. 하지만 '가치'는 눈에 잘 띄지 않습니다. 가격표처럼 표기해주지도 않죠. 분석하기도 어렵고, 거래하는 사람마다 생각이 다르고, 단기간에는 맞지 않을 수도 있습니다. 적정한 가치를 찾는 일이란 여간 어려운 일이 아닙니다. 그러다보니 사람들은 가격이 곧 가치라고 생각합니다. 하지만 거기에는 함정이 있죠. 인간의 욕심과 시기 질투 등 온갖 감정이 반영되고요. 불공정하고 불완전한 시스템까지 더해져서 때때로 가치는 가격과 멀리 떨어지기도 합니다. 그럼에도 우리는 셀 수 없이 다양한 가격 속에서 제대로 된 가치를 발견하려는 노력을 멈춰서는 안됩니다. 그러지 않는다면 가격만 보고 쫓아다니는 자신에게 계속해서 위기를 선물하게 될 테니까요.

# 어르신 운전 중

운전 중에 앞차가 이상하게 움직이면 대부분 "어머 저 차 좀 봐", "저 차 왜 저래"라고 말합니다. 사실 그 안에 운전자가 있지만, "저 사람 좀 봐"라고 하지는 않죠. 사람보다 차가 먼저 보이니까요. 그 안에 누가 타고 있는지, 어떤 사람이 운전 중인지 알지 못하니 순간적인 감정에 지배돼서 경적을 마구 울리고, 상향등을 켜서 경고를 주기도 합니다.

그런데 앞차를 다소 미숙하게 운전하는 사람이 운전면허를 딴 지 얼마 안 된 우리 막내딸, 사촌 동생, 조카라면 어떨까요? 혹은 연세가 많으신 우리 부모님, 이모, 큰아버지라면 어떨까요? 경찰청이 고령 운전자 차량에 파란색 스티커를 부착하는 방안을 추진 중이라고 합니다. '어르신 운전 중'이라는 문구를 담는 거죠. 우리 운전자들은 '어르신 운전 중'이라는 스티커가 붙여진 차량을 봤을 때 배려와 양보를 할까요? 아니면 무시와 위협을 할까요? 누구나 초보운전이던 시절이 있었고, 누구든 노화를 피할 수는 없습니다. 초보운전은 나의 과거이고 어르신 운전 중은 나의 미래입니다.

# 쓸모 있는 후회

후회를 자주 하시나요? 후회하는 것이 꼭 좋은 것은 아니지만, 그래도 나름대로 기능이 있다고 합니다. 네덜란드 심리학자 마르셀 질렌베르그(Marcel Zeelenberg)에 따르면 후회라는 감정에는 미래에 더 나은 의사 결정을 할 수 있게 촉진하는 기능이 있다고 합니다. 과거의 뼈아픈 실수로부터 배우고 나 자신과 주변을 더 잘 이해하게 해주며, 미래에 무언가를 하거나 하지 않도록 도와주는 경험이 바로 후회라는 겁니다.

특히 후회를 미리 느껴볼 수도 있다고 합니다. 이를 '예상된 후회'라고 하는데요. '지금 고백하지 않으면 나중에 후회할 거야', '지금 참지 않고 나섰다가는 나중에 후회할 것 같아' 이런 상황이죠. 잠시나마 미래로 가서 나의 내면의 목소리를 미리 들어보는 겁니다. 그리고 이번에는 후회하지 않기 위해 더 나은 선택을 하려 노력한다는 거죠. 후회는 누구나 피하고 싶은 감정일 겁니다. 하지만 더 나은 미래, 더 나은 선택을 위해서 때로는 후회를 미리 당겨다 써보는 것도 나쁘지 않겠네요.

# 15분에 한 번씩 생각하는 미래

인간은 과거보다 미래를 생각할 때가 두세 배 더 많다고 합니다. '약 15분에 한 번씩' 미래를 생각한다고도 합니다. 편의점에 가면 그 물건이 있을까? 택배가 내일 올까? 이따가 무슨 옷을 입고 나가지? 친구에게 연락을 해볼까 말까? 이렇게 타인이나 외부 환경에 잘 대처하기 위해, 그리고 나쁜 일을 피하고 좋은 일을 만들기 위해 우리는 여러 가지 일을 상상하고 추리하면서 많은 시간을 보냅니다.

그리고 그것은 선택으로 이어집니다. 입을 옷을 고르고, 편의점에 가보고, 친구에게 연락을 해보죠. 결국 미래는 우리가 예측하고, 준비하고, 선택하는 어쩌면 우리가 만들어갈 수 있는 것일지도 모릅니다.

지금 나의 선택을 바탕으로 어떤 미래가 펼쳐질지 생각해보고 다시 현재로 돌아와 더 나은 선택을 하려 노력한다면 우리 삶이 조금 더 윤택해지고 우리의 선택이 조금 더 후회 없는 결정이 되지 않을까요?

# 잉여

남는다, 남아돈다라는 뜻의 '잉여'. 요즘에는 '잉여'라는 표현을 부정적으로 쓰는 경우가 적지 않더군요. '잉여 인간'이라며 사람을 필요 없는, 쓸모없는 존재로 인식하는 것이 그렇고, 스스로가 하는 일을 '잉여'라면서 쓸데없는 일로 취급하는 경우도 많습니다.

사실 경제적으로 '잉여'는 꽤 괜찮은 의미입니다. 기업이 돈을 많이 벌어서 자본금이 많아지는걸 '이익 잉여금'이라고 하죠. 이익이 많이 나서 돈이 쌓여 있는 것이니 당연히 좋죠. 나중에 이걸로 투자를 할 수도 있고 배당을 할 수도 있고요. 청동기 시대부터는 농업 기술이 발달하면서 '잉여 식량'이 생겨났고, 그 덕분에 직업이 생겨나고 문명이 빠르게 발전할 수 있었다고 합니다.

스스로를, 그리고 자신의 일을 잉여라고 낮잡을 게 아니라 그것이 분명 더 생산적이고 더 가치 있는데 쓰일 수 있다는 생각으로 하루하루 준비해 나가는 건 어떨까요?

# '버스 카드가 없어요' 당황한 승객을 태워주자

《"버스 카드가 없어요" 당황한 승객을 태워주자 버스 기사에게 벌어진 일》

얼마 전 인터넷에서 본 뉴스 기사 제목입니다. 시국이 어수선해서 저는 사실 기사 제목만 보고 요금 때문에 버스 안에서 폭행 사건이 벌어진 것이 아닌가 걱정부터 했는데요. 다행히 아주 훈훈한 내용이었습니다. 버스 카드를 챙겨오지 못해 당황해하는 승객에게 버스 기사는 "괜찮으니까 일단 타세요"라고 친절을 베풀었고, 이틀 뒤 그 승객은 버스 회사로 음료수 열 박스를 보내왔다고 합니다.

바쁜 일상에서 배려하는 말 한마디, 그리고 감사하는 마음, 뭐 그리 대단한 일도 아닌 것 같지만 우리 사회는 그 작은 소식 하나에 잠시나마 훈훈함을 느낄 수 있었습니다.

우리도, 누군가에게, 아주 잠시라도, 말 한마디로 훈훈한 마음을 전해주는 하루가 되었으면 합니다.

# 힘든 일이라면

역사상 최초의 여성 야구팀 이야기를 다룬 〈그들만의 리그〉라는 영화가 있습니다. 한 선수가 야구를 그만두겠다고 하자 코치가 그 이유를 묻습니다. 그러자 선수는 '야구가 너무 힘들다'고 말합니다. 그러자 코치는 이렇게 소리칩니다. "그래 당연히 힘들지. 원래 힘든 운동이야. 그렇지 않다면 누구라도 야구를 하고 있을 테니까. 그렇게 힘들기 때문에 위대한 운동인 거야"

우리 삶에 있어서 가치 있는 대부분은 그것이 야구든 사업이든 직장 일이든 무엇이든 간에 힘들고 어려운 일입니다. 그렇지 않다면 코치의 말처럼 지금 누구나 그 일을 하고 있겠죠.

지금 여러분이 하고 있는 일이 힘들다면 그만큼 가치가 있기 때문일 겁니다.

# 직관

우리는 때때로 직관적으로 결정을 내립니다. 때로는 많은 생각을 하는 것보다 직관을 따르는 것이 더 나을 때도 있습니다. 도대체 직관의 비밀은 무엇일까요? 미국의 학자 게리 클라인(Gary Klein)은 복잡한 결정에서 직관의 힘을 발견하기 위해 유능한 소방관들과 함께 대형 화재 현장으로 갔습니다. 진압이 끝나고 소방관들에게 왜 그런 결정을 했는지 물었는데, 제대로 된 답변을 들을 수 없었다고 합니다. 소방관들이 말 그대로 직관을 따랐기 때문입니다. 그런데 직관이 그냥 생긴 것은 아니었습니다. 수백 번의 화재를 진압하면서 가장 성공적으로 불을 끄는 방식이 무의식적으로 형성됐고, 소방관들은 위급한 현장에서 이를 무의식적으로 행동했다는 겁니다. 빗맞은 공을 맨손으로 캐치하는 야구 선수, 마트에서 눈높이에 전시된 상품을 집어 드는 가정주부. 직관이라는 결정 방식의 밑바탕에는 누적된 무의식이 있습니다. 우리는 오늘도 알게 모르게 그 무의식이라는 것을 하나둘씩 쌓아갈지도 모릅니다. 그래서 지금 무엇을 듣고, 무엇을 경험하고, 어떤 말을 하는지 매 순간순간이 중요한 겁니다.

# 내가 그 순간에 놓인다면

쏟아지는 폭우에, 넘쳐버린 제방 때문에 또 인명 피해가 많이도 발생했습니다. 아파트 지하주차장에서, 지하차도에서….

언론에서는 매일같이 재난 시 대피요령을 알려줍니다. 바퀴 절반 이상 잠기기 전에 차량을 이동시켜라, 안전벨트 클립을 이용해 유리창 구석을 세게 쳐서 깨고 나와라. 그런데 막상 절체절명 위기의 순간에 그런 것들이 과연 생각이 날지, 배운대로 제대로 행동할 수 있을지 모르겠습니다. 평소에 차 유리창 깨는 걸 연습해볼 수도 없고 말이죠.

자동차가 급발진할 때는 브레이크를 두 발로 세게 밟고 기어를 중립으로 바꾸고, 천천히 사이드 브레이크를 당기라고 합니다. 이것 말고도 불이 났을 때, 지진이 일어났을 때, 누군가 심장마비로 쓰러졌을 때 사실 우리가 어떻게 대처해야 하는지 한 번쯤은 아니 수십 번은 들었을지 모릅니다.

다시 한번 생각해봅니다. 만약 내가 그 순간을 맞는다면, 그 장소에, 그 상황에 나와 내 가족이 놓인다면 과연 나는 어떻게 할 수 있을까? 평소에 연습할 수 있는 건 한 번이라도 더 반복해보고 연습할 수 없는 것은 상상이라도 하면서, 즉 이미지 트레이닝이라도 해야 만일에 대비할 수 있을 것 같다는 생각을 해봅니다.

# 고통의 의미

게임을 할 때 누구나 이기고 싶어 합니다. 하지만 매번 손쉽게 이길 것이라는 사실을 알게 되면 결코 그 게임은 재미가 없어질 겁니다.

우리의 삶도 마찬가지입니다. 고통과 고난이 꼭 나쁜 것만은 아닙니다. 끓는 물에 손을 넣거나 차에 치이면 끔찍한 고통을 겪는다는 사실을 알기에 우리는 위험을 겪지 않도록 조심하며 살아갈 수 있죠. 또 땀 흘리며 운동을 하거나 매운 음식을 먹거나 힘든 일을 이겨내면서 고통을 희열로 승화시키기도 합니다.

심리적인 고통도 마찬가지입니다. 수치심, 외로움, 후회, 죄책감…. 이런 것이 고통스럽다는 것을 알기에 우리는 그런 감정을 겪지 않기 위해 노력하며 살아가죠. 우리 삶에 놓인 고통은 잘못된 것이 무엇인지 알려주는 정보이자, 상황을 개선하도록 만드는 유도책인 겁니다. 인간은 불완전한 존재이기에, 그리고 마냥 행복하도록 만들어지지도 않았기에 고통과 고난이 주는 의미를 찬찬히 되새겨봐야겠습니다.

# 일을 사랑하라

"나는 '고된 노동으로 죽는 사람은 없다'라는 스코틀랜드의 속 담을 믿는다. 인간은 지루함, 심리적 갈등, 질병 때문에 죽는다. 일을 너무 많이 해서 죽는 사람은 없다. 열심히 일할수록 행복 하다."

광고계의 아버지라고도 불리는 영국의 광고인 데이비드 오 길비(David Ogilvy)의 말입니다. 일 자체를 좋아하고 열심히 일 할수록 행복하다는 사람은 사실 흔하지 않을 겁니다. 물론, 일 자체가 재미있고 즐거울 수 있겠지만, 사실은 그 일을 통해 얻 은 수입이나 결과물을 통한 성취감, 사람들에게 인정받았다는 사실 이런 것이 모여서 일이 즐겁게 느껴지는 것 아닐까요?

일을 하면서 목표가 퇴근에, 휴가에 맞춰져 있다면 지금 손 에 잡은 일이 즐거울 수 없을 겁니다. 탈출의 대상이 될 뿐이죠. 대신, 휴가 이후에 휴식 이후에 되돌아올 곳이 있다고 생각해보 십시오. 나의 일이, 나의 일터가 달리 보일 겁니다.

# 다름

같이 한번 상상해보시죠. 나와 똑같이 생긴 사람, 나와 성격도 똑같고, 취향도 똑같고 말하는 것과 냄새와 버릇까지 똑같은 사람, 완전히 나와 똑같은 사람이 있다면 함께 살 수 있을까요? 복제인간보다 더 똑같은 사람끼리 단둘이서 함께 산다면 과연 한번도 다투지 않고, 싸우지 않고 살 수 있을까요? 부부보다, 형제자매보다 더 편하게 살 수 있을까요? 사람은 누구나 성격, 외모, 취향 등등 많은 차이점을 갖고 살아갑니다. 우리는 그저 그걸 인정하고 몇 개의 공동체를 통해 어울리며 살아가는 것이죠.

만약 모든 사람이 정치적 성향이 똑같다면 독재 국가가 될 수밖에 없을 것이고, 모든 사람이 똑같은 부동산, 똑같은 주식, 똑같은 상품을 똑같은 가격으로 평가한다면 거래와 시장이라는 것의 의미조차 사라질 겁니다.

우리는 다르기 때문에, 서로 다른 덕분에 함께 살아갈 수 있습니다.

# 형광펜 색연필

책을 볼 때 좋은 글귀에 밑줄을 칩니다. 나중에 다시 보기 위해, 오랫동안 기억하기 위해 밑줄을 쳐 놓습니다. 저는 주로 형광펜을 쓰는데요. 때로는 색연필도, 없으면 그냥 연필도 좋습니다. 한번은 그런 형광펜, 색연필에게 참 고맙다는 생각이 들더군요. 나의 기억을 도와주고, 나의 시간을 아껴주고, 내 삶에 영향을 줄 수 있는 글귀 하나하나를 도드라지도록 도와주는 존재.

그러면서 생각해봤습니다. 나는 누군가에게 형광펜 같은 역할을 할 수 있을까? 형광펜처럼 누군가를 주목받게 해주고 무엇인가를 또렷하게 만들어줄 수 있는 사람일까? 연탄재도 누군가에게 한번은 뜨거운 존재였듯이 형광펜도 그러한 존재 아닐까? 나는 연탄재처럼 따뜻하고, 형광펜처럼 누군가의 인생에 밑줄을 쳐줄 수 있는 사람인가? 오늘도 어딘가에 밑줄을 치면서 그런 생각을 해봅니다.

# 여의도 선수들의 비밀

누군가에게 "당신은 어떤 방식으로 돈을 벌고 있습니까?"라고 묻는 것은 꽤 불편한 일일 겁니다. 어떤 물건을 팔고 있는 사람에게 "당신은 이익으로 얼마를 남기느냐"라고 묻는 것도 실례죠. 그걸 먼저 말해주는 사람도 없을 겁니다.

누군가의 투자 자산과 수익률이 얼마인지 묻는 것도 실례입니다. 어디에 얼마를 투자하고 있는지 묻는 것도 그렇습니다.

그런데 자신의 자산과 수입이 얼마라고 먼저 밝히는 사람들이 있습니다. 어디에 얼마를 투자하고 있고, 수익률이 어떻다고 먼저 말하는 사람들이 있습니다. 돈이 많다는 것을, 돈을 잘 번다는 것을 사람들 앞에서 먼저 말하는 사람.

그 사람은 그걸 사람들에게 알릴수록 장사가 잘 되는 사람들이죠.

# 시야를 넓혀주는 겸손

빠른 속도로 달리면 시야가 좁아집니다. 속도가 빨라질수록 주변 사물을 보기가 힘들어지고 전방을 주시하는 데 급급해지죠. 아마 자동차나 오토바이를 타고 과속을 해보신 분은 시야가 좁아지는 경험을 해보셨을 겁니다.

마음의 속도 역시 마찬가지입니다. 마음이 급해질수록, 혹은 지나치게 자신감이 넘칠수록 주변을 살필 수 없게 되죠. 마음이 급한 사람에게, 자만심에 빠진 사람에게, 시야를 넓혀주는 방법이 있습니다. 잠시 속도를 늦추는 겁니다. 그리고 겸손해지는 겁니다. 우리 마음의 속도를 늦추고 겸손해지면 비로소 주변이 보이고 다른 이의 이야기가 들릴 겁니다.

## 원래 그래

어쩜 그럴 수가 있지? 어떻게 그래? 왜 그러는 거야 도대체?

우리는 가끔 다른 사람의 생각 때문에, 말 때문에, 행동 때문에 화가 납니다. 이해할 수 없는 타인의 말과 행동이 엄청난 스트레스가 되죠. 그런데 따지고 보면 내가 이해하지 못한다고 해서 내가 스트레스를 받는다고 해서 달라지는 건 없습니다. 한 사람의 말을, 그 사람의 행동을 나의 노력으로 바꾸기란 불가능에 가깝죠. 세상에는 이상한 사람도 많고 이해할 수 없는 사람도 많고, 나에게만 싫은 사람도 있습니다. 그럴 땐 그냥 이렇게 생각해보시죠.

"원래 그래~"

때로는 이해하지 않는 것이, 더 적극적으로 이해하지 않으려고 노력하는 것이 나의 정신 건강에 이로울 때도 있습니다.

# 공포는 반응이고 용기는 결정이다

"두렵지 않은 적은 없다.", "두렵다고 안 한 적이 없을 뿐이다."
배우 톰 크루즈가 한 말입니다. 시험이나 생방송, 혹은 어떤 도
전을 앞두고 긴장하고 있는 사람에게 어떤 말이 필요할까요?
떨고 있는 사람에게 떨지 말라고 하면 그 사람이 진짜 떨지 않
게 될까요? 큰 도전을 앞두고 긴장하는 것은 너무나 당연하죠.
떨리는 것은 떨리는 대로, 두려운 것은 두려운 대로 받아들이고
그저 내가 해야 할 일을 하고, 필요한 준비를 연습을 하나둘씩
하는 겁니다. 때로는 감정 때문에 상황 때문에 중요한 결정을
그르치는 경우도 있습니다. 감정에 지배된다고 말하는 상황이
죠. 두렵다고 해서 화가 난다고 해서 순간적으로 잘못된 결정을
내리거나 해서는 안 되는 일을 해버린 경험 없으신가요? 그럴
때 나의 '반응과 결정'을 분리해보세요. 짜증 나는 건 짜증 나는
거고, 할 일은 할 일이라는 거죠. 화나는 건 화나는 거고, 그걸로
내 일까지 그르칠 순 없는 노릇이죠. 처음엔 잘 안될 겁니다. 그
럴 때마다 이 문구를 외워보시죠.

"공포는 반응이고, 용기는 결정이다"

# 생각을 깊게

한 가지 생각을 정말 깊이 해본 적 있으신가요? 마지막으로 깊은 사색을 해보신 적이 언제인가요? 지금은 '사색이 아니라 검색의 시대' 아닐까 합니다. 궁금한 것이나 생각할 거리가 생겼을 때 스스로 깊이 생각하는 것이 아니라 바로바로 찾아보고, 다른 이가 내린 답을 쉽게 얻어내는 거죠. 심지어 인공지능이 알려주는 몇 문장으로 우리의 생각을 대신하는 시대가 됐습니다. 각자 저마다의 생각과 자신만의 정의는 사라지고 몇 가지의 정답과 편을 가르는 단편적 사고만이 넘쳐납니다.

저도 이 내용을 오프닝으로 쓰면서 나도 모르는 사이에 사색에 관한 내용을 검색하고 있는 자신을 발견했습니다. 순간적으로 겁이 나더군요. 컴퓨터와 스마트폰에는 온갖 포털 사이트 앱과 인공지능 검색 서비스까지 깔려있습니다. 이러다가 생각하는 방법도 잊어버리는 건 아닌지…. 검색 창을 닫아보시죠. 답답하더라도 다른 사람이 내린 정의와 다른 사람들이 만든 정답을 찾기 전에 나만의 정의를 만들고 나만의 생각을 뿌리내려보는 건 어떨까요?

## 노력

"오늘 당신이 반복하는 습관이 미래에 당신의 위치를 결정한다." 슛을 쏘는 족족 성공시키는 미국 프로농구 NBA 현역 최고의 스타 스테판 커리(Stephen Curry)의 말입니다. 마지막 1초가 남았을 때 짜릿한 버저비터 골을 성공시키는 슈퍼스타. 그들의 모습 뒤에는 매일 반복하는 작은 습관들이 있습니다. 그것이 선수들에게는 훈련인 것이죠. 그리고 하루도 쉬지 않는 것, 남들보다 조금 더 땀 흘리는 것에서 차이가 나는 것이고요. 경제적으로도, 재테크 측면에서도 매일매일 반복하는 작은 습관이 나도 모르게 미래에 우리의 위치를, 수준을 결정할 수 있습니다.

"나는 지금까지 슛을 9,000번도 넘게 성공시키지 못했다. 경기에서 300번도 넘게 졌다. 사람들이 나를 믿어주었을 때 결정적인 슛을 26번이나 실패했다. 나는 계속 실패하고, 실패하고, 또 실패했다. 그러나 그것이 내가 성공한 이유다."

농구 역사상 가장 위대한 선수 마이클 조던(Michael Jordan)의 말입니다.

## 동기부여

'고난을 극복하고 성공에 이른 이야기'

'좌절을 딛고 재기에 성공한 사람'

'100억을 모은 흙수저 출신 자산가'

　출판, 강연, 교육 시장에서 '동기부여'는 빠질 수 없는 핵심 콘텐츠입니다.

　한 동기부여 전문가에게 들은 이야기인데요. 동기부여 시장은 절대 축소되지 않는다고 합니다. 왜냐하면 사람들이 동기부여 콘텐츠를 듣고 나도 해야지, 해야지 하다가 한참을 잊고 지내고 다시 또 동기부여 콘텐츠를 찾고 해야지 해야지 하다가 또 시간이 흘러 또다시 동기부여를 받으려 하기 때문입니다. 평생 그렇게 동기부여만 받고 실행은 하지 않은 채 시간만 허비하는 거죠.

　중요한 건 실행하는 겁니다. 진짜 성공하는 사람은 동기부여 강의를 듣지 않아도 되고, 어쩌면 한 번으로 충분할 겁니다. 지금도 어디선가 감동스러운 음악이 깔리며 당신도 할 수 있다고 말하는 동기부여 콘텐츠를 보고 계신가요? 당장 그걸 끄고 움직이세요. 뭐라도 하십시오. 평생 동기부여를 받는 사람이 아니라 다른 사람에게 동기부여를 해주는 사람이 되어야죠.

# 샤워할 때 좋은 아이디어가 많이 떠오르는 이유

여러분은 혹시 샤워를 하다가 좋은 생각이 떠오른 적 없으신가요? 개인적인 경험일 수도 있겠지만 샤워를 할 때 좋은 아이디어가 종종 떠오릅니다. 성공예감 오프닝 소재 같은 것도 그중 하나고요.

버지니아대 잭 어빙(Jack Irving) 교수 연구팀에 따르면 생각을 하는데 있어 약간의 제약이 있는 상황에서 적당히 매력적인 활동을 하면 아이디어를 촉진하는 데 도움이 된다고 합니다. 샤워를 하는 동안에는 앞을 거의 볼 수 없고, 백색 소음이 가득하죠. 그래서 우리의 뇌가 다소 혼란스러운 방식으로 작동하게 되는데, 이렇게 약간의 방황을 할 때 창의성이 생긴다는 겁니다. 산책을 할 때 아이디어가 많이 떠오르는 것도 같은 이치일 겁니다. 머리를 너무 쓰지 않고, 뇌가 혼자서 적당히 방황하도록 내버려 두는 것. 가끔은 이런 것이 뇌를 가장 효율적으로 사용하는 방식이 될 수도 있습니다.

# 존중 받는다고 느낄 때

오래 준비해 온 시험을 치르는 수험생, 힘든 연습 과정을 거치고 시합을 뛰는 운동선수, 야근을 반복하며 장기 프로젝트를 끝낸 직장인, 어쩌면 인생에서 가장 중요한 하루를, 가장 힘들고 긴 하루를 보내고 왔을 겁니다. 그리고 그 하루의 끝에는 분명 기댈 수 있는 어깨가 필요할 겁니다. 가까운 사람이 자신을 믿어주고 존중해주고 이해해준다면 진정한 성장의 밑거름이 될 수 있습니다.

심리학자 칼 로저스(Carl Rogers)는 이렇게 말했습니다. "사람은 자신이 받아들여지고 존중받는다고 느낄 때 비로소 성장할 수 있다."

힘든 하루를 보내는 모든 이에게 단단한 믿음과 따뜻한 응원이 닿을 수 있게 그게 누구라도 진심 어린 한 마디를 건네보시죠.

# 자기실현적 예언

그리스 신화 속에서 피그말리온이라는 한 조각가가 아름다운 여인 조각상을 만들었습니다. 그리고 그 조각상과 사랑에 빠집니다. 조각상과 너무나 간절한 사랑에 빠지자 미의 여신 아프로디테가 그의 소원을 들어주었다고 합니다. 조각상을 진짜 여인으로 만들어준 거죠. 이런 신화를 빗대서 '피그말리온 효과'라는 심리학 용어가 만들어졌습니다. 기대하거나 예측하는 것이 실현되는 경우를 말합니다. 그런데 우리 현실 속에는 아프로디테가 없습니다. 어떤 기대만 품고 예측만 깊이 한다고 해서 어느 날 갑자기 어떤 여신이 나타나 꿈을 이뤄줄 리 없죠. 피그말리온 신화가 말해주는 것은 조각상이 진짜 사람이 되길 열심히 기대하라는 것이 아니라, 사람으로 만들 수 있을 만큼 진짜 같은 조각상을 만들라는, 즉 엄청난 노력과 실력이 더해졌을 때 비로소 그 꿈이 현실화될 수 있다는 뜻 아닐까요? 신화와 현실의 차이가 바로 그런 것 같습니다.

# 인간의 뇌는 난자와 같다

"인간의 뇌는 난자와 같다. 정자가 하나 들어오면 다른 정자를 모두 차단하듯이, 뇌는 처음 접한 정보와 다른 정보를 차단하려 한다." 워런 버핏의 오랜 파트너인 찰리 멍거의 말입니다.

어떤 책을 먼저 접하느냐, 어떤 기술, 어떤 장사를 처음 배우느냐, 어떤 투자 방식을 처음 접하느냐에 따라 인생이 달라질 수도 있다는 뜻입니다. 책을 한 권도 안 읽은 사람보다 한 권만 읽은 사람이 더 무섭다고 하죠. 하지만 이미 우리는 무엇인가를 선택했고, 어느 길이든 걷기 시작했고, 저마다 삶의 궤적을 그려가고 있습니다. 그래서 더더욱 가끔은 나 자신을 되돌아볼 필요가 있습니다. 다른 생각을, 다른 경험을, 다른 주장을, 다른 지식을 막아내기만 한 것은 아닌지. 내 앞에는 아직 나의 발자국이 없습니다.

# 짧게 쓸 시간

"내가 글을 길게 쓰는 것은 짧게 쓸 시간이 없기 때문이다." 소설가 마크 트웨인(Mark Twain)의 말입니다.

장황하게 설명하고 길게 늘어뜨리는 것보다 핵심을 추리고 확실히 각인되도록 전달하는 것. 글을 쓰고 말을 하는 사람들에게 늘 어려운 일입니다. 글도 쓰다 보면 늘 길어집니다. 한 마디로 줄여야겠습니다. 성공을 부르는 좋은 습관.

# 행운 적립금

메이저리거 오타니 쇼헤이 선수는 어릴 적부터 길에 떨어진 쓰레기를 열심히 주웠다고 합니다. 쓰레기를 줍는 것은 다른 사람이 떨어뜨린 '운'을 줍는 것이라 생각했다고 하네요. 실제로 그게 오타니에게 행운으로 돌아왔을지는 알 수 없지만 확실한 것 하나는 주변이 깨끗해진 것만큼이나 긍정적인 마음이 생겼을 거라는 사실입니다. 여러분은 혹시 다음 두 가지 중에서 어떻게 생각한 적이 더 많으신가요?

'난 왜 이렇게 운이 없을까?', '난 왜 이렇게 운이 좋을까?'

운이 없다고만 생각하면 내 삶 속에서 불운한 것만 더 크게 느껴지고 뭘 해도 인생 자체가 불행하게 느껴질 겁니다. 반대로 나는 운이 좋은 사람이라고 생각한다면 내 삶 속에서 작지만 의미 있는 것들이 보이기 시작할 겁니다. 그리고 행복의 싹이 트는 것처럼 느껴질 겁니다. 행운은 하늘에서 떨어지는 것도, 누구에게 선물 받는 것도 아닙니다. 그저 하나둘씩 내가 만들어가는 것이라 생각하면 오늘부터 행운의 적립금이 쌓여나갈 겁니다. 오타니 선수가 줍고 있는 그 작은 쓰레기처럼 말이죠.

# 334

# 멍때리기

'왜 멍때리고 있느냐', '아무 생각이 없느냐' 이런 말을 들으면 참 기분이 나쁘겠죠. 그런데 가끔은 아무 생각이 없어도, 멍을 때려도, 좋을 수가 있습니다. 아무것도 생각하지 않고 있을 때 우리의 뇌는 그동안 쌓였던 정보들을 알게 모르게 정리해나간 다고 합니다. 컴퓨터도 스마트폰도 계속해서 켜두면 느려지기 마련이죠. 우리의 뇌도 그렇다는 건데요.

미국의 신경과학자 마커스 라이클(Marcus Raichle) 박사에 따르면 아무런 생각을 하지 않고 있을 때 뇌의 특정 부위가 작동 한다고 합니다. 이른바 DMN, Default Mode Network라고 하는데, 머리를 리셋해서 이후에 더 효율적으로 일할 수 있게 한 다는 겁니다.

사람의 뇌는 몸무게의 2~3% 정도밖에 차지하지 않지만, 에 너지의 약 20~25% 정도를 사용한다고 합니다. 그만큼 바쁘게 돌아가는 머릿속입니다. 어쩌면 생각이 너무 많아서, 생각해야 할 것이 너무 많아서 힘들어지는 현대사회에서 가끔은 이렇게 멍때리는 것도 아주 소중한 시간일 겁니다.

# 멀리보기

몽골 사람들은 시력이 엄청 좋다고 하죠. 평균 시력이 3.0에 달하고, 어떤 사람은 최고 시력이 6.0까지도 나온다고 하네요. 몽골인들의 시력이 좋은 이유 중 하나로 '멀리 보는' 생활이 꼽힌다고 하죠. 넓은 초원에서 살기에 무엇이든 멀리 볼 수 있는 환경이고요. 유목 생활을 하기 때문에 멀리서 늑대가 오지 않는지 살펴야 해서 멀리 보는 훈련까지 한다고 합니다.

우리는 어떨까요? 책, 각종 서류, 컴퓨터 모니터, 스마트폰 아무리 멀리 보려 해도 한 50cm나 되려나요? 어릴 적에 엄마에게 "텔레비전 가까이서 보지 마라" 그렇게 잔소리를 들었는데, 그래도 한 2미터 정도는 떨어져서 봤던 TV는 그나마 양반이었던 겁니다. 경제생활도 마찬가지 아닌가 생각이 듭니다. 멀리 봐야 한다는 건 알겠는데 항상 너무 가까이 좁게 들여다봅니다. 주식, 코인, 부동산이 얼마 오르고 내렸나, 그걸로 누가 얼마를 벌었나…. 우리 눈앞에 가까워진 것만큼이나 돈을 좇는 우리의 시야도 좁아지고 있습니다. 눈 건강을 해치지 않으려면 멀리 봐야 한다고 합니다. 비단, 그것이 눈 건강뿐일까요?

# 0과 1… 결정과 행동을 디지털처럼

디지털은 2진법, 즉 0과 1로 만들어집니다. 이걸 우리 삶에 대입해볼 수도 있는데요. 디지털 인생이 꼭 좋은 것만은 아니지만 무언가를 빠르게 결정하고 행동하기에 디지털에 쓰이는 이진법을 활용하는 것도 좋을 것 같다는 생각입니다. 뭐든지 내가 하지 않으면 0이 되고, 하면 1이 되는 거죠. 내가 결정하지 않고 실행하지 않으면 0, 결정을 내리고 실행을 하면 1이 되는 것이고요. 그 차이는 아주 작지만, 그 결과는 매우 클 겁니다. 어쩌면 내 삶을 송두리째 바꿔놓을 수도 있죠. 혹시 결정을 내리기 힘들어하시나요? 그렇다면 디지털 신호처럼 단순화해서 생각해보세요. 0 혹은 1, 하거나 안 하거나. 디지털 세상은 복잡하지만, 어쩌면 그 복잡한 세상은 단순한 의사결정 하나하나가 모여서 만들어지는 거겠죠.

# 방송 중에 휴대폰을 보다니!

"진행자가 방송 중에 전화기를 만지작거리다니!", "방송 중에 왜 자꾸 핸드폰을 쳐다보나요?" 청취자께서 이런 문자메시지를 보내주신 적 있습니다. 그런데 사실 방송 진행자들은 스마트폰을 통해 뉴스를 살펴보고, 증시와 외환시장을 체크하기도 합니다. 청취자들에게 전달해드리기 위함이죠. 아마도 어떤 분들은 진행자가 방송 중에 사적인데 신경을 쓰는 것 아닌가 걱정하신 듯하네요. 휴대폰을 쳐다본다는 아주 단편적인 사실, 그 하나만으로 "저 사람이 딴짓을 하는 것 같아"라고 판단해 버리는 일. 이를 '휴리스틱'이라고 합니다. 우리말로 바꾸면 '생각의 지름길, 어림셈' 정도 될 텐데요. 논리적으로 추론하는 것이 아니라, 당장 이용 가능한 단편적인 정보만 활용해서 단순하고 빠르게 결정하려는 것이죠. 인간은 기본적으로 많은 것을 깊이 오래 생각하는 데 있어서 게으른 존재라고 합니다. 이 때문에 '인지적 구두쇠'라는 표현도 있죠. 휴리스틱이 신속하고 쉬운 방법이긴 하지만, 편향된 결과를 초래할 수도 있다는 사실을 우리는 알아야 합니다. 삶이 판단과 선택의 연속이라는 점에서 더더욱 그렇습니다.

# 이유와 핑계

핑계와 이유를 혼동하는 경우가 있습니다. 업무상 미팅 시간에 지각을 한 두 사람이 있습니다. 한 사람은 "비가 와서 길이 너무 막혔네요."라고 말하는 반면, 다른 한 사람은 "비가 올 줄 알았으면 더 일찍 출발했어야 했는데 죄송합니다."라고 말합니다. 똑같이 지각을 했는데 한 사람은 핑계를, 다른 한 사람은 이유를 말하고 있죠. 핑계는 그 문제를 회피하려 할 때 튀어나오게 됩니다. 그리고 핑계는 우리를 제자리에 머물게 하고, 심지어 후퇴시킬 수도 있습니다. 하지만 이유는 문제를 해결하려는 디딤돌이 됩니다. 이유를 찾는 과정에서 자신을 돌아보고 성장하는 기회가 될 수도 있습니다. 오늘 내가 무심코 내뱉은 말이 이유였는지 핑계였는지 곱씹어봐야겠습니다.

# 존댓말과 눈치

부모님에게 존댓말을 사용하지 않는 아이들도 눈물이 쏙 빠질 정도로 혼날 때면 존댓말을 합니다. "잘못했습니다." 화장실에서 휴지가 떨어졌을 때 반말로 혹은 명령하듯이 말하는 사람은 없습니다. 간절하고 친절한 말투로 말하죠. "휴지 좀 주세요." 누구나 상황에 따라 그 상황을 파악하고 말을 하게 된다는 것이죠. 그래야 자기가 손해를 보지 않으니까요.

장사를 할 때도, 소비를 할 때도 말 한마디에 따라서 이해득실이 달라집니다. 그냥 친절한 게 아니라 이 손님이 한 번 더 찾아오도록 하기 위함이고, 그냥 좋은 물건이어서가 아니라 한 푼이라도 깎기 위함이죠. 눈치껏 행동하고 눈치껏 말하는 것. 이게 자존심 상한다고 하는 사람도 있는데, 결국은 나 자신을 위해서입니다. 내 가게에 손님 한 명 더 들일 수 있다면, 내 지갑에서 돈을 더 아낄 수 있다면 상황에 맞는 유연함이 돈으로는 매길 수 없는 가치를 만들어줄 수도 있습니다.

# 잡무

"쓸데없는 잡무에 시달리고 있다." 어느 직종을 막론하고 한 번쯤은 들어봤을, 한 번쯤은 해봤을 말입니다. '주요 업무'와 '잡무'를 논하려면 '잡무란 무엇인가'부터 생각해봐야죠. 그런데 일을 하는데 정확히 어디까지가 주요 업무이고 어디부터가 잡무인지 칼로 무 자르듯이 구분할 수 있을까요? 보고서를 작성하는 일은 주요 업무이고, 보고서를 복사하는 일은 잡무일까요? 회의에 참석하는 일은 업무이고, 회의실을 정리하는 것은 잡무일까요? 저는 사무실 화분에 물을 주는 일, 환기를 시키고 쓰레기를 내다 버리는 일도 농담 삼아 '주요 업무'라고 말합니다. 손님이 왔을 때 우리 사무실이 어떻게 보이는가, 그 작은 이미지 하나가 회사 경쟁력으로 이어질 수 있기 때문입니다. 그리고 그 일을 직접 먼저 합니다. 인스타그램의 창업자 케빈 시스트롬(Kevin Systrom)은 "회사는 제품 개발 50%와 수많은 잡무 50%를 통해 세워진다."라고 말했습니다. 잡무는 본업을 방해하는 일이 아닙니다. 주요 업무에 필요한 그 과정이라고 생각하면 우리의 직장이, 나의 일이 훨씬 더 가치 있게 느껴질 겁니다.

# 비교하기 쉬운 나라

누구와 누구를 비교한다는 것은 기분이 썩 좋은 일은 아니죠. 그런데 한국 사람들은 특히나 서로 비교하기 딱 좋은 환경에서 살고 있다고 하네요. 좁은 국토에서, 높은 인구밀도 속에서 단일 민족끼리 오래 살아왔고, 같은 나이 또래에 가야 하는 학교, 해야 하는 일이 비교적 정형화되어 있죠. 게다가 살고 있는 집, 타고 다니는 자동차도 비슷비슷합니다. 그렇다 보니 집의 위치, 아파트 동, 층수를 알면 누구누구의 집값을 비교적 정확히 알 수 있죠. 리모컨으로 자동차 문 여는 것만 봐도 저 사람 차는 얼마짜리다 딱 나옵니다. 이렇게 비교하는 문화를 바꾸려면 저마다 개성 있는 환경에서 살면 된다는데요. 사실 그게 쉽지는 않죠. 다만, 서로가 사는 방식과 특징을 존중해주고, 나부터 누군가와 비교하지 말고 나 자신에게 집중하고 무엇과 비교하지 말고, 내가 가진 것에 초점을 맞추면 행복감이 훨씬 올라갈 겁니다.

# 의심과 확신

투자를 할 때 '의심과 확신' 둘 중 하나만 택해야 한다면 확신보다는 의심이 나을 겁니다. 확신은 큰 베팅이 가능하게 만들지만 그것이 틀렸을 경우 큰 타격을 받을 수밖에 없습니다. 의심은 대박 낼 기회를 앗아가기도 하지만 반대로 경솔한 판단과 무리한 베팅으로 인한 손실 가능성을 낮춰줍니다. 생각하는 과정에서도 마찬가지입니다. 의심을 갖게 되면 더 많이 알아가도록 필요한 질문을 던지게 되지만, 확신을 갖게 되면 더 이상의 질문을 멈추게 됩니다. 확신하는 순간 생각의 성장이 멈출 수 있는 것이죠. 너무 많은 의심은 필요 이상의 조심성을 만들어내 불필요할 수 있지만, 적당한 의심은 돌다리를 두드려가며 나아가는 힘이 됩니다.

# 셀카

여러분은 셀프카메라, 셀카 많이 찍으시나요? 셀카를 정말 많이 찍는 사람도 있고, 사람들 많은 데서는 민망해서 잘 찍지 못한다는 사람도 있는데요. 그런데 셀카를 찍는 것은 일반적인 사진보다 더 남다른 의미를 갖는다고 합니다.

미국 오하이오주립대학교 연구진이 2,113명을 대상으로 조사했더니, 셀카를 통해 '경험'의 의미를 담고자 하는 경향이 더 컸다고 합니다. 또 자신이 담긴 장면을 볼 때 셀카 사진에서 당시의 경험을 더 잘 기억하는 것으로 나타났다고 하네요.

어디를 가든 기억에 더 남기고 싶다면 잊지 말고 셀카 한 장 남겨보시죠.

# 거절당해도 괜찮아

다른 사람에게 부탁을 잘 못하는 사람들이 있습니다. 분명 누군 가의 도움을 받아야 하는데 부탁의 말을 꺼내는 게 쉽지 않습 니다. '아쉬운 소리'를 한다고 핀잔 들을까봐, 혹은 거절을 당해 상처 받을까봐….

하지만 거절당해도 괜찮습니다. 부탁을 하지 않으면 거절당 할 일도 없겠지만, 부탁을 해야 도움을 받을 수도 있는 거죠. 누 군가 내 부탁을 거절하는 것은 나에 대한 부정이 아니라, 그 사 람의 상황이나 능력의 한계일 수 있습니다.

"바빠서 안 된다"라고 하면, 바쁜 척하는 게 아니라 그냥 진 짜 바쁜가 보다 하면 됩니다. 도와줄 수 없다고 하면 오히려 억 지로 수락하는 것보다 솔직하게 말해줘서 고맙다고 생각하면 됩니다.

다음을 기약하는 것도 방법입니다. "도움이 꼭 필요했는데, 너무 아쉽네요. 다음에 기회가 되면 함께 했으면 좋겠습니다." 라고요.

인간관계에서 거절은 언제든지 있을 수 있는 자연스러운 일입니다. 내가 모든 사람의 부탁을 다 들어주고 살 수 없듯이 말이죠. 거절을 당하면 마음이 편할 리 없지만, 내가 거절을 당했다고 해서 나의 가치가 떨어지거나 중요하지 않은 사람이 된 건 아닙니다. 달라지는 건 상대방이 내 부탁을 들어줄 거라는 기대감뿐입니다.

# 거절해도 괜찮아

다른 사람의 부탁을 거절하지 못해 마음 고생하는 사람들이 있습니다. 때로는 자기의 시간과 비용을 손해 보면서도 다른 사람의 부탁을 들어주느라 고생을 합니다. 부탁을 들어주기도 어려운 일이고, 반드시 거절해야 하는 일임에도 부탁을 받은 사람이 쩔쩔매는 경우도 있습니다. 거절하는 것 자체가 나쁜 것은 아닙니다. 관계를 해치지 않고 거절하는 방법이 얼마든지 있습니다.

일단, 부탁을 들어줄 수 없더라도 상대방 입장에서 이해하고 공감하는 겁니다.

"네 정말 중요한 일이군요. 곤란하시겠어요."

거절 의사를 밝힐 때는 모호하지 않게, 그리고 정중한 태도를 보이는 겁니다.

"지금은 제 시간이 너무 부족해서 도와드리기가 어렵네요."

정말 바쁘다면, 부탁을 들어주는 시점을 멀리 잡아 놓는 것도 방법입니다.

"한번 도와드려야 하는데, 다다음 달에나 시간이 좀 될 것 같아요."

감사의 표현을 잊지 않으면, 좋은 관계도 이어갈 수 있을 겁니다.

"저를 믿고 찾아주셔서 감사합니다. 도움을 드리지 못해 죄송해요."

상대방은 그 부탁을 내가 거절했느냐 그 자체보다 나의 태도를 더 오래 기억할 겁니다.

# 근로자의 날

근로자의 날, 출근하셨나요? 하루 쉬면서 듣고 계시는지, 아니면 일하면서 듣고 계시는지요. 근로자의 날에도 직장인 약 30%가 출근한다는 설문조사 결과가 있더군요. 공무원과 교사들은 근로기준법을 적용받지 않기 때문에 근로자의 날에도 쉬지 못하죠. 근로자이면서도 사실상 쉴 수가 없는 버스, 택시 운전기사님들도, 그리고 여기 KBS 라디오 스튜디오에서 일하는 사람들도 마찬가지입니다.

근로자의 노고를 위로하고 근무 의욕을 높이기 위해 만들어진 날인데, 역설적으로 우리 근로자들이 없으면 근로자의 날 이 하루도 그냥 굴러갈 수가 없습니다. 근로자의 날에 일을 한다면 통상임금의 2.5배를 받아야 합니다. 물론, 이조차 다 받지 못하는 근로자가 허다합니다. 만약 이날 출근을 하는 동료가 있다면, 그리고 어디서든 일을 하고 있는 사람을 만난다면 서로가 서로에게 '고맙습니다. 애쓰셨습니다.' 따뜻한 말 한마디라도 더 건네야겠습니다.

# 안티프래질 2

많은 사람들이 스트레스받는 일을 피하고 싶어 합니다. 힘든 일, 어려운 일, 괴로운 일이 내 앞에 펼쳐지는 것을 원치 않죠. 또 한편에서는 어떤 스트레스가 생겨도, 강한 충격이 와도 무너지지 않고, 강건하게 버티기를 희망합니다. 하지만 이 두 가지는 거의 불가능하죠. 힘들고 어려운 일이 하나도 안 생길 수는 없고, 혹여나 모든 스트레스가 제거되면 마치 침대에 누워만 있는 사람처럼 우리의 근육은 약해지고, 점점 소멸되어 갈 겁니다.

또한 우리는 어떤 충격에도 무너지지 않는 완벽한 존재가 될 수 없는 만큼, 오히려 그러한 일들을 이용해 끊임없이 발전하고 단련하는 사람이 되어야 합니다. 이것을 안티프래질이라고 합니다. 회복력, 강건함을 뛰어넘는 의미. 어떠한 스트레스와 충격을 받았을 때 더욱 성장하고 진화하는 것을 의미합니다.

마치 촛불 하나는 바람에 꺼지지만, 모닥불은 바람을 맞아 더 활활 타오르는 것처럼 말이죠.[10]

촛불이 되시겠습니까? 모닥불이 되시겠습니까?

# 348

## 이직, 도피와 도약

한 직장에서 정년까지 다니겠다는 사람을 이제는 찾아보기 어려운 시대가 됐습니다. 최근 1년 이내에 이직을 시도해 본 직장인이 51%에 달한다는 설문조사 결과도 있더군요. 자신이 좋아하는 일을 하면서 돈을 버는 것도 쉽지 않은데, 대인 관계를 포함해 직장이라는 사회 환경이 모두 만족스러울 수는 없을 겁니다. 때로는 현재 상황에서 벗어나기 위해 마치 도피처를 향하듯이 새로운 일을 찾는 경우도 있습니다.

중요한 건 '도피가 아니라 도약'을 위한 이직이 돼야 한다는 건데요. 도피하는 것은 그냥 지금 그 상태로도 할 수 있습니다. 그러나 도약하려면 지금보다 속도를 더욱 높여야 합니다.

한 가지 분명한 건 속도를 내서 도약하는 것이 어렵고 위험하긴 하지만, 때로는 넘어지더라도 도약대를 짚고 나면 지금보다 더 위에 있거나 더 앞에 있을 것이라는 점입니다.

# 실패에 박수를

2023년 4월 20일 스페이스X의 로켓 발사 실험이 있던 날. 달 착륙은 물론, 훗날 화성 탐사까지 하겠다며 개발 중인 스타십이라는 이름의 초대형 로켓. 이날 스타십은 발사 4분 만에 공중에서 폭발해버렸습니다.

그런데 이상한 광경은 정작 폭발 장면이 아니었습니다. 스페이스X 임직원들의 반응이었습니다. 자신들이 애써 만든 로켓이 계획대로 분리되지 않고 심지어 공중에서 폭발해버리는 그 순간 이들은 박수를 치고 환호성을 지르더군요. 저는 그 장면을 유튜브로 보면서 저 사람들이 제정신인가? 지금 뭘 잘못 보고 있는 건가 하는 생각까지 들었습니다.

나중에 알고 보니 그들은 스타십의 폭발을 실패라고 생각하지 않는다고 합니다. 성공하지 못한 여러 이유를 배울 수 있게 됐다는 것이죠. 카메라에 잡힌 스페이스X 임직원들의 표정은 정말로 밝아 보였습니다.

실패를 또 다른 배움의 기회로 받아들이는 자세. 스타십 발사가 보여준 의미는 비단 우주항공 기술만이 아니었습니다.

# 정확히 틀리느니 대강이라도 맞는 게 낫다

미래의 가격을 맞힐 수 있다며 예상, 전망, 예측을 시도합니다. 그 예측의 정확도를 높이기 위해 더 복잡한 데이터를 대입하고, 더 많은 숫자와 장표들을 동원합니다. 그러다 그 논거에 대입했던 변수들이 달라지면 예측 역시 빗나갈 수밖에 없습니다. 인간은 끊임없이 미래를 예측하고자 합니다. 주가와 집값을 비롯해 예측이 거의 불가능한 것까지도 물론 그 대상이 됩니다.

하지만 현실은 변수 투성이고, 심지어 블랙스완 같은 전혀 예측하지 못한 일도 튀어나옵니다. 세상은 통계로는 찾을 수 없는 복잡계로 얽혀 있습니다. 시장의 모든 움직임을 예측할 수도 없을뿐더러, 어쩌면 그 모든 것을 예측하려는 시도는 무모한 자만일 수도 있습니다.

존 메이너드 케인스는 이렇게 말했습니다. "정확하게 틀리느니 대강이라도 맞는 게 낫다."

# 습관

어제 치과 치료를 받으면서 생각했습니다. 그라인더가 어금니를 웡웡 갈기 시작했을 때야 비로소 '작은 습관이 통증으로 이어지고, 그게 쌓여 병이 될 수 있다는 사실'을 새삼 깨달았습니다. 어떤 증상으로 나타나기 전까지 우리는 작은 습관 하나가 얼마나 큰 결과를 가져오는지 깨닫기 쉽지 않죠.

마가렛 대처(Margaret Thatcher)의 명언이 생각났습니다. "생각을 조심하라 말이 된다. 말을 조심하라 행동이 된다. 행동을 조심하라 습관이 된다. 습관을 조심하라 성격이 된다. 성격을 조심하라 운명이 된다. 우리는 생각하는 대로 된다." 원래는 19세기 스코틀랜드 정치가인 사무엘 스마일즈(Samuel Smiles)의 말이라고 하는데요. 생각의 씨앗을 뿌리면 행동으로, 습관으로, 성품으로, 나아가 운명으로 이어진다는 이야기입니다.

여러분은 지금 어떤 생각을, 어떤 말을, 어떤 행동을 하고 계시나요?

# 행복을 주는 문화강국

"우리의 부력(富力)은 우리의 생활을 풍족히 할 만하고, 우리의
강력(強力)은 남의 침략을 막을 만하면 족하다. 오직 한없이 가
지고 싶은 것은 높은 문화의 힘이다. 문화의 힘은 우리 자신을
행복하게 하고, 나아가 남에게 행복을 주기 때문이다." 백범 김
구 선생이 꿈꾸던 문화강국 대한민국의 모습입니다.

이제 K컬처는 전 세계 각종 차트 순위에서 단골손님처럼 1위
에 오릅니다. 새로 나온 드라마가 넷플릭스 1위에 오르는 게 당
연시되고, K-팝은 빌보드 차트에 진입했느냐가 아니라, 1위를
했는가 여부를 살피는 시대가 됐습니다. 10여 년 전 원더걸스
CD를 돌리면서 미국 방송국을 찾아다니던 JYP엔터는 이제는
미국 회사들이 파트너십을 맺자며 먼저 찾아오는 위치가 되었
고, 당시 시가총액 600억 원대에서 한때는 3조 원을 넘는 기업
이 됐습니다. BTS를 탄생시킨 하이브는 한때 시총 10조 원도
넘었습니다. 앨범 판매량과 차트 순위, 매출, 시가총액 뉴스가
넘쳐납니다.

여기서 다시 한번 백범 김구 선생의 말을 되짚어봅니다. "문

화의 힘은 우리 자신을 행복하게 하고, 나아가 남에게 행복을 준다."

순위, 시가총액, 매출, 앨범 판매량…. 경제적으로 다 좋은데, 사실 그 본질은 우리의 문화로 인해 우리가 행복하다는 사실입니다. 우리의 문화로 인해 지구 반대편 사람들에게도 행복을 줄 수 있다는 사실입니다.

# 모방욕망

인간은 누구나 욕구를 가지고 있죠. 먹고 자는 생리적인 것부터 시작해서 안전을 추구하고 애정을 느끼고 존경을 받으려 하는 것까지 다양한 욕구를 가지고 있습니다. 그리고 그것을 넘어서는 욕망까지도 갖게 됩니다. 욕구가 자신의 감정을 느끼고 자신에게 결여된 것을 충족시키는 과정이라면, 욕망은 다른 사람과 비교하고 질투하면서 그것을 채워나가는 과정이라고 합니다. 상업적으로 보면 인간의 '단순한 욕구'를 채우는 것보다 '끝없는 욕망'을 대상으로 하는 것이 어쩌면 더 큰 성공을 불러올지 모릅니다.

페이팔을 설립한 피터틸(Peter Thiel)은 초창기 페이스북에 투자한 이유로 인간의 '모방욕망'을 꼽았죠. 인간의 욕망은 서로 모방하는 데서 비롯되고, 또 그것은 전염된다는 데서 아이디어를 얻었다고 합니다. SNS, 명품백 브랜드뿐 아니라 인테리어가 예쁜 카페와 음식점까지도 모방욕망을 활용한 사례입니다. 사진을 찍어 SNS에 올리니까요. 욕구와 욕망, 여러분이 사업을 하신다면 무엇을 대상으로 하시겠습니까?

# 줄인다는 것

우리의 삶을 관찰해보면 늘리는 것보다 '줄이는 것'이 얼마나 어려운 일인지 절감할 수 있습니다. 살도 찌는 것보다 빼는 것이 어렵고 생활 쓰레기를 줄이는 것도 어렵고 가방에 있는 짐을 줄이는 것도 쉽지 않습니다. 경제적으로도 소득을 늘리는 것보다 소비를 줄이는 것이 더 어렵다고 하죠. 줄여야 한다는 것을 알면서도, 상황 때문에 줄이지 못하는 경우도 있습니다.

금리가 높은 줄 알면서도, 이자 부담이 더욱 커지는 것을 알면서도 빚을 줄이기가 왜 이리 어려운 걸까요? 빚을 줄이기 위해 집을 매각하는 것도, 주식을 매도하는 것도 어느 하나 쉽지 않습니다. 어쩌면 성장이라는 무거운 돌을 들어올리기 위해서 우리 삶 속에 부채라는 지렛대를 필수품처럼 갖게 되어버린 것은 아닌지 모르겠습니다.

# 시간이 빠르게 흐른다면

시간이 참 빠르게 흐른다고 생각되시나요? 상대성이론 같은 어려운 말을 하려는 건 아니고요. 우리 마음과 관련된 얘기입니다. 인지심리학자 김경일 교수에 따르면 단조로운 일상이 반복될수록, 단편적인 경험만 계속할수록 시간이 빨리 가는 것처럼 느껴진다고 합니다. 매일 똑같은 일만 반복하다 보면 한 주 동안 별로 기억에 남는 것이 없기 때문에 시간이 왠지 빨리 지나간 것처럼 느껴지는 것이죠. 중간중간 새로운 경험도 해보고, 안 먹어봤던 것도 먹어보고, 듣지 않았던 것도 들어보고, 다양한 경험을 하면서 우리 기억 속에 우리의 시간이 조금 더 풍부하게 남아 있도록 해보는 건 어떨까요?

## 성공보다 성장

저마다 성공의 기준이 다르겠지만, 성공만을 바라보며 내달리다 자신을 잃어버리는 사람이 있습니다. 성공 이후에도 만족할 줄 몰라 행복감을 느끼지 못하는 사람도 많습니다. 자신이 성공한 것을 자신만 모르거나 성공 이후에 공허함을 느끼는 거죠. 과정보다 결과를 중시하고, 그 결과보다 더 나은 결과만을 좇다 보면 성공 이후에 더 큰 성공을 거두더라도 행복이란 없을 겁니다.

2016년 리우올림픽 펜싱 에페 결승전에서 "할 수 있다"를 되뇌며 기적 같은 역전 드라마를 썼던 박상영 선수는 이렇게 말한 적이 있는데요. "나는 성공보다 성장이라는 말을 더 좋아한다. 성공은 뒤에 실패가 기다리고 있지만 성장은 끝이 없다."

성장하고 있다면 매일매일 작은 성공을 맛보고 있는 겁니다.

# 시키면 하기 싫어지는

공부하려고 책을 펼쳤는데 엄마가 "공부해라"라고 하면 괜히 공부하기가 싫어집니다. 오히려 "하지 말라"고 하는 게 있으면 괜히 더 재밌어 보이고, 더 하고 싶어지죠. 우스갯소리로 아이들에게 게임을 못하게 하는 방법은 매일같이 게임 하라고 잔소리하고, 게임 점수를 평가하고, '왜 네 친구보다 게임을 못하느냐'고 비교하는 거라고 하죠.

기업들은 특정 제품을 소수의 한정된 사람만 가질 수 있다고 은근슬쩍 홍보합니다. 심리적 반발을 역이용하는 마케팅입니다.

사회생활 할 때도 마찬가지죠. 일을 찾아서 잘하고 있는데 부장님이 "일 안 하냐?"라고 하면 괜히 힘이 빠집니다.

사람은 내가 선택하고 통제할 수 있을 때 그 행동에 더 애정을 갖게 된다고 합니다. 반대로, 타인에 의해 통제받는 느낌이 들면 저항하거나 행동을 바꾸려는 경향을 보이죠. 심리적 반발, 혹은 자기 결정 이론이라고 합니다.

공부든 일이든 더 나은 결과를 가져오려면 "이거 해라, 저거

해라" 명령하기보다, "이렇게 해보는 게 어떨까요?"라면서 선택의 여지를 주는 것이 좋습니다. 또 그러한 행동을 해야 하는 이유와 목표를 공유하고 "이건 어떻게 생각하세요?"라며 상대방의 의견을 반영하는 것도 필요합니다.

이후에도 통제받는다기보다 협력한다는 느낌이 들게 하고, 단계별로 작은 성공과 성취감을 함께 나눈다면 같은 방향으로 목표 달성이 더 쉬워질 겁니다. 사람은 스스로 선택할 때 더욱 강력해집니다.

# 날 수 없는 독수리, 날아오르는 뒤영벌


'마음의 힘'에 대해 연구해 온 엘든 테일러(eldon taylor) 박사는 이렇게 말합니다. "닭과 함께 자란 독수리는 날지 못한다."

실제 연구 결과라기보다, 환경과 교육 그리고 개인의 잠재력이 행동에 미치는 영향을 설명하기 위한 우화인데요. 알에서 깨어날 때부터 닭장에서 성장한 독수리는 닭처럼 울고, 닭처럼 행동하려 한다는 겁니다. 덩치가 커져도 다른 닭들보다 좀 이상한 몸집이라고 생각할 뿐, 창공을 날아오를 생각을 하지 않게 될 거라는 이야기입니다.

반대로, 호박벌로 알려진 뒤영벌은 도저히 날기 힘든 신체 구조를 갖고 있다고 합니다. 뒤영벌은 몸집에 비해 날개가 매우 작지만, 가슴 근육을 활용해 초당 230회나 날개짓을 하면서 날아오른다고 합니다. 그래서 뒤영벌은 자신이 신체 구조상 날 수 없다는 사실을 알지 못하기 때문에 날아오를 수 있다는 말이 있을 정도입니다.

날 수 있지만 날 수 없는 독수리와 날 수 없지만 날 수 있는 뒤영벌. 그게 나일 수도 있습니다.

# 나중에

읽던 책장 사이에 책갈피를 끼워둡니다. 좋은 글귀가 있는 곳을 접어두기도 하고, 좋은 사이트를 '즐겨찾기'로 설정합니다. SNS 에서도 '저장하기, 나중에 보기' 기능을 제공합니다. 나중에 읽 어보기 위해 카톡이나 메모장 등에 나에게 보내는 메시지로 저 장해둡니다. 그러다 보니 정말 '나중에 봐야 할' 것들이 쌓이고 쌓입니다. 나중에는 나중에 보려 했던 것들이 너무 많아져서 막 상 그 나중이 되었을 때 그걸 열어볼 엄두가 나지 않습니다. 혹 은, 그 나중이 언제인지 잊어버리고 삽니다.

나중.

얼마의 시간이 지난 뒤. 다른 일을 먼저 한 뒤의 차례. 순서상 이나 시간상의 맨 끝.

나중에 읽기로 한 글, 나중에 보기로 한 사람, 나중에 하기로 한 일…. 그때 미뤄 놓았던 나중이 바로 지금일 수 있습니다.

# 미래

많은 사람들이 미래를 알고 싶어 합니다. 아직 오지 않은 현상에 대해 끊임없이 호기심을 갖고 있고, 맞든 틀리든 예측까지 하고자 합니다. 심지어 거기에 돈을 걸기도 합니다. 우리는 언제나 불확실한 미래를 마주합니다. 어찌 보면 참 당연한 말이죠. 확실하다면 그건 미래가 아니라 과거나 현재일 테니까요. 경제생활과 투자 시장에서도 마찬가지입니다. 확실한 건 없습니다. 확실하다면 그건 이미 가격에 반영이 되어 있어서 내가 싸게 살 수 있는 기회가 없을 지도 모릅니다.

레미제라블을 쓴 프랑스 작가 빅토르 위고(Victor Marie Hugo)는 이렇게 말했습니다. "미래는 많은 이름을 가지고 있다. 약한 자에게 미래는 불가능이고, 겁쟁이에게 미래는 위기이고, 용기 있는 자에게 미래는 기회이다."

여러분 앞에는 불가능, 위기, 그리고 기회 가운데 어떤 것이 놓여 있나요?

# 바람이 불지 않으면 노를 저어라

우리는 기회를 봅니다. 좋은 때가 오기를 기다립니다. 경기가 개선되고, 내수가 회복되고, 고용 시장이 나아지길 바랍니다. 내가 속한 산업의 불황이 끝나고 호황으로 접어들기를, 우리 회사의 매출이 회복되기를, 더 성장하기를 그래서 내 연봉도 오르기를 희망합니다. 하지만 그러한 바람이 언제 이뤄질지, 이뤄지기는 할지 알 수 없습니다. 환경이 개선되고 순풍이 불어올 때까지 기다리기만 한다면 우리는 바람 한 점 없는 망망대해에서 어디로 떠내려갈지 기다리는 나룻배의 모습일지도 모릅니다.

윈스턴 처칠의 말입니다. "바람이 불지 않으면 노를 저어라"

환경 탓을 하거나 기회를 기다리고만 있을 게 아니라 주체적으로 내 삶을 만들어 나가야 한다는 겁니다. 바람은 내가 어찌할 수 없지만 내 손에는 노가 있고, 노를 저을 수 있는 두 팔이 있습니다.

# 훌륭한 뱃사람은
# 잔잔한 바다에서 만들어지지 않는다

멘탈 강한 사람이 부러울 때가 있습니다. 악조건 속에서도 굴하지 않고, 실패해도 좌절하지 않고, 상처받지 않고 다시 잃어서는 강한 마음. 중요한 것은 꺾이지 않는 마음. '중꺾마'라는 유행어도 있다는데 그런 강한 마음은 어떻게 생겨나는 걸까요? 역설적으로 시련이 있기에 정신과 마음이 더 강해지는 것이라고 합니다. 언제나 평탄한 삶을 살아간다면 멘탈이 강해질 계기도 없겠죠. 아프리카 속담 중에 이런 말이 있다고 합니다.

"훌륭한 뱃사람은 잔잔한 바다에서 만들어지지 않는다(Smooth seas do not make skillful sailors)."

**363**

# 서두르지 말되, 멈추지 말라

꿈을 꾸지만 실행하는 건 어렵습니다. 해야 한다는 걸 알면서도 막상 하기는 싫어집니다. 하늘을 날고 싶다면서도 전화하면 잠만 자는 친구도 있습니다. 또 한편으로는 마음이 조급해지기도 합니다. 목표를 세우고 나면 결승점까지 빨리 도달해야 할 것 같고, 누구보다 먼저 달성해야 한다는 마음이 불안감마저 몰고 옵니다. 무엇으로 큰돈을 벌었다는 친구 얘기를 들으면 더욱 조바심이 납니다. 어릴 적에 전래동화 '토끼와 거북이', '개미와 베짱이'를 많이도 들었지만 정작 거북이와 개미처럼 사는 건 너무나 힘든 일입니다. 게을러질 때는 가장 쉬운 일부터 하나씩 해보고 조급해질 때는 오히려 여유를 갖고 차근차근 풀어나가는 단순한 진리를 떠올려 봅니다.

괴테의 말로 요약해보죠. "서두르지 말되, 멈추지 말라."

# 미래를 두려워 말고 과거를 후회 말라

한 시골 청년이 지루하고 따분한 시골 생활이 싫어져 넓은 세상을 보기 위해 도시로 떠날 결심을 했습니다. 청년은 떠나기 전에 촌장을 찾아가 가르침을 청했는데요. 이때 촌장의 가르침은 딱 한 마디뿐이었습니다.

'두려워하지 말라'

대신 나중에 돌아오면 한 가지 가르침을 더 주겠다고 약속했습니다. 청년은 30년 동안 산전수전 다 겪고 백발이 되어 시골로 돌아왔습니다. 그런데 촌장이 이미 죽은 지 오래여서 나머지 가르침을 받을 수 없어 매우 당황스러웠습니다. 이때 촌장의 아들이 찾아와 아버지가 죽기 전에 부탁한 일이라며 편지 한 통을 전해주었습니다.

편지의 가르침은 역시 한마디였습니다.

'후회하지 말라.'

다가올 날들에 불안이, 흘러간 날들에 후회가 있다면 이렇게 되새겨보시죠.

'미래를 두려워 말고 과거를 후회 말라'

# 새해 복 많이 받으세요

"새해 복 많이 받으세요." 우리는 이상하게도 이 말을 두 번 씁니다. 1월 1일 양력으로 신년이 되면 새해 복 많이 받으시라고 인사를 하고, 음력 1월 1일 즈음 또 한 번 새해 복 많이 받으시라고 인사를 합니다. 1월 중순쯤 되면 "늦었지만 새해 복 많이 받으세요."라고 말하기도 합니다. 음력을 기준으로 하면 오히려 이른 인사가 될 텐데 말이죠.

일제강점기를 거치며 신정과 구정으로 나뉘고 우리 설날 문화가 억압을 받았죠. 이제는 신정, 구정이라는 표현보다 그냥 '설날'이라 쓰는 사람이 더 많아졌는데도 우리는 새해 복 많이 받으시라는 인사를 거의 두 달 동안 씁니다. 그래도 뭐 좋은 인사니까 많이 쓴다고 나쁠 건 없습니다. 1년의 6분의 1에 달하는 기간 동안 새해 인사를 한다고 해서 나쁠 게 있겠습니까? 복 많이 받으면 좋지요.

우리 독자 여러분도 거듭거듭 해서 복 많이 받으십시오!

# 주

1 『서경』 열명편

2 KBS2 드라마 '가을동화'

3 셰인 J. 로페즈 저, 고상숙 옮김, 『희망과 함께 가라』, 알키, 2013

4 김익한 저, 『거인의 노트』, 다산북스, 2023

5 커트 보니것 저, 이원열 옮김, 『카메라를 보세요』, 문학동네, 2019

6 장샤오헝 저, 이정은 옮김, 『마윈처럼 생각하라』, 갈대상자, 2014

7 유영만 저, 『2분의 1』, 블랙피쉬, 2023

8 칙센트 미하이 저, 이희재 옮김, 『몰입의 즐거움』, 해냄, 2021
  유영만 저, 『2분의 1』, 블랙피쉬, 2023

9 이찬승, "〈원리17〉동기는 뇌 보상 시스템의 도파민 분비에 달렸다.", 〈교육을 바꾸는 사람들〉

10 나심 니콜라스 탈레브 저, 안세민 옮김, 『안티프래질』, 와이즈베리, 2013